Axel Sven Springer · Das neue Testament

AXEL SVEN SPRINGER

Das neue Testament

Haffmans & Tolkemitt

1. Auflage, April 2012

© 2012 Haffmans & Tolkemitt,
Alexanderstraße 7, D-10178 Berlin.
www.haffmans-tolkemitt.de

Umschlag von Frances Uckermann.
Umschlagfoto: © Sven Simon. © Foto Axel Sven Springer: privat.
Gestaltung & Produktion von Urs Jakob,
Werkstatt im Grünen Winkel in Winterthur.
Satz: Fotosatz Amann, Aichstetten.
Druck & Bindung: Ebner & Spiegel, Ulm.
Printed in Germany.

ISBN 978-3-942989-12-1

Für Benjamin

Inhalt

III

Der Kampf um die Wahrheit

Vorwort

»Mein Name ist Axel Sven Springer.« Wie oft habe ich mich eigentlich schon so vorgestellt? Und wie oft habe ich bei Menschen, die mich nicht kannten, die immer gleiche Reaktion erlebt? Kurzes Innehalten, fragender Blick, oft ein Lächeln. Sind Sie etwa verwandt mit Axel Springer? Meist sage ich: »Ja, ich bin sein Enkel.« Manchmal verneine ich, wenn ich keine Lust auf Konversation habe – das kann schon mal vorkommen. Geht auch eigentlich niemanden etwas an. Aber ich bin nun mal der Enkel eines großen Mannes. Erfinder von *Bild* und *Hör Zu*, Gründer und prägender Kopf des größten europäischen Zeitungshauses. Patriot. Christ. Freund Israels. Genialer Blattmacher. Visionärer Unternehmer. Freiheitskämpfer. Ästhet. Und, nicht zu vergessen, Hassobjekt der Linken, die ihm die Haltung seiner Blätter in Bezug auf die 68er nie verziehen und ihn konsequent bei seinem Taufnamen riefen: Axel Cäsar Springer. »Cäsar«, das klingt so schön aufgesetzt, nach vordemokratischem Imperator und viel zu großen Ambitionen. Dabei ließ mein Großvater selbst den »Cäsar« immer weg. So ein Name klang ihm viel zu pompös. »Axel Springer«, das reichte völlig.

Bei mir hieß er »Granddaddy«.

»Mein Name ist Axel Sven Springer.« Ich wurde mal gefragt, ob mich dieser Name eher glücklich oder eher un-

glücklich gemacht hat. Nun ist der Name ja nicht mein Ver-
dienst, aber natürlich antwortete ich, dass ich stolz auf die
unternehmerische Leistung meines Großvaters bin und hoffe,
sein Andenken in Ehren halten zu können.

Ich lernte bereits als Kind einige der spannendsten Köpfe
der deutschen Medienlandschaft kennen. Ich führe ein finan-
ziell sorgenfreies Leben. Aber das ist nur ein Teil meiner Geschichte. Mein Vater, der auch Axel Springer hieß, nannte
sich eine Weile lang lieber Sven Simon. Er nahm sich das Leben, bevor ich ihm all die Fragen stellen konnte, die ein Sohn
an seinen Vater hat. Ich war nicht einmal vierzehn Jahre alt.
Als neunzehnjähriger Internatsschüler blickte ich eines
Nachts in den Lauf einer Maschinenpistole, die ein Kidnapper auf mich gerichtet hielt. Meine Entführer forderten
15 Millionen Mark. In ihrer Gewalt durchlitt ich die
schlimmsten 68 Stunden meines Lebens. Dann war ich frei
und bin es doch, bis heute, nie mehr so ganz. Dass mir Leid
geschah, nur weil ich sein Enkel war, hat mein Großvater
nie verwunden. Neun Monate nach meiner Entführung
starb er.

Axel Springer, einer der wohl untalentiertesten Familien-
menschen, den man sich vorstellen kann, versuchte nach
dem Selbstmord meines Vaters aufrichtig, mir eine liebevolle,
männliche Stütze zu sein. Er hatte so viel versäumt bei seiner
Tochter und seinen beiden Söhnen, jetzt wollte er wenigstens an mir Gutes tun, mich beschützen und ins wirkliche
Leben führen. Einem Freund schrieb er zwei Jahre nach dem
Tod meines Vaters den traurig schönen Satz: »In seinem
Sohn einen neuen Sohn geschenkt bekommen zu haben, ist
für Friede und mich ein großes Glück.« Manchmal nannte
er mich Axel Springer, der Dritte.

In diesem Buch erzähle ich von unseren gemeinsamen
Stunden, von einem Axel Springer, wie ihn nur die wenigs-
ten gekannt haben dürften. Und ich erzähle von seinem

Erbe, das für mich weit mehr umfasst als Geld und Besitz. Es
geht um den Geist Axel Springers, den er auch nach seinem
Tode noch in seinem Unternehmen walten lassen wollte.
Nicht zuletzt aus diesem Grunde hatte er angeordnet, dass
seine Nachfahren eine wichtige Rolle im Verlag spielen sollten. Doch was er genau verfügen wollte, erscheint mir als
immer geheimnisvoller, je länger sein Tod zurückliegt. Zwar
gibt es ein beurkundetes Testament, aber das habe er noch
einmal ändern wollen, wurde uns Nachfahren kurz nach
seinem Tod berichtet. Um diesem »neuen« letzten Willen
Axel Springers zu genügen, verzichtete ich auf 80 Prozent
meiner Anteile an seinem Unternehmen. Es dauerte viele
Jahre, bis ich erfuhr, dass man mir damals nicht die ganze
Geschichte über die letzten Wochen im Leben meines Großvaters erzählte. Ich habe lange überlegt, ob ich das alles
nicht besser für mich behalten möchte. Auch weil ich fürchtete, nicht gegen die Mächtigen anzukommen, die Teile ihres
Einflusses und Reichtums der Naivität eines Neunzehnjähri-
gen verdanken. Doch bevor sich einige von ihnen zum
nächsten Ehrentag meines Großvaters wieder einmal in heh-
ren Worten auf sein Erbe berufen, möchte ich hier erstmals
erzählen, welche Machenschaften hinter diesem Erbe stecken und wie sie es beinahe verspielten.

Bevor dieses Buch erscheinen konnte, haben sich zahlreiche Anwälte mit dem Manuskript befasst. Wenn sich
manche Sätze etwas holprig lesen, dann mag das daran liegen, dass die Juristen Persönlichkeitsrechte anmahnten,
mich an »Verschwiegenheitsvereinbarungen« oder »Treue-
pflichten« erinnerten. Ich habe um jeden Satz, um jeden Absatz gekämpft. Die ganze Wahrheit sollte es sein – so wie ich
sie erlebte. Dass Sie dieses Buch in Händen halten, ist insofern bereits der größte Erfolg, den ich mir wünschen kann.

Gestatten Sie mir daher, mich an dieser Stelle bei allen zu
bedanken, die das Erscheinen dieses Buches möglich ge-

macht haben. Einige wollen nicht genannt werden – ich habe eine Ahnung, warum. Ohne ihr Wissen und ihre Erfahrung hätte es dieses Buch nicht gegeben.

Axel Sven Springer
Hamburg, im April 2012

I

Das Ende der Kindheit

I

Ein Morgen im Januar

Am Morgen des 3. Januar 1980, einem Donnerstag, erwachte ich mit einem Riesenschreck. Verschlafen! Draußen war es fast schon hell. Die dünne Schneedecke über Hamburg schimmerte nicht mehr nachtgrau, sondern weiß durchs Fenster. Ich hätte längst unterwegs sein müssen. »Pappi?« Er wollte mich doch wecken, um vier, wie immer, wenn er mich zur Jagd mitnahm; seinen schlaftrunkenen Sohn, der eigentlich noch viel zu müde war für diese Ausflüge, aber jede Sekunde an der Seite seines Vaters liebte. Jetzt war es fast acht. »Ariane? Melanie?« Die beiden schliefen bestimmt noch, schließlich waren Ferien. Das Gut Schierensee, zu dem mein Vater und ich heute früh fahren wollten, lag knapp eine Autostunde entfernt. Mein Großvater hatte das heruntergekommene Anwesen am Holsteiner Westensee 1968 gekauft und drei Jahre lang aufwändig restaurieren lassen. Ein hochherrschaftliches Haus. Aber »Schloss« durfte man nicht sagen, das klang meinem Großvater zu förmlich. »Museum« passte auch nicht recht, dafür war es dort viel zu wohnlich und gemütlich, auch wenn die umfangreiche Sammlung historischer Möbel, Gemälde und Fayencen aus dem 18. Jahrhundert jede kulturgeschichtliche Sammlung bereichert hätte. Mein Vater schätzte an Gut Schierensee vor allem den großen wildreichen Wald, der es umgab, und die herrliche Ruhe. Sie ließ einen Kraft tanken, wie an keinem anderen mir bekannten Ort der Welt.

Im Haus war es ganz still. Irgendwas stimmte nicht. Ich lag allein in meinem Zimmer. Ariane und Melanie schliefen gemeinsam nebenan. Ich war dreizehn, Ariane siebzehn und Melanie sechzehn Jahre alt. Silvester hatten sie zum ersten Mal hier in Hamburg auf einer Party von Freunden gefeiert und nicht, wie sonst, mit uns in Morsum auf Sylt. Meine Eltern hatten sich getrennt, als ich noch zu klein war, um zu merken, dass da jetzt etwas fehlen könnte. Meine Schwester Ariane und ich lebten bei unserer Mutter Rosemarie in München. Mein Vater hatte sich neu verliebt, in Renate, die einen Friseursalon in Hamburgs bester Gegend führte. Auch ihre Tochter Melanie hatte er fest ins Herz geschlossen. Die Oster-, die Sommer- und die Winterferien verbrachten Ariane und ich fast immer mit ihnen. Das gemeinsame Weihnachtsfest auf Sylt, mit Unmengen von Essen, langen Spaziergängen, einem riesigen Weihnachtsbaum und viel Monopoly spielen, war mein Höhepunkt des Jahres. Wir Kinder durften so lange aufbleiben, wie wir wollten. Fernsehen bis Sendeschluss, Lachen und Toben bis Mitternacht – Hauptsache, wir saßen am nächsten Morgen pünktlich um Punkt acht wieder am Frühstückstisch. Aber wehe, man war übermüdet oder hatte schlechte Laune. Die hätte ohnehin nie lang vorgehalten. Mein Vater erzählte leidenschaftlich gern Witze, auch mal zehn hintereinander, und alle waren gut. Oft hatten wir Bauchschmerzen vor Lachen. Am liebsten hätte ich diese Tage auf Sylt in Geschenkpapier gewickelt und immer mit mir herumgetragen. Gestern erst waren wir von der Insel nach Hamburg zurückgekehrt.

Ariane und Melanie, die fast so etwas wie eine zweite Schwester für mich war und auch für Ariane eine gute Freundin, lagen noch im Bett, als ich hereintaperte und nach meinem Vater fragte. Sie wussten auch nichts. Bald hörten wir unten Renate telefonieren. »Ist er bei euch?« »Vielleicht schon vorgefahren?« »Oder noch mal ins Büro?« »Habt ihr was gehört?« Ihre Stimme klang nervös. So hatte ich sie noch nie gehört. Und wo war eigentlich Grouse, der treue schwarze Labrador, der seinem Herrchen so ungern von der Seite wich? Uns wurde unheimlich zumute. Wir saßen stundenlang in Melanies Zimmer, angezogen und ratlos, warteten und hörten NDR 2. »Hey there people, I'm Bobby Brown« von Frank Zappa. Ich habe die knarzige Stimme heute noch im Ohr. Komisch, woran man sich erinnert. »Hey there people.«

Plötzlich stand Claus Jacobi in der Tür. Jaco, wie wir ihn nennen durften, war einer von Vaters besten Freunden und arbeitete mit ihm in der Chefredaktion der *Welt am Sonntag*. Wir kannten ihn gut, er war oft bei uns auf Sylt gewesen, aber da sah er nie so blass aus wie jetzt. So totenblass. »Kinder... Euer Vater hatte vergangene Nacht einen schweren Unfall«, erzählte er. Ariane und Melanie verstanden sofort, was Jaco uns da schonend beizubringen versuchte. Sie weinten bitterlich, nicht hysterisch, sondern viel schlimmer: tief ergriffen und verletzt. Ich hingegen starrte ihn nur an. Ein Unfall? Mit dem Auto? »Wir müssen sofort zu ihm ins Krankenhaus!« Claus Jacobi schüttelte langsam den Kopf. Es dauerte eine Weile, bis auch ich begriff. Ich würde meinen Vater, meinen »Pappi«, der seine Briefe an mich immer mit drei »p« unterschrieb, nie wiedersehen. Dann weinte auch ich.

Keine einfache Verbindung:
Mein Vater Axel Springer junior (alias Sven Simon)
sieht ein TV-Interview mit meinem
Großvater Axel Springer, 1968

2

Kalte, unbestimmte Angst

Es war schon dunkel, als wir auf Gut Schierensee ankamen. Januartage sind kurz. Mein Großvater stand vor dem großen Torhaus, den Arm eingehakt bei Friede, seiner fünften Ehefrau. Er sah aus wie ein Gespenst, ganz grau im Gesicht. Seine Augen glänzten rot.

Er drückte uns an sich. Wir setzten uns in das große, sonst so gemütliche Wohnzimmer, vor den Kamin. Das Reden fiel allen schwer, auch Großvater und Friede. Da brach es aus ihm heraus und er schluchzte. »O Gott, o Gott!« Kurz darauf hörte ich, wie mein Großvater und Renate im Treppenhaus miteinander sprachen. Plötzlich rief sie: »Ich kann doch nichts dafür!« Immer wieder. Wir wussten gar nicht, wohin mit unseren Tränen. In meiner Hand hielt ich ein Foto meines Vaters. Als wir gerade nach Schierensee losfahren sollten, war ich noch einmal zu der Kommode in seinem Haus zurückgerannt, in der die Alben lagen. Ich riss ein Bild von ihm heraus, das wollte ich bei mir haben und nie wieder hergeben.

Bald sollten wir Kinder erfahren, wie er gestorben war. Es stand in jeder deutschen Zeitung, meist auf Seite 1. Die Fernsehnachrichten meldeten es. »Freiwillig aus dem Leben geschieden«, schrieb die *Welt* in einem ersten kurzen Nachruf. Die Erwachsenen versuchten es uns zu erklären, so gut es ging, aber es ging nicht gut. Bis heute nicht.

Gegen zwei Uhr morgens hatte mein Vater seinen dicken braunen Wintermantel übergeworfen und mit seinem Hund das Haus verlassen. Die beiden gingen zum Oberlauf der Alster, nur wenige hundert Meter entfernt. Niemand weiß, wie lange er dort am Ufer herumgelaufen ist, ob er mit sich gerungen hat und vielleicht doch noch einmal umkehren wollte, ob er für Grouse noch ein Stück Holz geworfen hat. Man weiß nur, dass er einen Revolver mit 9-Millimeter-Kaliber bei sich trug. Irgendwann zwischen halb vier und halb fünf Uhr morgens nahm er die Waffe und richtete den Lauf auf sich. Eine Spaziergängerin, die sich an diesem tristen Wintermorgen herausgewagt hatte, fand ihn gegen acht Uhr auf einer Parkbank. Der Hund lief unruhig hin und her, bellte jeden an, der sich näherte. Die Dame verständigte die Feuerwehr: »Da sitzt einer und bewegt sich nicht.« Mein Vater hatte keine Papiere dabei. Erst am frühen Nachmittag stand fest, dass er der Tote von der Parkbank war. Einen Abschiedsbrief habe es nicht gegeben, keine Erklärung, nichts, lautete die offizielle Version. Die *Münchener Abendzeitung* und die *Hamburger Morgenpost*, die einzigen Blätter, in denen am Tag danach von einem angeblichen Abschiedsbrief zu lesen war, gehörten nicht zum Axel Springer Verlag.

Mein Vater war freiwillig aus dem Leben geschieden. Er wollte nicht mehr leben, mit 38 Jahren. Mein Vater war so jung und hatte den Mut, die Waffe gegen sich zu richten und abzudrücken. Dann war alles aus. Sein Leben war weg, und wir hatten keinen Vater mehr. Von einer zur anderen Sekunde.

Wenn man erfährt, dass sich der eigene Vater erschossen hat, dann ist das extrem furchteinflößend. Derselbe Vater, neben dem ich die Nacht vor seinem Tod zum ersten Mal im selben Bett geschlafen hatte. So fremd auf einmal. Die Gewalt, die sonst nicht Teil des Lebens ist. Und mein Unwissen über seine Lage. Ich fror vor Angst. Eine kalte, unbestimmte

Angst, als würde der Boden, auf dem man geht, plötzlich wegsacken; als würde die Zimmerdecke, die man nachts anstarrt, weil man nicht schlafen kann, näher und näher kommen und einem die Luft abdrücken.

Auf Gut Schierensee schliefen wir jetzt erst einmal alle zusammen in einem Zimmer, Ariane, Melanie, Renate und ich. Wir blieben bis zur Beerdigung in der Abgeschiedenheit. Natürlich versteht man mit dreizehn Jahren nichts von dem, was passiert ist. Mein Vater wohnte zwar immer in meinem Herzen, aber er war eben ein ferner Held in Hamburg, der sein Leben lebte, während ich in München den Alltag mit meiner Mutter und meiner Schwester teilte. Ich habe später viele Theorien über seinen Tod gehört, auch einige gelesen. Ich möchte diesen Mutmaßungen keine neuen hinzufügen, weil nur mein Vater selbst das Rätsel hätte lösen können. Und vielleicht nicht mal er selbst.

3

Mein Pumpelchen, mein Stumpelchen

Mein Vater Axel Springer junior wurde am 7. Februar 1941 in Hamburg geboren. Er war nach Tochter Barbara (Jahrgang 1933) das zweite Kind meines Großvaters. 1963 kam noch mein Onkel Raimund Axel Nicolaus dazu. Seinen Nachwuchs bekam Axel Springer senior mit drei verschiedenen Frauen. Er verließ die Mütter seiner Kinder stets bereits nach wenigen Jahren. Seine Biografen mutmaßen, dass er seine Frauen mit niemandem teilen wollte, schon gar nicht mit einem Kind. Und sie schrieben, er sei den ständig neuen Reizen der Weiblichkeit gegenüber ausgesprochen zugetan gewesen. Was Frauen und unkonventionelle Liebesarrangements anbelangt, dürfte er einen Lebensstil gepflegt haben, von dem manch angestrengter 68er nur träumte. Einem guten Bekannten, dem Hamburger Zement-Industriellen Horst-Herbert Alsen, spannte er gleich zwei Ehefrauen nacheinander aus. »Bevor ich mich das nächste Mal vermähle, stelle ich die Dame Herrn Springer lieber vorher vor«, soll Alsen nach seiner zweiten Scheidung verkündet haben.

Insgesamt brachte es mein Großvater auf fünf Ja-Worte und vier Scheidungen. Katrin, die Mutter meines Vaters, war seine zweite Ehefrau. Das Mannequin mit den langen schlanken Beinen und einer legendär frechen Berliner Schnauze hieß eigentlich Erna Frieda Bertha Küster. Da weder »Erna« noch »Frieda« oder gar »Bertha« so recht zu ihrem aparten Äußeren passten, nannte mein Großvater sie lieber Katrin. Auch für sie war es die zweite Ehe. Wenige Stunden vor ihrer ersten Hochzeit mit einem schwerreichen Norweger hatte mein Großvater noch wortreich versucht, sie davon abzubringen. Es spricht für seinen Charme und seine Hartnäckigkeit, dass er sein Ziel mit Verspätung doch noch erreichte. Erna alias Katrin trennte sich von ihrem Norweger. Im Dezember 1939 wurde die Liebesheirat zwischen ihr und dem 27-jährigen Axel Springer geschlossen. Dreizehn Monate danach vermeldete der stolze Vater die Geburt seines ersten Sohnes: »Axel soll er heißen. Ich bin sehr froh.«

»Der Kleine läuft mir immer hinterher«, schrieb Axel Springer an einen Freund, da war mein Vater gerade zwei. Er überhäufte den Kleinen mit Kosenamen, »mein Pumpelchen, mein Stumpelchen«, das schreibt sich leicht, nur Zeit für ihn hatte er eher selten. Zwar kam mein Großvater dank der Atteste »verständnisvoller Ärzte«, wie sein Biograf Hans-Peter Schwarz sie nennt, um die Teilnahme am Zweiten Weltkrieg herum. Aber wie um die Diagnosen zu bestätigen, verbrachte er die düstere Zeit eher in luxuriösen Sanatorien als bei seiner Familie in Hamburg. Und als der Krieg zu Ende war, kämpfte mein Großvater, Sprössling einer Verlegerfamilie aus Hamburg-Altona, bald leidenschaftlich für seinen eigenen großen Zeitungstraum. Die für ihn wichtigeren Kinder hießen bald *Hamburger Abendblatt*, *Bild* oder *Hör Zu*. Soll sich doch die Mutter um den Kleinen kümmern. Hauptsache, der Junge lernt was Rechtes.

Seine ersten – und letzten glücklichen – Schuljahre verbrachte mein Vater bei einer Volksschullehrerin namens Loki Schmidt. Ein verträumter Junge, anhänglich, voller Fantasie, so erinnerte die sich an ihn, als sie längst mit

ihrem Mann Helmut im Bonner Kanzlerbungalow wohnte.
Und auch der kleine Axel vergaß die wunderbare Pädago-
gin nie. Aber er war zu Höherem berufen als zu einer stinknormalen Volksschule im Hamburger Westen, befand mein
Großvater. Er schickte den Neunjährigen ins ferne, aber
feine Schweizer Lyceum Alpinum nach Zuoz. Eine Nacht-
fahrt mit dem Zug. Mein Vater wusste gar nicht, wie ihm
geschah. »Bitte kommt, so schnell ihr könnt«, schrieb er,
krank vor Heimweh, nach wenigen Tagen. So schnell ging
es dann aber nicht. Erst mussten die Eltern noch ihre Scheidung unter Dach und Fach bringen, da war mein Vater
dann schon zehn. Als er endlich zurück nach Hamburg
durfte, bekam er einen Privatlehrer zur Seite gestellt, der
retten sollte, was zu retten war. Doch das Experiment
Heimlehrer wurde bald wieder aufgegeben. Die Eltern
schickten den Jungen auf eine Odyssee durch die besten
Lehranstalten Europas. »Meine Schulen und Internate
wechselten schneller als meine Mütter«, erzählte Axel Springer junior später mit Blick auf die wechselnden Partnerin-
nen seines Vaters.

In London schließlich legte er so etwas wie eine mittlere
Reifeprüfung ab. Ein Abschluss, irgendwie, damit die
Quälerei ein Ende hatte.

* * *

Das Verhältnis zwischen meinem Vater und meinem Großvater war »ambivalent«. Das Wort habe ich oft gehört,
wenn ich Menschen befragte, die beide kannten. »Nicht
frei von Spannungen«, lautete eine andere, vornehmere
Formulierung. »Dein Vater hat seinen Vater bewundert«,
erzählte mir Claus Jacobi einmal. Aber er habe ihn auch
angeschrien. »Schmier dir dein Geld doch in Haare!«, soll
er gebrüllt haben. »Sein Befinden war durchaus abhängig

vom Stand der Beziehungen zu seinem Vater. Und die schwankten heftig«, schrieb Hermann Schreiber, ehemaliger *Geo*-Chef und einer der engsten Vertrauten meines Vaters. Der Junior sehnte sich nach einem ganz»normalen« Leben. Einfaches, reichhaltiges Essen, nicht die leicht zickige Suche nach dem »besten Haus am Platz«, den Restaurants, in denen das Teuerste gerade gut genug war. Einfache Menschen, nicht die verschlagenen Anzugträger, die den Verleger umschmeichelten wie Bücklinge die Majestäten bei Hofe. Und Familie, das war die ganz große Sehnsucht meines Vaters: Eine Frau, zwei Kinder, gern noch mehr. Die Familie sollte ein Ort der Ruhe und der Liebe für ihn sein. Ein Ort, der bleibt und nicht dauernd wechselt wie die Teilzeitheimaten seiner Kindheit. Sein Vater hatte sich von ihm getrennt, so empfand er es, nun trennte er sich mit aller Macht auch von ihm. Er wurde Gefreiter bei der Bundeswehr, ein Waffennarr, der später viel Geld für seine Sammlung historischer Gewehre. Viel weiter weg von einem leidenschaftlichen Zivilisten, wie es mein Großvater war, geht nicht. Und er heiratete. Mit 21, darin Axel Springer senior doch wieder ähnlich, der genauso jung war bei seiner ersten Eheschließung, und vielleicht gerade deshalb so heftig dagegen schimpfte.

Rosemarie Koschwald, eine blonde, schlagfertige und unabhängige Frau und waschechte Berliner Schnauze musste es sein. Ihr gefiel der junge Mann, der so ganz anders war als die reichen Jünglinge mit ihren nagelneuen grünen Triumph Spitfires, die sie sonst umschwärmten. Bei ihm musste sie die Tür des rumpeligen VW Käfers von innen festhalten, wenn sie eine Ausfahrt machten. Sein damals schon berühmter Name störte sie eher, als dass er sie beeindruckte. Als sich die beiden ineinander verliebten, war er 19 und sie 16 Jahre jung. Sein feiner, schneller Humor brachte sie ständig zum Lachen. Mit ihm lernte man immer neue Menschen kennen.

Die Fotos, die er zunächst nur als Hobby machte, berührten sie. Sie ermunterte ihn zur Fotografenkarriere und klar sagte sie »ja«, mit neunzehn, der musste es sein. Mein Vater erhielt dann erst einmal Hausverbot im Verlag, so sauer war mein Großvater, dass der sich einfach seinen Tiraden widersetzte. Zur Hochzeit erschien der Verleger nicht, erst zum Hochzeitsempfang, den Axel Juniors Mutter Katrin für das Brautpaar gab.

Sie rauften sich zusammen, mein Vater und mein Großvater, aber vor allem rauften sie. Mein Großvater »gewöhnte« sich bald an meine Mutter, die sagenhaft hübsch war und wohl auch ziemlich frech. Er war nicht der Mann, der schönen Frauen lange böse war, tanzte sogar mit ihr auf dem einen oder anderen Ball. Und heimlich bewunderte er seinen Sohn wohl auch ein bisschen, der unter dem Künstlernamen Sven Simon eine große Fotografenkarriere begann und eine erfolgreiche Fotoagentur ins Leben rief. Das Bild von Uwe Seeler, der 1966 beim WM-Finale gegen England an der Seite eines »Bobbys« vom Platz schleicht, ist von ihm. Es wurde zum »Sportfoto des Jahrhunderts« gewählt. In seinen Bildern spürt man die Liebe zu den Menschen und den leichten Zugang, den er zu ihnen fand – zu Hafenarbeitern ebenso wie zu Sportstars, Kanzlern oder Präsidenten. 1967 kehrte mein Vater, der Jahre vorher beim *Hamburger Abendblatt* volontiert hatte, in den Verlag zurück. Er arbeitete für *Twen*, das legendäre Magazin, das seine besten Tage bereits hinter sich hatte, als Springer es übernahm. Für einen visuell denkenden Mann wie meinen Vater war das Heft trotzdem eine ideale Spielwiese, um neue Themen und Ideen auszuprobieren. Und vielleicht suchte er inzwischen auch die Sicherheit des großen Verlagshauses. Schließlich lebten Rosemarie und er nicht mehr für sich allein. 1962 war meine Schwester Ariane geboren worden. Und am 15. Januar 1966 konnten die Leser des

Hamburger Abendblattes links oben auf Seite 6 eine kleine, bescheidene Anzeige sehen:

> »Wir freuen uns über die Geburt unseres Sohnes
> Axel Sven am 13. Januar 1966.
> Rosemarie, Axel und Ariane Springer, München 21«

Sie hatten mich Axel genannt. So viel Dynastie musste wohl sein. Mein stolzer Großvater kam persönlich ins Krankenhaus und gratulierte mit Blumen.

Immer noch Freunde:
Meine Eltern 1975, fünf Jahre nach ihrer Scheidung

4

Leider bist du eingeschlafen

Die ersten acht Jahre meines Lebens habe ich meinen Vater kaum gesehen. Meine Eltern trennten sich 1970, als ich vier war, ließen einander danach wohl nie so ganz los, nur mit der ganz großen Liebe war es eben vorbei. Als junger Fotoreporter Sven Simon war mein Vater viel auf Reisen und dabei wohl nicht immer treu. Aber meine Eltern blieben schlussendlich Freunde. Sie in München, er in Hamburg. Gemeinsam erlebte ich sie so gut wie nie.

Aber ich erinnere mich noch ganz deutlich daran, wie mein Vater mich einmal überraschte, als er in München war. Ich hatte ihn lange Zeit nicht mehr getroffen. »Mal gucken, wie er jetzt aussieht, der Kleine, wie der so ist«, wird er wohl gedacht haben und rief meine Mutter an. »Erzähl dem Kleinen aber nichts!« »Aggi, wir gehen mal in das Café da«, zog meine Mutter mich also kurz vor der verabredeten Zeit ins »Luitpold«, in der Brienner Straße. Wir saßen einige Minuten lang am Tisch. Ich hatte keine Ahnung, warum ausgerechnet hier und jetzt, aber plötzlich stand mein Pappi vor uns. Die Überraschung war geglückt. Ich habe mich so über ihn gefreut, dass ich noch heute jede Kleinigkeit vor Augen habe – vor allem in der Nase. Mein Vater benutzte das Rasierwasser »Silvestre« von Victor. Er sah blendend aus. Die Haare zurückgekämmt, dunkelblauer Blazer, graue Hose. Sicher war er nicht meinetwegen nach München gekommen,

aber dieses kleine Treffen gab mir das schöne Gefühl, wirklich einen Vater zu haben: Mein großer, toller Pappi, der
immer auf mich aufpassen würde, wenn was ist.

Als ich acht Jahre alt war, hieß es: »Wenn ihr möchtet,
könnt ihr doch noch drei Wochen in den Sommerferien zum
Pappi nach Sylt.« Ariane freute sich. Sie erinnerte sich noch
gut an die Insel, ich nur an einen üblen Sturz mit dem Fahr-
rad und an unglaublich viel Wasser. Mami brachte uns zum
Münchner Flughafen, der damals noch in der Stadt lag.
Noch einmal ganz fest drücken! Dann hängte uns eine hüb-
sche Stewardess ein orangefarbenes Namensschild um den
Hals. Wir wurden ins Flugzeug nach Hamburg gesetzt und
verbrachten herrliche Wochen bei Pappi, Renate, seiner
Neuen, die wir »Molly« nannten, und deren Tochter Melanie – für uns »Mule«. Ich mochte die beiden sehr. Mein Vater
war herzlich und liebevoll, die große Familie gefiel ihm, und
jedes Mal, wenn wir kamen, war er ein bisschen dicker als
vorher. 120 Kilo bei 1,87 Metern werden es in seinem letzten Lebensjahr ungefähr gewesen sein. Das Essen schmeckte
einfach zu gut. Vor allem, wenn Molly kochte, die das Wild,
das er regelmäßig erlegte – Ente, Fasan, Reh –, in wahre
Köstlichkeiten verwandelte. »Noch einen Teller?« Manchmal spielte er sogar Fußball mit mir. Ein echter Liebesdienst,
denn er war nach zehn Minuten schon so außer Atem, dass
er sich erst mal setzen musste. »Komm, Pappi! Weiter! Du
kannst ja ins Tor!« Als ich zwölf war, gewann ich zum ersten
Mal gegen ihn im Schach. »Willst du deinen Kleinen nicht
mal loben?«, fragte ich. »Nö«, sagte er. »Du spielst ja viel
öfter als ich.«

Natürlich erzählte ich ihm alles, was mir so durch den
Kopf ging, aber für meine Sorgen und Tränen war eher
meine Mutter zuständig. Die war ja immer da, nicht nur
gefühlt. »Du wirst die einzige Frau in meinem Leben sein,
der ich noch mal was schenke«, erklärte ich ihr, als ich zehn

war. Da hatte Nele, mein blonder Klassenschwarm in der dritten Klasse, gerade eine Wum-Figur von mir zum Geburtstag bekommen. 2,50 Mark vom Taschengeld mühsam zusammengespart, und dann beim Schreibwarenhändler gekauft. »Thoeeeelkeee!« – die älteren Leser werden sich erinnern. Es dauerte genau sieben Minuten, da hatte sie Wum an Christoph weiter verschenkt, der war auch eingeladen. Weiber!

Die Grundschule hätte ich ernster nehmen können. Ich fiel eher durch laute Gedanken als durch überdurchschnittliche Noten auf. In der vierten Klasse gab es dafür die Quittung: Mein Notenschnitt lag bei 2,6. Um aufs bayrische Gymnasium gehen zu dürfen, hätte ich 2,5 gebraucht. Ich machte die vierte Klasse einfach noch einmal. Ein schönes Jahr. Nur Einser und Zweier im Zeugnis, und größer und stärker als die anderen war ich auch.

* * *

Mein Vater war ein Mann, mit dem man schnell Freundschaft schloss. Freundschaften, die hielten. Es tat gut, ihn um sich zu haben. Der Kolumnist und Autor Franz Josef Wagner erzählte mir einmal, wie Axel Springer junior alias Sven Simon alias mein Vater ihm den ersten Cashmere-Pullover seines Lebens kaufte. Kaufte, nicht schenkte. Die beiden, der Reporter und der Fotograf, hatten sich 1967 während des Sechstagekriegs in Israel kennen gelernt, waren gemeinsam zurückgeflogen und anschließend durch die Züricher Bahnhofsstraße spaziert. In einem Schaufenster entdeckte Wagner den Pullover, den er schon immer tragen wollte. Warm, weich, lässig. Aber 300 Franken, so viel hatte er damals nicht mal eben so. Mein Vater zog sein Portemonnaie aus der Tasche und bezahlte für ihn. »Wenn du deine erste Million hast, gibst du's mir wieder!« Ein Geschenk hätte seinen neuen Freund in große Verlegenheit gestürzt, einen Abstand zwischen beiden markiert, der sich falsch angefühlt hätte.

Wagner beschreibt diese Episode in seinem 2010 erschienenen *Brief an Deutschland*, einer autobiografischen Liebeserklärung an die Kunst des Schreibens und an unser Land. Die Erinnerung an die Freundschaft zu meinem Vater ist ihm so wichtig, dass er ihn mehrmals in seinem Buch auftauchen lässt. Wagner beschreibt auch eine magische Nacht, die er mit ihm in der Wüste auf der Halbinsel Sinai verbrachte. Im Gefolge einer israelischen Panzerstaffel – »embedded«, wie man heute sagen würde. Über beiden leuchtete der Sternenhimmel, so intensiv, wie man es in keinem Planetarium hinbekommt. Näher dran an Gott geht nicht. Franz Josef Wagner lag stumm vor Staunen da und blickte vorsichtig rüber zum Schlafsack neben ihm. Aber da regte sich nichts. Verwöhnte Verlegersöhne! Verschlafen die Schönheit der Welt! Haben ja sonst alles! Irgendwas in dieser Art hat Wagner damals wohl gedacht. Ein Jahr später schenkte mein Vater ihm einen prächtigen Bildband mit Fotos, die er in China gemacht hatte. Darin hatte er eine Widmung geschrieben: »Über uns die Milchstraße. Leider bist du eingeschlafen, dein Axel.«

Mein Vater war ein unglaublich ehrlicher Mensch. Einer, der Arroganz hasste und jede Art von Dünkel, der jeden duzte und lieber mit kantigen Sylter Bauern jagen oder fischen ging, als mit den »Flanellmännchen« um die Gunst des großen Verlegers zu rangeln. »Er war der Springer zum Anfassen im Verlag der 12 000«, nannte ihn Claus Jacobi. Die Verlagsspitze war nicht gerade durchsetzt mit Männern »zum Anfassen«. Die »Höflinge«, wie der Autor Michael Jürgs sie despektierlich nennt, wussten längst, dass der Junior bereits 1968, notariell beglaubigt, auf die Nachfolge an der Konzernspitze verzichtet hatte. Das Erbe ließ er sich auszahlen. Axel Springer, der Zweite? Thema durch. Der war ungefährlich, dachten die Manager im Verlag. Natürlich musste man vorsichtig sein, man weiß ja nie. Aber der hatte ja nicht mal Abitur, konnte keine Bilanzen lesen, verstand wahrscheinlich auch nichts von Umsatz und Gewinn. Und dann diese alberne Zeit als Fotoreporter! Ein Millionär in spe, der sich jeden Samstag im Dreck hinter dem Fußballtor wälzt, um das beste Foto zu schießen. Der durch die Welt reist, auf dem Boden schläft, das Leben und Leiden der Menschen sehen und verstehen will und ihr Lachen auf seinen Bildern einfängt wie einer, der beim Fotografieren mitgelacht hat. »Foto: Sven Simon.«

Nach der Scheidung meiner Eltern holte Axel Springer, der Erste, seinen Sohn etwas näher zu sich, machte ihn neben Claus Jacobi zum Chefredakteur der *Welt am Sonntag*. Jacobi hatte mit 34 schon den *Spiegel* geleitet, da konnte nichts schiefgehen. »Er hatte Großes mit ihm vor«, schrieb Claus Jacobi dann auch später über den großen, mächtigen Vater und dessen Sohn. Sven Simon, der jetzt wieder Axel Springer Jr. ins Impressum schreiben ließ, fing sogar an, Betriebswirtschaft zu pauken. Julius Greifzu, Autor u.a. vom *Handbuch des Kaufmanns*, kam für ein prächtiges Honorar vorbei und sollte ihm alles erklären. »Ich lerne auf Verleger«, soll mein Vater Freunden erzählt haben. Die konnten es kaum glauben. Manchmal paukte er fünf Stunden am Tag. Was für ein Irrsinn. Mein Vater, der begnadete Fotograf, der Mann, der so gut mit Menschen umgehen konnte, der ein Gespür für Themen und Geschichten hatte wie nur wenige, sollte es nun auch noch den »Flanellmännchen« beweisen müssen? Hans-Peter Schwarz, Autor der gewissermaßen »amtlichen« Biografie Axel Springers, urteilt mitleidlos. Springer Nummer 1 habe bezweifelt, dass sein Sohn jemals eine leitende Rolle im Konzern spielen könne. Das lag weniger am Sohn als vielmehr am Verleger selber, denn im Grunde traute Axel Springer »nur einem

einzigen zu, den komplizierten Konzern zu regieren: sich
selbst«.

Im Sommer 1979 erwischten Windpocken meinen Vater.
Kinder stehen so etwas durch, das gehört zur Abhärtung
der kleinen Körper. Für Erwachsene ist das eine Katastrophe. Überall schlimmer Ausschlag, der nicht zu weichen
scheint, Juckreiz, Schmerzen im Kopf, Übelkeit. Mehrere
Wochen hatte die Krankheit meinen Vater fest im Griff.
Windpocken können Depressionen verstärken, las ich in
einem Nachruf. Er soll nach dieser Krankheit nicht mehr
derselbe gewesen sein. Vielleicht stimmt das sogar, ich habe
davon nichts mitbekommen. Aber Windpocken, die »Depressionen verstärken«, das ist auch eine ziemlich gute
Sprachregelung für Presseerklärungen, die das eigentlich
Unerklärliche erklären sollen. Windpocken. Depressionen –
dann kann ja keiner etwas dafür, wenn sich einer in einer
bitterkalten Nacht aus dem Leben verabschiedet. Ein »tra-
gisches Geschehen«.

Im März 1985 schrieb Axel Springer I. in einem Brief
über meinen Vater und mich: »Axel III ist der Sohn meines
vor 5 Jahren freiwillig aus dem Leben geschiedenen Nach-
folgers. Wenn ich es als Vater sagen darf: ein ganz besonders netter, bescheidener, begabter Junge, der eine gesundheitliche Störung nicht verwinden konnte.« Mit dem komplizierten Verhältnis zu seinem Vater, der ihn früh verließ
und später wohl nie überzeugend liebte, vielleicht auch,
weil er sich von dem unabhängig denkenden jungen Mann
nicht genug bewundert fühlte, nein, mit diesem komplizierten Verhältnis, mit einer stillen, kalten Anklage des
Sohnes an seinen Vater, hatte dieser Freitod nichts zu tun.
Natürlich nicht.

An dem Tage, an dem mein Vater starb, wollte Axel Springer ihm eröffnen, dass er Großes mit ihm plane im Verlag.
Eine neue Position, irgendwo ganz weit oben. Das habe ich

jetzt in vielen Biografien über meinen Großvater gelesen, zur offiziellen Geschichtsschreibung geadelt. Mein Vater war 38, als er starb. Dass ausgerechnet am Tage seines Todes genau das passieren sollte, wozu Axel Springer I. viele, viele Jahre lang Zeit gehabt hätte, hat mich nie ganz überzeugt.

5

Rote Rosen, Schweizer Uhren

Meine ersten beiden bewussten Erinnerungen an meinen Granddaddy spielen auf Sylt.

Beim ersten Mal muss es ein Sommer Ende der 70er Jahre gewesen sein. Mein Vater entdeckte, als wir gerade in seinem dunkelgrünen VW-Variant knapp bei Archsum vorbeifuhren, einen Hubschrauber am Himmel. Ich weiß noch: unglaublich schönes Wetter, strahlende Sonne, kaum eine Brise. Der Hubschrauber drehte sich einmal im Kreis, Pappi kehrte um, fuhr den alten VW eilig zurück zu unserem Haus. Als wir gerade angekommen waren, tauchte der Hubschrauber schnell nach unten, blieb knapp einen Meter über dem Boden in der Luft stehen, die Seitentür öffnete sich, der Pilot warf ein orangefarbenes T-Shirt heraus. Es flog im hohen Bogen auf den grünen Rasen. Der Hubschrauber zog dann seitlich nach oben Richtung Himmel davon, wir winkten ihm hinterher. Pappi hob das T-Shirt auf. XXL-Größe – und auf der Brust stand: Axel Caesar.

Damals verstand ich noch nicht, warum Pappi schallend lachte.

»Axel Cäsar«, so nannten seine Gegner den mächtigen Verleger, um ihn zu ärgern. Der »Cäsar« amüsierte sich drüber, ebenso selbstironisch wie dem Gewese gegenüber, das viele seiner Verlagsoberen, aber auch Politiker und Wirtschaftsführer um ihn veranstalteten.

Die zweite Begegnung, an die ich mich noch gut erinnern kann, spielt ebenfalls in unserem Haus auf Sylt. Granddaddy und Friede waren zu Besuch. Zu Besuch bei Pappi, Ariane und mir. Er alberte mit uns Kindern auf dem Sofa im Wohnzimmer herum. Obwohl Granddaddy nicht lange blieb, waren es doch besonders schöne Momente, die wir an diesem Nachmittag erlebten; sonst wüsste ich nichts mehr davon. Noch heute freue ich mich, dass Pappi das alles fotografierte. Es sind mit meine Lieblingsfotos.

Wenn mein Großvater auf Sylt war, meldete er sich oft mit »Hier spricht der König selbst« am Telefon. Nicht ernst gemeint, natürlich, aber so ein bisschen königlich hatte er es schon gern. Er wohnte nicht, er residierte: Das Haus »Tranquillitati« auf Schwanenwerder, nach seinen Ideen erbaut, Gut Schierensee, in dessen Herrenhaus er Privatkonzerte veranstaltete, ein Stadthaus in London, eines in Hamburg, direkt an der Alster, ein Haus auf Patmos, eine Wohnung in Jerusalem mit einem der schönsten Ausblicke der Stadt. Und doch umgab diesen unzweifelhaften Reichtum etwas Lässiges, Leichtes. Mein Großvater hatte einen unglaublich sicheren Geschmack, etwas, was man nicht lernen und auch mit sehr viel Geld nicht kaufen kann. Keine Nuance zu viel oder zu wenig, nie prunkvoll oder protzig. Wenn man ihn besuchte, stand alles an seinem festen, dem perfekten Platz – Möbel, Antiquitäten, Kunst. Und trotzdem fühlte man sich nicht unbehaglich bei ihm, weil es eben Welten für Menschen waren, die er schuf, und nicht Ausstellungsorte für protzende Sammler.

Bis zum Tode meines Vaters habe ich Granddaddy nur selten erlebt, ich glaube sechs- oder siebenmal. Eigentlich wusste ich gar nicht, wie Großväter zu sein hatten. Dass es sie in der knurrigen oder knuddeligen Variante gab. Dass sie wie Patriarchen über Familienversammlungen thronen konnten, bis sie, wenn sie sehr alt waren, irgendwann einnickten und die Großmütter ihnen die erkaltete Zigarre aus dem Mundwinkel fischten. Bei uns gab es solche Familienversammlungen nicht. Mein Großvater kreiste viel zu sehr um sich, als dass er ein ehrliches Interesse an regelmäßigen Treffen solcher Art gehabt hätte. Aber er wirkte auf mich wie ein echter Gentleman, der es vermochte, unsere wenigen frühen Begegnungen so kostbar zu gestalten, dass ich gar nicht auf die Idee kam, mich nach einem normalen Opa zu sehnen.

Er besaß die Gabe, dass man sich bei ihm fühlte, als sei man für ihn gerade der wichtigste Mensch auf der Welt. Egal ob man ein neunjähriger Junge war, der Chefredakteur einer seiner Zeitungen oder der Präsident der USA. Eine Gabe, mit der er immerhin fünf Frauen zum Jawort verleitet hatte. Mit den meisten von ihnen blieb er auch nach der bisweilen schmerzlichen Trennung freundschaftlich verbunden, so wie mit Martha, »Baby«, seiner ersten großen Liebe. Von ihr las ich einmal eine Ansichtskarte (»Liebe Friede, lieber Axel«), in der sie beschreibt, wie sie auf einer Kur einen Springer-Kritiker zurechtwies: »Ich habe das Bild von Dir zurechtgerückt – ihm erklärt, dass ich für Euch durchs Feuer gehen würde.« Martha unterzeichnete »mit innigem Dank für die herrlichen Rosen«.

Seine Großzügigkeit war legendär. Zur Eröffnung des Springer-Verlagshochhauses in Berlin-Kreuzberg, direkt an der Mauer, am 6. Oktober 1966 bekamen alle 5000 Taxifahrer im Westen der Stadt eine Schweizer Uhr geschenkt. Das war spendabel und wohlkalkuliert zugleich. Heute würde man das wahrscheinlich »virales Marketing« nennen, denn wer könnte die Markenbotschaften eines Zeitungshauses besser verbreiten als die Taxifahrer vor Ort?

Vieles, was ich über meinen Großvater heute weiß, habe ich aus den vielen Biografien erfahren, die mittlerweile über ihn veröffentlicht wurden. Da sehe ich ihn auf alten Schwarz-

Mit Granddaddy und Friede in Kampen, Ostern 1976

weiß-Fotografien, ein großer Mann, der die Aufnahmen ohne jede Anstrengung dominiert. Als ich selbst in den Zwanzigern steckte, hätte ich mich zu gern einmal auf eine Zeitreise zum jungen Axel Springer begeben und wäre mit dem britisch gekleideten, lebenslustigen Swing-Fan in Hamburg oder Berlin um die Häuser gezogen. Oder ihn mitzuerleben, wie er als Gründer des *Hamburger Abendblatts* Ende der 40er Jahre eine ganz neue Art von Zeitung etablierte, eine, die – zum Horror mancher traditionsbewusster Redakteure – auch von Ehefrauen und Töchtern gelesen werden sollte. »Seid nett zueinander!«, eine seiner ersten großen Kampagnen, hatte mein Großvater für das *Abendblatt* entwickelt. Simpel, aber gut – so gut, dass der Spruch noch heute passt.

Ich wäre auch gern bei der Konferenz im Jahr 1952 dabei gewesen, auf der Axel Springer seinen Verlagsgeschäftsführern und Geschäftspartnern erklärte, dass die Zukunft der Medien vom Bild her gedacht werden müsse und eine vor allem visuelle Zeitung, *Bild* genannt, den Weg in eben diese Zukunft weise. Einige der Herren haben damals sehr gelacht. Über seinen mit Fleiß, Genie und Leidenschaft befeuerten Aufstieg zum mächtigsten deutschen Verleger, zum liebsten Feindbild der 68er, habe ich viel gelesen und gehört. Selbstverständlich fällt es schwer, den eleganten älteren Herrn, der mir später so nah war, mit den damaligen Parolen in Verbindung zu bringen. Aber natürlich entging auch mir nicht, dass mein Großvater ein politischer Mensch gewesen ist, dem die Botschaften wichtiger waren als der kommerzielle Erfolg. Mit Blick auf diese Botschaften sehe ich allerdings auch heute keinen Grund dafür, ihn auf der »falschen« Seite der Geschichte zu verorten. Das Streben nach Freiheit für alle Menschen, vor allem für die Deutschen im Ostteil unseres damals noch geteilten Landes; die Ablehnung jeder Diktatur, ob rot, ob braun; die Aussöhnung mit dem jüdischen Volk und die Unterstützung des Staates Israel sowie die Förderung der sozialen Marktwirtschaft, bei der meinem Großvater eben auch das »Soziale« wichtig war – ehrlich gesagt, bin ich noch heute ziemlich stolz auf diese seine Mission.

Und immer denke ich auch daran, wie wenig die, die über Axel Springer schimpften und ihn als Reaktionär schmähten, wirklich über ihn wussten. Als mein Vater sechzehn war, im Jahr 1957, nahm mein Großvater ihn mit, um ihm das ehemalige Konzentrationslager Bergen-Belsen zu zeigen. Es war wohl einer der wenigen Tage, an denen er richtig lange mit meinem Vater gesprochen hat. »Es kann sein, dass du einmal mein Nachfolger sein wirst. Dann sollst du wissen, was einmal in Deutschland geschehen konnte«, hat er ihn mit Blick auf die Gedenkstätte ermahnt. »Auschwitz – das waren wir.«

6

»Es hat Dich lieb ...«

Es gibt ein Foto von der Beerdigung meines Vaters, das mich im Arm meines Großvaters zeigt. Hinter uns stehen Ariane und Friede, ganz in schwarz. Daneben meine Mutter und Nicolaus, der jüngste Sohn meines Großvaters, ein gutaussehender junger Mann mit halblangen dunklen Haaren. »Komm doch zu mir«, flüsterte meine Mutter und zog ihn sanft an ihre Seite. Weder Friede noch sein leiblicher Vater Axel Springer senior hatten einen Blick für ihn an diesem Tag. Meine Mutter hat nie vergessen, dass sich um Nicolaus damals niemand kümmerte. Sie kam noch oft auf dieses Erlebnis zurück: Eine seltsame Familie, bei der dieses so selbstverständliche innere Band zu fehlen schien, die den einen umarmte und den anderen einfach vergaß – und beim nächsten Mal womöglich umgekehrt. Eine Familie, die »Familie« erst noch lernen musste. Ich sehe auf der besagten Fotografie aus wie ein verheulter Frosch. Mein Großvater stützt mich, aber er scheint sich auch ein bisschen an mir festzuhalten. Zwei Taumelnde. Auf Gut Schierensee hatte sich mein Großvater nach der schrecklichen Nachricht vom Selbstmord seines Sohnes tagelang in ein abgedunkeltes Zimmer zurückgezogen. Er zündete Kerzen an, stellte ein Bild meines Vaters auf, betete, blieb ganz für sich allein. Pumpelchen, Stumpelchen. Sie legten meinen Vater ins Grab seiner Mutter. So kehrte er in ihre

Arme zurück, aus denen man ihn mit neun Jahren gerissen
hatte.

Knapp 100 Trauergäste drängten sich auf dem kleinen
Friedhof in Hamburg-Flottbek mit der passenden Adresse:
Stiller Weg 28. Der Eichensarg meines Vaters war mit roten
Moosröschen bedeckt. Von rosa Nelken und gelben Nar-
zissen ist die Rede in den Artikeln, die am Tag danach erschienen; von unzähligen Kränzen, denen aus der gesamten
deutschen Medienwelt natürlich, aber auch von den leisen,
traurigen Grüßen seiner vielen Freunde, die nur ihren Vornamen auf die Schleife schreiben ließen. Von Loki Schmidt,
seiner ersten Lehrerin, und Helmut Schmidt, dem Bundeskanzler, war auch ein Kranz dabei, ein besonders lieber.
Auch Günter Netzer, Uwe Seeler, Berthold Beitz und Friedrich Karl Flick hatten einen letzten Blumengruß geschickt.
Was für eine bunte Gesellschaft! Aber ich kann mich nicht
mehr an alles erinnern, nicht an Farben – alles war grau –,
nicht an die Worte auf den Kränzen. Nur der Ton des Jagd-
horns, das Signal »Jagd aus«, mit dem die kurze Trauerfeier
endete, schwebt mir noch manchmal im Ohr. »In großer
Einsamkeit starb ...«, begann die Traueranzeige, die der
Verlag in alle deutschen Zeitungen setzen ließ. Auf der Feier
im Verlagshaus, mit der die Axel Springer AG sich von meinem Vater verabschiedete, fehlten Renate und Melanie, die
Frauen, die wohl mit am heftigsten um ihn trauerten. Man
hatte sie, die Uneheliche, die Friseurin, und ihre Tochter,
nicht eingeladen. Ich war fassungslos.

＊ ＊ ＊

Als wir klein waren, nannten Ariane und ich ihn immer
»Onkel Axel«. Großvater, »Opa« gar, das klang ihm wohl
zu alt. Aber spätestens auf dem Friedhof Stiller Weg wurde
er unser »Granddaddy«. Auf dem Tisch vor mir, eingeheftet

Tiefe Trauer: Meine Schwester Ariane, Friede, mein Großvater
und ich auf der Beerdigung meines Vaters, 1980

in fünf großen Ordnern, liegen Briefe und Postkarten, die ich für dieses Buch noch einmal herausgesucht habe. Ich habe jede Zeile aufgehoben, die er mir schrieb.

Nach dem Tode meines Vaters wurde unser Verhältnis ein anderes. Beim Lesen seiner Briefe glaube ich zu erkennen, dass auch mein Großvater sich verändert hatte. Mit seinen damals 67 Jahren stellte er sich einer neuen Herausforderung. Der Mann, der sich nie so richtig um seine Familien gekümmert hatte, übernahm auf einmal Verantwortung für seine Enkel. »Diese Liebe konnte er sogar zeigen«, schreibt Michael Jürgs in seinem Buch über ihn. Sicher versuchte Granddaddy auch, das wiedergutzumachen, was er an seinen eigenen Kindern versäumt hatte. Er wurde endlich ein richtiger Großvater für mich, stark und durchaus präsent. Das tat mir gut, und wohl auch ihm. Genau eine Woche nach der Trauerfeier für meinen Vater, am 16. Januar 1980, schrieb er mir, noch etwas unbeholfen in seiner neuen Rolle, aus Sylt:

> »Mein lieber Aggi,
>   es ist Nacht, sehr spät. Ich kann nicht schlafen. Ich nutze die Zeit, um Dir zu schreiben. Draußen ist ein ganz klarer Sternenhimmel. Die Sterne leuchten so stark, wie ich es bisher nur im Süden gesehen habe. Heute Nachmittag haben wir Pastor Hartung in Morsum einen Besuch gemacht, um ihm für alle Mühen zu danken.
>   Es ist wunderbares Wetter, aber durch den Frost sehr glatt. Auch muss man mit dem Käfer sehr vorsichtig fahren. Übermorgen Mittag fliegen wir von Westerland direkt nach Berlin. Ich wäre gerne noch ein bisschen hiergeblieben. Grüß Mami und Ariane schön. Hoffentlich sehen wir uns bald. Es hat Dich sehr lieb
>   Dein Großvater.«

So ging es beinahe im Wochenrhythmus weiter. Ansichtskarten, Briefe, Umschläge mit Artikeln über meinen Vater,

Hinweise auf Bücher, die ich lesen sollte, und auf das Fern-
sehprogramm (»Mein Junge, sieh Dir doch bitte die Preu-
ßen-Sendung im Fernsehen an«), Zeitungsausrisse zu Themen, die ihm wichtig waren. Dazu Grüße aus Key Biscaine,
aus Patmos, aus Berlin. Durch seine Briefe erhielt ich auch
immer bessere Einblicke in sein Leben, denn er berichtete
aus einer Welt, die doch sehr weit weg war von der meinen:

> »Mein lieber Axel,
>   (...) Am Dienstag war ich bei unserem Freund
> Edmond de Rothschild, mit dem ich eine ganze Menge
> Dinge zusammen mache. Sein Schloss am Genfer See
> scheint noch mal so groß zu sein wie Schierensee.
> Und viele Rubens und Rembrandts usw.
> Aber ich glaube, Du würdest Schierensee vorziehen.
>   Was ich beifüge, ist kein Weihnachtsgeschenk.
> Ich schicke Dir die Bücher für Deine kleine Bibliothek.
> Sie sind interessant, lehrreich und stärkend / tröstlich.
> Morgen geht's zurück in die Hauptstadt. Das Haus auf
> Schwanenwerder heißt: Tranquillitati. Das ist lateinisch
> und heißt: der Gelassenheit gewidmet. Um sie kämpft
> immer Dein Dich liebender Granddaddy.
>   Umarmungen für die weibliche Abteilung
> der Familie!«

Im Juni 1980 bekamen wir einen Brief, über den ich etwas
schmunzeln musste:

> »Liebe Ariane, lieber Axel,
>   heute hatte ich ein aufregendes Erlebnis. Mit Friede
> und Herrn Nagel, einem unserer Chefredakteure,
> fuhren wir um 10.00 h mit dem Wagen nach Potsdam
> und Sanssouci. Alles war gut vorbereitet, so dass die
> Grenzsoldaten der ›DDR‹ uns ohne jede Komplikation
> durchließen. Im Gegenteil, wir wurden außerordentlich
> höflich behandelt.
>   Für mich erfüllte sich ein Traum. Potsdam, in dem

sich so viel große deutsche Geschichte abgespielt hat
und das nur 8 km Luftlinie von unserem Haus auf
Schwanenwerder entfernt liegt, konnten wir als freie
Bürger besuchen. Ich hatte es zuletzt mit allen seinen
Schlössern und interessanten Häusern als Knabe an
der Hand meiner Eltern gesehen. Ebenso Sanssouci,
das sich Friedrich der Große gebaut hat, um dort
einmal sans souci – ohne Sorge – zu sein.

Ein wunderbares, ganz eigenwilliges Schloss in der
herrlichen Havellandschaft mit Seen, Kanälen,
wunderbaren Wiesen, umgeben von riesenhohen
schönen Bäumen. Immer, wenn man im Park einen
Nebenweg erreicht hat, steht an dessen Ende ein
besonders schönes Gebäude, eine Skulptur oder sonst
irgendetwas Schönes. Wunderbar.

Ich habe so vieles aus Potsdam und Sanssouci für
meine Häuser gesammelt. Heute morgen konnte ich
nun einmal sehen, woher diese Dinge stammen.

Ganz unerkannt konnten wir in Potsdam im
Holländischen Viertel, wie es heißt, unseren Kaffee
trinken. Ein aufregendes Gefühl, unter lauter
Mitdeutschen zu sitzen, die sonst durch eine schwer
durchlässige Grenze von uns getrennt sind.

Durch diesen Besuch konnten wir nun auch die
weitere Umgebung und damit den Kulturkreis,
in den Schwanenwerder hineingehört, kennen lernen.«

Die Vorstellung, dass Axel Springer 1980 im Potsdam der
DDR unerkannt seinen Kaffee trinken konnte, kam mir wie
ein besonders gelungener Lausbubenstreich vor. Mir halfen
diese Briefe sehr, über den ersten Schock hinwegzukommen.
Zum ersten Mal hatte ich das Gefühl, Teil einer größeren
Familie zu sein, einer Familie, die – das war anfangs etwas
seltsam, aber schön – auch Freunde meines Großvaters
umfasste. Matthias Walden, der viel zu früh verstorbene
Publizist, den er eigentlich zu seinem Nachfolger erkoren
hatte, schickte mir regelmäßig seine Reden und Aufsätze.

»Es freut ihn«, schrieb er mit Blick auf Granddaddy, »dass
Du Dich so lebhaft für Politik interessierst«. Der Verlags-
obere Ernst Cramer, dem ich kurz nach dem Tode meines
Vaters auf Gut Schierensee erstmals begegnet war, meldete
sich wenige Tage später mit einem sehr innigen Geburtstags-
gruß:

> »Lieber Aggi,
>   dies ist Dein erster Geburtstagsbrief, seit wir uns
> kennen, und auch der erste seit den schrecklichen
> Tagen. Ich möchte Dir alles Gute wünschen; auch dass
> Du Spaß an der Schule haben mögest, Spaß mit Erfolg!
> Du hast inzwischen einen kurzen Blick auf das Werk
> Deines Großvaters tun können. Da wartet, wenn es
> Dich interessiert, eines Tages eine große und schöne
> Aufgabe auf Dich, um derentwillen es sich auch lohnt,
> als junger Mensch hart zu arbeiten. Wir sollten uns
> auch mal wieder sehen, wenn Du das auch willst,
> in München oder im Norden Deutschlands oder am
> besten in Berlin. Grüß Deine Mutter und Ariane von
> mir. Und lass Dich schön feiern, trotzdem. Das hätte
> auch Dein Papi so gewollt.
>   Dein Ernst Cramer«

Claus Jacobi, den ich seit Kindertagen kannte, hatte bei sei-
nem ungewöhnlichen Weihnachtsbrief offenbar die fehlende
Vaterfigur im Sinn, als er mir im Dezember 1981 folgende
Gedanken nahe brachte:

> »Du bist nun ein junger Mann. Die Welt wartet darauf,
> von Dir erobert zu werden. Und dafür kannst Du alles
> brauchen, nur eines nicht: sogenannte Weisheiten von
> Grauhaarigen. Wenn ich diesen Weihnachtsgruß
> trotzdem mit einem Ratschlag beende, so nur aus
> einem Grund: Du kommst nun in ein Alter, von dem
> an – für lange, lange Zeit – die Mädchen eine immer
> wichtigere Rolle in Deinem Leben spielen. Sie geben

sich oft mächtig stark, weißt Du, aber sie sind sehr
verletzlich. Bevor mein Vater starb, schrieb er mir einen
Brief, in dem zu diesem Thema stand: ›Und was die
Mädchen angeht – nur zu, solange Du alles,
was Du tust, Deinem Vater erzählen könntest,
ohne rot zu werden.‹ Ich fand das eine brauchbare
Messlatte. Ich bin gut damit gefahren … Und ich
dachte mir, heute sei die rechte Zeit, den Rat an Dich
weiterzugeben. «

Natürlich fehlte mir mein Vater, auch wenn ich damals sicher noch nicht mit ihm über Mädchen gesprochen hätte.
Die interessierten mich erst später. Sowohl meine Mutter als
auch mein Großvater überlegten, dass es für mich möglicherweise sinnvoll wäre, nach dem schrecklichen Erlebnis in
einer ganz neuen Umgebung aufzuwachsen. Der Name » Lyceum Alpinum Zuoz« fiel, mir sagte das nichts. Bald darauf
trafen Unterlagen über das Schweizer Internat im Oberengadin ein. Drei Wochen später fuhren meine Mutter und ich
nach Zuoz, also ausgerechnet dahin, wo mein Vater als Kind
so schrecklich gelitten hatte. Aber diesmal war es anders.
Ich war fünfzehn und nicht neun, und auch ich hatte das
Gefühl, dass mir ein Neuanfang gut täte. Zudem schilderte
mein Großvater die dortige Ausbildung in schillernden Farben, und als ich an einem herrlichen Tag dem Rektor vorgestellt wurde und die Berge sah und die schönen Gebäude, in
denen die Internatsschüler untergebracht waren, sprach ich
das »Ja«, das man wohl auch von mir erwartete. Mein
Großvater kümmerte sich darum, dass mit meiner Anmel-
dung auf das begehrte Internat alles ganz schnell ging. Im
Mai 1981 machte ich mich mit meiner Mutter von München aus auf den Weg in ein neues Leben.

* * *

Wir hatten eine Liste erhalten, was man als Zögling des
Lyceums alles mitnehmen musste und, vor allem, was nicht.
In jedes Kleidungsstück wurde mein Name eingenäht, damit
man es nach der Wäsche wiederfinden konnte. Bergschuhe
und Rucksack waren wichtig für die Wanderungen in die
schöne Umgebung. Wir fuhren vier Stunden, zwei Tage, bevor der reguläre Schulbetrieb anfing. Wir erlebten zwei herrliche, intensive Tage miteinander. Wir wanderten, genossen
die traumhafte Berglandschaft, machten Rast in urigen
Gasthöfen, aßen Bündnerfleisch mit Perlzwiebeln. Mir
wurde damals noch gar nicht bewusst, dass da gerade das
behütete Leben bei meiner Mutter zu Ende ging. Die frühe
Anreise sollte helfen, mich zu akklimatisieren, aber wohl
auch meine Mutter auf diese Trennung vorbereiten. Die
Zimmer im Internat waren schlicht. Ich räumte meinen
Schrank ein. Gar nicht so schlecht hier, dachte ich noch, bis
der Wagen meiner Mutter auf dem Rondell vor dem Internat
seine Abschiedsrunde drehte und ich nur noch den Rück-
lichtern winkte.

Genau in diesem Moment wuchs mir ein Riesenkloß im
Hals. Heimweh kannte ich bis dato nicht. Ich war ja immer
irgendwo gewesen, wo noch jemand war, den ich gut kannte,
Familie, Freunde. Aber hier in Zuoz, an diesem warmen
Frühlingstag im Mai, hatte ich zum ersten Mal das Gefühl,
von nun an ganz allein zu sein. Mühsam war das und, wenn
ich heute meine Tagebücher von damals lese, wohl quälender, als ich mich zu erinnern glaubte. Doch ich war ja nicht
der einzige Neue, das machte sich bald aufs Netteste be-
merkbar.

Wir Neulinge mussten – wie jeder, der ins Internat kam –
drei Prüfungen absolvieren. Dieses Aufnahmeritual schwebte
bereits kurz nach der Anreise über uns. Die älteren Schüler
überboten sich bei ihren Erzählungen, und man bekam or-
dentlich Respekt davor. Als der große Tag kam, band man

jeweils zwei von uns am Knöchel zusammen, und wir mussten gemeinsam einen ganz bestimmten Berg erklimmen. Der,
mit dem man sich da hochquälte, war dann schon mal ein
halber Freund fürs Leben, wenn man denn endlich oben
war. Danach wurde einem mit einem großen Pinsel eine
Portion übel riechender Fischkleister ins Haar geschmiert,
den man in einem eiskalten Bergbach auswaschen musste.
Anschließend sollte man noch unter einer kleinen Brücke
hindurchtauchen. Man machte sich also gleich vor allen anderen zum Affen, aber das hatte auch etwas Nivellierendes.
Jeder Internatsschüler, der sich da gerade köstlich amüsierte,
war schließlich selbst einmal durch diese Prüfungen gegangen. Ab jetzt gehörte man dazu.

Das Lyceum Alpinum war eine Schule, auf die neben den
»Internen« auch externe Schüler gingen. Um die 180 Jungen
lernten hier, dazu etwa 400 Jugendliche aus dem Oberengadin, die täglich zum gemeinsamen Unterricht erschienen.
Unter den Internatsschülern gab es neben den Schweizern
viele Deutsche, auch Italiener und Spanier. Einer, Alehandro,
kam sogar aus Venezuela.

Meinen Großvater und mich brachte die Zeit im Internat
besonders eng zusammen. Er übernahm die Kosten und
fühlte sich auch direkt für meine Lernfortschritte verantwortlich. Eines Tages kam er sogar zu Besuch, zwei auffällig
unauffällige Bodyguards im Schlepptau, und meine Mitschüler klebten an den Fenstern, um den berühmten Mann
zu sehen. Er sprach mit meinen Lehrern und scherzte mit
meinen Internatsfreunden, und es fühlte sich so angenehm
unpeinlich an, wie es bei dem Besuch eines Vaters oder gar
einer Mutter wahrscheinlich nie gewesen wäre. Am Tag darauf schrieb er mir eine Karte:

»Mein lieber Aggi,
    es war mehr als schön gewesen gestern bei Dir.

Du sahst so gut aus, und die Lehrer lobten Dich!
Unser Rückflug über die ganze, besonnte, wunderbare
Alpenlandschaft war herrlich. Aus 3000 Metern Höhe
sahen wir riesige Rudel von Gemsen. In einer Stunde
waren wir hier im Dolder-Hotel. Ich streiche die
Zimmer an, wo wir hier wohnen mit unseren Beamten.
Morgen Nachmittag fliegen wir nach London.
Von dort schreibe ich Dir wieder. Anfang nächste
Woche wieder in Berlin.
    Herzlichst Dein Dich liebender Granddaddy«

Und tatsächlich findet sich auch noch der nächste Brief, den
mein Großvater mir am 4. Juli 1981 aus London schrieb:

»Mein lieber Aggi,
    Sonnabend morgen. Ich bin schon früh in unsere
Kirche gegangen. Ich besuche sie seit 20 Jahren – gleich
trotz Weekend ins Büro, und dann heute Nachmittag
im Fernsehen das Endspiel in Wimbledon.
Ich tippe auf Borg. Morgen Vormittag zu Freunden
aufs Land. Die Kinder meines Freundes und Bankiers
Walter Salomon. Er verließ Deutschland 1937 mit
10 000 Mark und ist heute einer der erfolgreichsten
Merchant-Banker in London. Kürzlich feierte er in
seinem geliebten Hamburg seinen 75. Geburtstag im
Anglo-German Club, am nächsten Tag mit 60 Gästen
(Deutschen und Engländern) auf Schiersensee.
Morgen schreibe ich Dir wieder. Es hat Dich lieb Dein
Granddaddy.«

Zwar gewann damals John McEnroe und beendete Björn
Borgs magische Serie von 41 Siegen hintereinander, aber
tatsächlich erreichte mich jetzt beinahe jeden Tag ein Brief.
In seinem Schreiben vom 6. Juli zeigt sich exemplarisch, wie
bei Granddaddy erzieherische Ratschläge, Ideen zu Politik
und Zeitgeschichte, Religiöses und sehr Persönliches auf wenigen Zeilen zusammenflossen:

»Mein Lieber Aggi ,
weißt Du eigentlich, dass in unserem kleinen Haus
Händel musiziert und komponiert hat? Papi hat das
Haus so schön gefunden, dass er immer sagte:
Bitte verkaufe es nie! Das werde ich auch nicht tun.

 Ganz in der Nähe ist die Farm Street Church,
in der habe ich gestern morgen für Dich und Papi
Kerzen angezündet. Ich füge eine kleine Beschreibung
der Kirche bei. Ich kann gar nicht zählen, wie oft ich
sie besucht habe. Vor einigen Jahren habe ich dem
Duke of Norfolk und seinen Freunden einen
Geldbetrag für Renovierungsarbeiten geschenkt.
Sie war im Krieg beschädigt worden. The west front
was badly damaged by the Germans.

 Wie gut ist Dein Englisch? Grüße bitte sehr herzlich
Herrn Baier von mir und bitte ihn um die Erlaubnis,
die Schrift zu lesen. Ich bin sehr dankbar, dass er Dich
so freundlich aufgenommen hat.

 In Liverpool und auch in London hat es
unglaubliche Straßenschlachten gegeben.
Jugendliche gegen Polizei. Noch schlimmer als in
Berlin. Meine Mutter pflegte bei solchen Dingen immer
mit Goethe zu sagen: Nichts ist schwerer zu ertragen
als eine Reihe von guten Tagen. Und mein Pastor gab
mir als Konfirmationsspruch Matthäus 16, Vers 26.
Guck einmal nach! Und meine Mutter schrieb mir in
mein Gesangbuch: Der Mensch ist dazu da,
etwas zu werden.

 Ich freue mich sehr, dass es Dich gibt.
Mit guten Gedanken ist immer bei Dir
 Dein Granddaddy.«

Es waren aber nicht nur die vielen Briefe, die ich genoss.
Mein Großvater war häufig in Zürich, im Grand Hotel
Dolder, vor allem aber in seinem Haus in Klosters, nicht
allzu weit vom Internat entfernt. Wann immer er und Friede
in der Schweiz waren, ließen sie es mich wissen, und ich ver-

brachte meine Wochenenden bei ihnen. Ein Angestellter
meines Großvaters holte mich direkt nach Schulschluss am
Samstagmittag mit dem Auto vom Internat ab. Ich begrüßte
meinen Großvater wie auch Friede mit Küsschen links und
rechts. Ich wohnte in »meinem« Zimmer (was tatsächlich
das Gästezimmer war), ein echter Luxus, denn dort stand
ein Farbfernseher. Mein Großvater und Friede gingen immer
früh ins Bett, spätestens um zehn, und so konnte ich dort in
aller Ruhe das »Aktuelle Sportstudio« ansehen. Morgens
gingen wir in die Kirche, tagsüber viel spazieren, vor allem
aber redeten wir. Über die Schule, über seinen Glauben, den
er mir mit vielen Büchern und Spruchzetteln nahe brachte.
Über die *Welt am Sonntag* und die *Bild am Sonntag*, die wir
gemeinsam nach dem Frühstück und dem Kirchgang studierten, über Sport, meine Leidenschaft, und natürlich über
Politik, das oft stundenlang.

Besonders im Gedächtnis geblieben ist mir der Wahlsonn-
tag vom 6. März 1983. Damals wurde Helmut Kohl – ein
paar Monate zuvor durch ein konstruktives Misstrauens-
votum zum Bundeskanzler gekürt – triumphal im Amt bestätigt. Normalerweise musste ich sonntags immer schon
am frühen Nachmittag von Klosters aus aufbrechen. Diesmal durfte ich die Wahlnacht mit Granddaddy gemeinsam
im Fernsehen anschauen und trank den ersten Champagner
meines Lebens. Dass die Grünen erstmals in den Bundestag
einzogen, ärgerte mich. Ihre apokalyptische Angstmacherei
war mir zuwider. Zwei Tage nach der Wahl schickte Granddaddy mir eine Karte ins Internat und tröstete in seiner
elegant geschwungenen Schrift: »Mein lieber Aggi, gräm
dich nicht wegen der Grünen!«

Mein Interesse für Zeitungen registrierte Granddaddy mit
einer Mischung aus Rührung und Freude. 1982 schrieb er
an Claus Jacobi: »Nun kommt etwas Entzückendes: Aggi,
wie ich Axel III., solange er noch nicht mein Nachfolger ist,

anrede, übte Kritik am Sportteil der ›Welt am Sonntag‹ (…).
Lassen Sie mich zum Schluss sagen, wie beglückt ich über
den Bengel bin.« Mein Großvater war sogar so freundlich,
mich gelegentlich an seinen Ideen für die Umgestaltung
seiner Blätter teilhaben zu lassen. Am 11. März 1983 kam
ein dicker Umschlag bei mir in Zuoz an. Auf der beigefügten
Karte fragte Friede: »Mein lieber Aggi, Dein Granddaddy
lässt fragen, was Du vom Sportteil im halben Format in der
›Welt am Sonntag‹ hältst. Ein Modell füge ich bei.« Solche
Gesten erfüllten mich mit kolossalem Stolz. Mein Großvater
war eine Leitfigur für mich geworden, liebevoll, aber for-
dernd. Typisch dafür sind kleine Karten wie die vom 30. Januar 1984:

»Mein lieber Aggi, wir freuen uns auf Dich. Wer Spinoza
ist, erzähle ich Dir. Herzlichst, Dein Granddaddy«

Oder der Brief vom 8. März 1985, den er mir aus Berlin
schrieb:

»Mein lieber Aggi,
(…) Ich möchte Dich (…) noch einmal bitten,
gründlich die Zeilen von Mutter Basilea Schlink zu
lesen. (…) Gestern oder vorgestern kramte ich in alten
Briefen von Dir und war ganz beglückt zu lesen,
wie sehr Du Dich für die Bibel interessierst.
Hoffentlich tust Du es noch immer.«

Und darunter stand, wie bei fast allen anderen Briefen und
Karten auch: »Liebe Grüße von Deiner Friede«.

7

Kühl, freundlich, aufrichtig, sparsam

Friede war immer da. Meist zog sie sich zwar zurück, wenn »die Männer« sich mal wieder über Politik die Köpfe heiß redeten – buchstäblich heiß, denn mein Großvater litt unter wiederkehrenden Fieberschüben –, aber Granddaddy war ohne sie nicht vorstellbar. »Wo ist die Kleine?«, soll er früher gefragt haben, wenn Friede mal nicht im selben Raum war wie er. Es war eine Beziehung, in der sie ihr Leben komplett aufgegeben hatte, um nur noch für ihn da zu sein. »Sie lebte an der Seite eines Mannes, den sie mehr bewunderte als alles andere«, schrieb Claus Jacobi. Wenn mein Großvater ein Zimmer betrat, in dem sie gerade telefonierte, legte sie sofort auf. Schon als sie längst ein Paar waren, rutschte ihr immer noch gelegentlich ein »Herr Springer« heraus, und uns Kindern kam Friede zuerst auch eher wie seine Krankenschwester vor, die sich eben kümmerte um den großen, wichtigen Mann.

»Villenhaushalt sucht Kindermädchen«, lautete die Zeitungsanzeige, auf die hin sich die damals 23-Jährige bei den Springers in Hamburg-Blankenese meldete. Bis zu diesem Herbst 1965 hatte Friede noch nicht allzu viel aus ihrem Leben gemacht. Eine kleine Schule auf ihrer Heimatinsel Föhr, eine abgebrochene Lehre als Hotelkauffrau, die ihr bald zu anstrengend wurde. Ein paar Jobs hier und da. Die blonde

Auf der Yacht »Schierensee«.
Mein Lieblingsfoto von Friede und meinem Großvater

Schönheit feierte schon früh lieber mit den Gymnasiasten vom Festland und den Kindern der wohlhabenderen Feriengäste, als in der engen Welt ihres Dorfes zu verharren. Das habe ich zumindest alles so in ihrer Biografie gelesen.

In der Biografie wird weiter berichtet, sie »sollte Missgunst erleben und aufgebrachte Familienmitglieder, die nicht so recht begreifen konnten, warum ausgerechnet sie, dieses einfache Mädchen von der Insel Föhr, Axel Springers ganzes Vertrauen besaß«. Zumindest in meiner Gegenwart jedoch ist Friede nie von einem der Familienmitglieder missgünstig behandelt worden. Als »einfaches Mädchen von der Insel Föhr« scheint sich eher Friede selbst gesehen zu haben. Ich jedenfalls nie. Meine Eltern haben mich da ganz anders erzogen.

Sie wollte raus, das war früh klar, aber wohin? Als sie meinen Großvater kennen lernte, war der noch verheiratet mit Helga, seiner damals vierten Frau. Friede war neun Jahre jünger als seine Tochter Barbara und anderthalb Jahre jünger als mein Vater und hatte zunächst keine Ahnung, wer der amüsiert lächelnde Hausherr eigentlich war. »Kühl, aber freundlich, aufrichtig und sparsam«, beschreibt sie Claus Jacobi, und sicher war es auch das Unaufgeregte, Bescheidene, Formbare, das den 30 Jahre älteren Verleger für sie einnahm.

Im Jahr 2005 erschien eine Biografie über Friede Springer, in der sie der Autorin Inge Kloepfer erstaunlich tiefe Einblicke gestattete. Vor den Augen der Leser entfaltet sich das Bild einer durchaus romantischen, aber auch außergewöhnlich ungleichgewichtigen Liebesbeziehung. Nach einer Zeit der Eroberung wohnte sie in Hamburg in einer seiner Wohnungen, vor der Öffentlichkeit versteckt. Sie verbrachte ihre Zeit mit Warten, denn sie musste da sein, wenn er kam. In ihrer Biografie heißt es dazu: »Über sich selbst und ihre Situation wollte sie nicht grübeln. Auf keinen Fall. Ihrem

Unwohlsein wollte sie sich nicht stellen. Dann hätte sie sich eingestehen müssen, dass sie sich aushalten ließ, das Leben einer Mätresse, einer heimlichen Geliebten, deren Wohl und Wehe nur von ihrem Gönner abhing.« Aber sie wurde dann doch nicht nur eine unter vielen, sondern die Einzige, die in perfekter Symbiose mit meinem Großvater verschmolz. 1978 heirateten sie. Nicht einmal ihre Eltern wussten davon. Auch mein Großvater hatte seinen Kindern und Enkeln nichts von der Hochzeit erzählt.

Meinem Großvater tat sie gut. Als ich die beiden erstmals bewusst erlebte, waren sie schon einige Jahre zusammen. Er war angekommen bei einer Frau, von der er sich weder ausgenutzt noch überfordert fühlte und deren gesunden Menschenverstand er zunehmend mehr zu schätzen wusste als die eilfertigen Ratschläge seiner Experten. Sie lernte jeden Tag bei ihm. Ob es das Hintergrundwissen zu den kostbaren Antiquitäten war, die ihre Welt verschönerten – sie wusste bald wirklich alles auswendig, was man dazu wissen musste. Sie wurde durch ihn. Und er fühlte sich in Friedes Nähe wohl und frei. Sie kümmerte sich darum, dass er seine Pillen nahm und gesund aß. Sie lachte über seine Witze, auch wenn sie die schon kannte, und ließ ihn auf eine sehr innige Weise in Ruhe – so beschreibt es ihre Biografie.

Unser Verhältnis zueinander war gut, beinahe liebevoll, wenngleich die spröde Friesin in ihr allzu warmherzige Anflüge anderer Menschen als meinem Großvater gegenüber stets niederzuringen wusste. Ich erinnere mich noch, wie Ariane und ich Friede immer beknieten, bei ihren Eltern auf Föhr anzurufen. Sie sprachen Friesisch miteinander, und wir Kinder kugelten uns vor Lachen, wenn sie uns den Gefallen schmunzelnd tat, weil das so komisch klang in unseren Münchner Ohren. Sie organisierte die neue Rolle, die mein Großvater im Leben seiner Enkel spielte, die Fahrten zu ihm nach Klosters, sorgte dafür, dass wir die Geschenke auch bekamen, die er uns zudachte, schrieb die Ansichtskarten, wenn er zu erschöpft war, um selbst zum Kugelschreiber zu greifen. Aber sie vermittelte immer den Eindruck, als ob sie sich nicht auf Augenhöhe fühlte. Mit meinem Großvater nicht, das fühlte sich ja nicht mal der Vorstandsvorsitzende des Verlags, aber auch nicht mit dem Rest der Familie. Selbst als ich als kleiner Internatszögling mit meinem Großvater wunderbar anmaßend die Weltlage erörterte, tat sie so, als könne sie da nicht mitreden, und verließ den Raum.

Womöglich dachte sie, wir sähen in ihr nur das frühere Kindermädchen, das sich unseren Großvater gekrallt hat. Dabei sah ich sie nie als Kindermädchen, sondern als wunderbare Frau meines Granddaddys. Vielleicht sind es ja solche lange unterdrückten Gefühle, die bei der Arbeit mit ihrer Biografin aufbrachen. Jedenfalls liest sich das Buch passagenweise, als habe sie, Friede, im Laufe der Jahre das Lebenswerk meines Großvaters mühsam wieder zusammenfügen müssen, das er angeblich in den letzten Jahren seines Lebens so fahrlässig hatte entgleiten lassen. Allem Ärger und allen Schwierigkeiten – mit den Nachfahren, unter anderem – zum Trotz. Vielleicht braucht man solche Momente nachträglicher Erhöhung, um eine lange verdrängte Demütigung zu verkraften. Ich weiß es nicht.

Granddaddy und Friede, 1981

Das Lyceum Alpinum in Zuoz

8

Im Kofferraum

Die Nacht vom 20. auf den 21. Januar 1985 war bitterkalt, selbst für eine Winternacht im Oberengadin. Das Außenthermometer des über 1700 Meter hoch gelegenen Internats zeigte fast minus 30 Grad. Meine Bettdecke fühlte sich an, als sei sie mindestens einen Meter zu kurz. In meinem vierten Internatsjahr war ich nach der Zeit im »Kleinen« und »Mittleren« endlich im »Großen Haus« angelangt, dort, wo die älteren Schüler wohnten. Ich hatte ein Einzelzimmer im vierten Stock bezogen, Nummer 42. Das Tempo in der Schule zog gerade gewaltig an. Noch dreizehn Monate bis zur ersten Abiturprüfung. Ich kam ganz gut mit, musste aber einiges dafür tun, um dranzubleiben. Den Sonntagabend hatte ich mit Italienisch-Aufgaben verbracht. Pietro hatte mir sein Heft ausgeliehen, damit ich seine Lösungen mit meinen vergleichen konnte. Ich wollte es ihm am nächsten Morgen zurückgeben, daher lag sein Heft noch auf dem Schreibtisch, als ich schlafen ging. Bevor ich mich ins Bett legte, stellte ich meinen Wäschesack vor die Zimmertür. Jeden Montagmorgen wurde im Lyceum Alpinum Zuoz die Schmutzwäsche abgeholt. Als ich die Tür zuzog, schloss ich nicht ab. Niemand hier machte das.

Ich erwachte vom Licht einer Taschenlampe. Und ich erinnere mich noch heute an jede einzelne Minute der 68 Stunden, die jetzt folgen sollten. Zwei Gestalten standen in meinem Zimmer. Die beiden trugen Kampfstiefel und eine Montur wie Soldaten einer Spezialeinheit. Über ihre Köpfe hatten sie schwarze Mützen mit Sehschlitzen gezogen. Einer hielt mir eine Maschinenpistole vor mein Gesicht, der andere eine kleinere Waffe. »Sei ruhig und komm mit! Sonst passiert deinen Freunden was!«, flüsterte er auf Englisch. Während ich meine Schuhe suchte, sah er Pietros Italienischheft auf meinem Schreibtisch. Sollten sie sich etwa schon wieder im Zimmer geirrt haben? So wie in der Nacht zum 11. Dezember, als einer von ihnen bei einem ersten Entführungsversuch an den falschen Jungen geraten war, und gerade noch rechtzeitig fliehen konnte? Die Internatsleitung hatte den Vorfall damals nicht weiter ernst genommen und vermutet, Thierry, der betroffene Schüler, habe sich die Geschichte nur ausgedacht. Ich habe erst später davon erfahren. Die Irritation meiner Kidnapper währte nur wenige Sekunden. Auf allen anderen Heften stand »Sven Springer«. Sie waren richtig. Mein Puls raste. Das hier war kein Scherz unter Internatsschülern. Nicht um diese Zeit, nicht in diesem Aufzug, nicht mit dieser Maschinenpistole, die noch immer auf mich gerichtet war. »Mitkommen! Ruhig sein!«, flüsterte die Stimme noch einmal und es kommt mir jetzt, beim Schreiben, so vor, als hörte ich sie wieder so deutlich wie in jener Nacht. Bis heute kann ich es kaum ertragen, wenn Menschen flüstern.

Einer der Männer drückte mir einen Knebel in den Mund und verklebte mein halbes Gesicht mit Leukoplast. Handschellen klickten, dann schubsten mich die beiden aus dem Zimmer. Wir schlichen durch den Flur des Internats. Ich trug noch immer meinen Schlafanzug, hatte lediglich einen dunkelblauen Daunenmantel übergeworfen. Meine Füße steckten in dicken Lammfellstiefeln, ich durfte nicht einmal Socken anziehen. Eine schwache Notbeleuchtung wies den Weg. Ohne Brille taumelte ich mehr, als dass ich ging. Aber ich war hellwach. Natürlich wusste ich, dass mein Großvater viele Feinde hatte. Waren die beiden Männer Terroristen? Ging es um Geld? Würden sie mich umbringen?

Sollte ich versuchen zu fliehen, mich vielleicht gegen eine Zimmertür werfen, damit jemand auf uns aufmerksam wird? »Sei ruhig, sonst passiert deinen Freunden was!«, hatten sie gedroht. Nicht: »Sonst passiert *dir* was!« Das war so perfide wie schlau. Niemand hier im Internat würde irgendetwas tun, was seine Freunde gefährdet. Ich versuchte sogar, besonders leise zu sein. Nur kein Aufsehen jetzt. Zwei Stockwerke tiefer erreichten wir ein abgelegenes Badezimmer. Hier konnten wir unbemerkt raus. Ich musste mich durch ein enges Fenster zwängen, wurde abgeseilt aus dem zweiten Stock. Es war sehr schmerzvoll. Beim Sport hatte ich mir gerade eine Verletzung im Knöchel zugezogen. Jede Bewegung tat weh. Unten setzte mir einer eine Faschingsmaske auf, eine mit King-Kong-Gesicht, aber mit zugeklebten Augen. Wir stapften endlos lange Minuten durch den hohen Schnee und kamen zu einem Wagen, den meine Kidnapper vorher abgestellt hatten. Sie zwängten mich mit meinen 1,99 Metern in den engen Kofferraum. Ich versuchte erst so zu tun, als würde ich nicht hineinpassen, doch die Männer drückten mit aller Gewalt. Artig sein ist lebensverlängernd, dachte ich, als ich die Maschinenpistole auf meiner Brust spürte. Schließlich schnappte der Deckel zu.

Völlige Dunkelheit. Ich zog die Beine an die Brust wie ein Baby im Mutterleib und wagte kaum zu atmen. Ich hörte das Knirschen der Reifen auf der dichten Schneedecke. Wir fuhren etwas über zwei Stunden, dann hielten wir. Jemand öffnete den Kofferraumdeckel. Die Scheinwerfer eines zweiten Wagens, der hinter unserem stand, blendeten mich sogar noch durch die zugeklebte Maske. In meinem Kopf tanzten die Bilder. Der entführte Richard Oetker. Hanns Martin Schleyer mit einem Schild vor der Brust, »Gefangener der

RAF«. »Raus! Umsteigen!«, zischte die Stimme von vorhin.
Wieder auf Englisch. Sämtliche Anweisungen wurden flüs-
ternd erteilt, wohl damit ich die Stimme später nicht wieder-
erkennen würde. Man nahm mir die Maske ab und warf mir
einen Jutesack über den Kopf. Ich musste mich auf eine Folie
legen. Ich zitterte vor Angst am ganzen Körper. Jetzt werden
sie mich umbringen, dachte ich. Mein Blut sollte wohl von
der Folie abgefangen werden. Bloß keine Spuren hinterlas-
sen. Sie wickelten meinen Körper ein und drückten mich in
den Kofferraum des zweiten Autos. Er ließ sich automatisch
schließen. Ein wichtiges Detail. So etwas gab es damals nur
bei amerikanischen Wagen.

* * *

Wir fuhren los, das Zittern ließ kaum nach. Ich versuchte,
mir alles möglichst genau einzuprägen. Wie lange wir wohl
schon fuhren? Ich zählte die Minuten, ungefähr jedenfalls,
versuchte, die Geschwindigkeit zu ermessen, und lauschte
auf den Verkehr, der mir vielleicht verraten würde, ob wir
gerade auf einer Autobahn in Richtung Deutschland fuhren
oder durch kleine Schweizer Ortschaften. Aber es schien, als
wären dieses Auto, meine Entführer und ich ganz allein auf
der Welt. Die seltsamsten Gedanken gingen mir durch den
Kopf. Es mochte wohl fünf, sechs Uhr morgens sein. Vom
Autoradio her wehte Musik von Barry White in den Kofferraum, wahrscheinlich von einer Kassette. Ich erinnerte mich
daran, wie ich als 13-Jähriger daheim in München jeden
Morgen den Wecker auf sechs Uhr gestellt hatte, um vor
Schulbeginn noch ausführlich zu baden und dabei Barry
White zu hören. Werde ich je wieder diese Stimme hören?
Werde ich je wieder baden? Und was denke ich hier eigent-
lich gerade für einen Quatsch?
     Der Wagen fuhr langsamer, rollte allmählich aus. Wir

standen einige Minuten, dann öffnete sich der Kofferraum-
deckel. Ich schnappte nach Luft, versuchte diesen eiskalten
Januarmorgen einzusaugen, als wäre er das Leben selbst.
Meine Entführer stießen mich durch eine Haustür, ein paar
Schritte durch einen Gang, eine Treppe hoch – ich zählte die
Stufen, merkte mir alles. Wir waren da. Wo auch immer. Ich
setzte mich auf ein Bett, den Sack noch immer über dem
Kopf. Meine Entführer fragten nach der Telefonnummer
meiner Mutter und meines Großvaters. Einer der beiden
Männer blieb allein mit mir im Zimmer und bewachte mich
die ganze Zeit. Er erzählte von einer »Organisation«, die
hinter der Aktion stecke. Im Haus warteten angeblich mehrere Männer nur darauf, mich zu töten. Egal, ob gezahlt
werde oder nicht. »Du stirbst auf jeden Fall.« Es gab keinen
Grund, ihm nicht zu glauben. In meinem Kopf arbeitete es,
ein alberner Gedanke vielleicht, aber ich wurde ihn nicht
los: Wenn ich tot wäre, würden die anderen nur einen Menschen verlieren, ich dagegen aber alle: meine Mutter, meine
Schwester, meinen Großvater, meine Freunde, meine Bettina,
das Mädchen aus unserer Schule, in das ich mich gerade verliebt hatte. Sterben ist ungerecht.

Am nächsten Morgen legte man mir Kärtchen mit Texten
vor, die ich in ein Diktiergerät sprechen musste. 15 Millionen Mark in gebrauchten Scheinen verlangten die Entführer.
Keine Presse, keine Polizei. »Bitte lasst mich nicht sterben!«
Immer wieder musste ich verschiedene Sätze aufsagen, die
sie meiner Mutter anschließend am Telefon vorspielten. Am
Nachmittag bekam ich dann die von ihnen aufgezeichneten
Antworten meiner Mutter zu hören. Sie versprach alles zu
tun, wenn man mich nur leben lasse. Es war furchtbar. Ich
hörte die Angst und die Hilflosigkeit in ihrer Stimme und
konnte nichts tun. Meine Mutter erzählte, dass mein Großvater zusammengebrochen sei, als er von meiner Entführung
hörte. Alles solle jetzt über Bernhard Servatius laufen, seinen

Vertrauten. Er würde das Geld besorgen und warte auf Anweisungen. Neunmal riefen meine Entführer bei uns zuhause in München an. Neunmal ließen sie nur die Bänder laufen, sagten selbst nie ein Wort. Auf einer Aufnahme, die später bei der Gerichtsverhandlung abgespielt wurde, hörte man meine Mutter flehen: »Hallo – reden Sie doch bitte mit mir – bitte!«

Ich war jetzt seit 40 Stunden in der Gewalt meiner Entführer. Die Handschellen schnitten bei jeder Bewegung ins Gelenk. Teile meiner rechten Hand blieben noch monatelang taub. Am Nachmittag des zweiten Tages erbarmte sich mein Bewacher und schnitt die Handschellen mit einem Bolzenschneider durch. Allmählich verlor ich das Gefühl für Ort und Zeit. Ich versuchte darauf zu achten, ob der Fußboden unter den Schritten meiner Entführer knarrte oder ob man irgendetwas von draußen hörte, ein Flugzeug vielleicht. Oder Baustellenlärm. Wer weiß, wozu das noch mal gut sein würde. Aber eigentlich hörte ich nur das Flüstern meines Kidnappers. Irgendwann wurde ich wieder vom Bett hochgezerrt, es war wohl schon Nacht, und zurück in den Kofferraum des Autos gedrückt. Mittlerweile hatte man mir den Sack abgenommen und eine Schlafbrille aufgesetzt, wie man sie aus dem Flugzeug kennt.

Meine Hände waren jetzt wieder gefesselt, allerdings mit einem Seil. Wir fuhren los. Unterbrochen von einigen Stopps lag ich die ganze Zeit im Kofferraum. Die Stunden verrannen, und ich lernte die verschiedenen Facetten der Dunkelheit kennen: Die eisige Dunkelheit des Kofferraums. Die angstvolle Dunkelheit, wenn mir einer der beiden Entführer die Befehle zuzischte. Die grelle Dunkelheit, wenn mich beim Aussteigen die Scheinwerfer des Wagens blendeten. Sie hatten mir verschiedene Medikamente gegeben, »zur Beruhigung«. Wick Medinait erkannte ich am Geschmack. Die Landjäger-Würste, die ich zwischendurch gegen den

Hunger bekommen hatte, schmeckten nach nichts. Mein Hals war wie ausgetrocknet. Langsam kam der Wagen zum Stehen. Draußen war es ganz still. Würden sie mich jetzt erschießen?

Ich musste immer wieder an das Bild des toten Arbeitgeberpräsidenten Hanns Martin Schleyer im Kofferraum denken. Mein Großvater hatte ihn gut gekannt und mir von einem kämpferischen Mann erzählt, der sich gleichwohl auf den Kompromiss mit seinen Gegnern verstand. Am Morgen des Tages, an dem man Hanns Martin Schleyer tot auffand, hatte mein Großvater Frau Schleyer noch einen persönlichen Brief geschrieben. »Von Ihrem Mann verwöhnt mit Freundschaft, schicke ich Ihnen und Ihren Kindern einen Teil davon in diesen furchtbaren Tagen.«

Zu diesem Zeitpunkt ging ich noch immer von politisch motivierten Entführern aus. ›Einfache‹ Täter schieden für mich aus, bei einer so hohen Lösegeldforderung müsste es sich um Profis handeln. Außerdem fielen nie Worte wie »es wird schon nichts passieren, wenn gezahlt wird«. Ganz im Gegenteil, die Drohungen wurden immer massiver. Mich beschäftigte diese absolute Wehrlosigkeit des Todes, so wie sie auf dem Foto des toten Hanns Martin Schleyer zu sehen war. Nach einigen Stunden, in denen sich der Wagen nicht bewegt hatte, reichte mir einer der Entführer ein paar neue Textkarten zum Vorlesen: »Hallo! Servatius! Wenn Sie nicht mit dem Geld heute um 12 Uhr nach München fliegen, so werden es morgen 20 Millionen Deutsche Mark sein, und man wird mir heute um 14 Uhr die erste Heroinspritze geben. Bitte versucht nicht länger mit meinem Leben ...«

Dann klappte der Kofferraumdeckel wieder zu. Ich versuchte mir einen Reim darauf zu machen. Wollte Servatius etwa nicht mit dem Geld nach München fliegen? Oder doch? Und wäre ich dann heute noch frei?

Wieder vergingen Stunden. Mein dauergekrümmter Rücken fühlte sich inzwischen an, als hätte man ihn mir die Wirbelsäule entlang aufgeschnitten. Der Hüftknochen, auf dem ich seit Stunden lag, schmerzte fürchterlich. Wir parkten irgendwo, ich hörte aber niemanden mehr. Ich betete, versuchte mir Bibelworte in Erinnerung zu rufen, die Granddaddy mir inzwischen regelmäßig schickte. Plötzlich hörte ich Schritte, viel schnellere als sonst. Der Entführer, der mich im Haus bewacht hatte, riss den Kofferraum auf. Er zischte: »Bad news! They brought it on TV.« Das Fernsehen hatte von meiner Entführung berichtet. Es sollte doch keine Presse geben, hatten sie verlangt! War das mein Todesurteil? Jetzt musste ich wieder ins Diktiergerät sprechen: »Danke Mami, dass du die Presse verständigt hast, ich muss jetzt sterben.«

Der Entführer verschwand und kam kurz darauf ganz hektisch zurück. Gleich würden noch zwei Männer von der »Organisation« mitfahren. Die wollten mich auf einem Parkplatz erschießen, erklärte er, aber er wolle versuchen, die beiden vorher zu töten, und mich dann freilassen. »Vorsicht jetzt!« Der Kofferraumdeckel ging wieder zu. Ich hörte laute Stimmen, wir schienen ziemlich schnell zu fahren, dann auf einmal ganz langsam. Es ruckelte, wir hielten an. Der Kofferraum wurde kurz aufgerissen, einer warf sich drauf. Kofferraum wieder zu. Dunkelheit. Ich hörte eine Rangelei, Schreie, vier Schüsse. Die Wagentüren wurden zugeschmissen, mit durchdrehenden Reifen fuhren wir los. »Hurry! Hurry! I killed them!«, schrie der Kidnapper, den ich in diesem Augenblick für meinen Lebensretter hielt. Kurze Zeit später hielten wir an, und er ließ mich auf die Rückbank. Aber wehe, ich würde ihn ansehen! Ich starrte auf den Boden zwischen meinen Stiefeln.

Mein Entführer redete auf mich ein, noch immer auf Englisch. Er habe mich gerettet und würde mich jetzt freilassen. Dafür wolle er eine Belohnung. Ob das meinem Großvater nicht etwas wert sei? Ein paar Hunderttausend vielleicht? Er brauche das Geld für die Flucht. Und falls nicht – er wisse ja jetzt, wo meine Mutter und ich wohnten. Ich hatte fürchterliche Angst, aus Versehen hochzuschauen und ihm ins Gesicht zu sehen. Ich wollte ihm keinen Grund geben, mich doch noch zu töten. Er erklärte mir genau, was ich später der Polizei erzählen sollte. Dass ich in einem Mercedes gelegen hätte zum Beispiel, sowie andere Details, die seine Spuren verwischten. Er würde mich dann übermorgen in München anrufen. Ich versprach ihm alles, was er hören wollte.

* * *

Wir fuhren in ein Parkhaus. Flughafen Zürich-Kloten. Hier wollte er mich freilassen. Er öffnete die Tür. Dabei fiel ihm ein, dass er ja noch einen Parkschein ziehen musste, um hier auch wieder rauszukommen. Ich trottete mit ihm zum Aufzug. Viel sehen konnte ich nicht, meine Brille lag noch immer neben meinem Bett im Internat. Auf dem Weg zum Automaten mussten wir den Aufzug nehmen. Noch immer wagte ich nicht aufzublicken. Andere Menschen stiegen zu uns in den Fahrstuhl. Ich sah nur ihre Schuhe. Und dann bemerkte ich, wie sich die Beine meines Entführers in Bewegung setzten. Er stieg wortlos aus. Die Fahrstuhltüren schlossen sich hinter ihm. Meine Kehle war wie zugeschnürt. Mein Gesicht juckte, nach drei Tagen unter Jutesack und Schlafmaske war es voller Pickel. In meinen Haaren klebten noch die Fussel. War ich wirklich frei? Ich fuhr hoch und runter, traute mich erst nicht aus dem Fahrstuhl heraus. Ich zitterte und starrte noch immer auf den Fußboden. Wir hielten an. Vorsichtig hob ich den Kopf, blinzelte. Das Licht schmerzte. Ich ging einfach geradeaus.

Eigentlich, so sollte man meinen, hätte ich mich total befreit fühlen müssen. Einfach so durchrauschen zum nächsten Telefon: »Mami, ich bin wieder da!« Aber mir war das alles plötzlich wahnsinnig unangenehm. Mein Leben lang hatte man mir eingeprägt, dass ich stets bescheiden und zurückhaltend auftreten sollte. Ich wollte auch jetzt nicht auffallen, um keinen Preis der Welt. An einem Bankschalter stellte ich mich hinter einem Pärchen an. Drei Schritte Abstand. Ich wollte nach der nächsten Polizeistation fragen. Schließlich sah für mich ohne Brille alles ganz verschwommen aus. Kurz bevor ich dran gewesen wäre, trat jemand hinter mir in die Schlange, rückte ganz nah an mich heran. Ich wollte nicht, dass er etwas mitbekommt und ging weiter zu einem Zeitungskiosk. Ich konnte einfach nicht mehr und fragte ganz direkt: »Entschuldigen Sie bitte, ich bin entführt worden. Man hat mich gerade freigelassen.« Ob ich mal telefonieren dürfe? Die Verkäuferin musterte mich, so viel konnte ich erkennen, und sprach dann streng, im besten Schweizerdeutsch: »Nei. Da isch geggen die Bestimmig hier.« Ich war einige Sekunden lang ratlos. Wo denn die Polizeistation sei? Die Frage verstieß offenbar nicht gegen die »Bestimmig«, und so zeigte die Verkäuferin zu einem Polizeischild, das am anderen Ende der Flughafenhalle leuchtete.

Ich kniff die Augen zusammen und marschierte los. Das Polizeischild wurde immer schärfer. Nur noch ein paar Schritte, jetzt durch die Tür … »Haben Sie heute ferngesehen?« Der Polizist sah auf. »Ja, wieso?« »Das war ich.« Der Beamte sah mich einen Moment lang an. »Können Sie sich denn ausweisen?«, fragte er.

9

Seltsam, seltsam

Und dann wurde es seltsam. Sehr, sehr seltsam. Wahrscheinlich war es keine gute Idee gewesen, der Polizei zunächst tatsächlich die Version zu erzählen, die mir mein Entführer auf dem Weg zum Flughafen eingebleut hatte. Dass ich meine fahrenden Gefängnisse zunächst als Fiat und Mercedes identifizierte, dann aber später zugab, gar nicht zu wissen, was für Autos es waren, irritierte die Beamten nachhaltig. Ein Kofferraumdeckel, der sich automatisch zuzog? Davon hatte man bei der Schweizer Polizei noch nie etwas gehört. Und die Schießerei zwischen den Entführern – hätte man da nicht längst irgendwo Tote oder Verletzte finden müssen? Ich konnte wenig Erhellendes dazu beitragen. Schon wenige Minuten nach meiner ersten Vernehmung warf der Polizeibeamte ein, dass man Entführungen ja auch »inszenieren« könne. Je öfter ich meine Geschichte erzählte, umso weniger schien man mir zu glauben.

Noch in derselben Nacht wurde ich in eine Polizeikaserne nach Chur gebracht. Dort vernahm man mich – nach beinahe drei Tagen ohne echten Schlaf – noch einmal für zwei, drei Stunden. Meine Mutter und meine Schwester und ihr Freund Paul, die sofort nach meiner Freilassung in die Schweiz geeilt waren, warteten bereits seit Stunden im Polizeigebäude darauf, mich endlich sehen zu dürfen. Aber man ließ sie nicht zu mir. Wir hätten uns ja absprechen können.

Ich war inzwischen am Ende meiner Kräfte. Allmählich kroch die Todesangst zurück in jede Pore. Irgendwann wurde es meiner Mutter zu bunt. »Das ist ja lächerlich!«, schimpfte sie und wurde endlich zu mir durchgelassen. Ich wollte nur noch nach Hause.

Tags darauf erschienen die ersten Berichte über den Fall. Über mich ergossen sich Kübel von Häme und Spott. Im unfreiwilligen Schnelldurchlauf lernte ich, wie Kollegen arbeiten, die sich, ihrem Selbstverständnis nach, eher dem »Qualitätsjournalismus« zugerechnet haben dürften. Vielleicht war die Versuchung aus Sicht einiger Reporter auch einfach zu groß, die Klischees mal eben tanzen zu lassen: vermeintlich reicher Enkel, auch noch aus dem Internat (!), dessen Großvater mit der *Bild*-Zeitung (!!) Millionen (!!!) verdient hatte, wird »entführt«. Taucht da plötzlich bei der Polizei am Flughafen Zürich auf, unverletzt natürlich, erzählt eine seltsame Geschichte und gleich darauf eine zweite Version. »Etwas durcheinander« sei »der junge Mann« bei seinem Eintritt in die Wache gewesen, hatte die Schweizer Polizei über mich verlauten lassen. »Polizei glaubt nicht an Entführung« meldete die *Frankfurter Allgemeine Zeitung* und schrieb: »Ein Polizeisprecher sagte, die näheren Umstände des Falles seien noch völlig unklar, man glaube aber nicht mehr an eine Entführung. Eine Fahndung sei nicht eingeleitet worden.« Die *Hamburger Morgenpost* bot ihren Lesern da bereits erste Hypothesen an: »Auch im Internat spricht man von Ausreißabenteuer« und fragte: »›Entführung‹ des Springer-Enkels: Der große Bluff?« Der *Schweizer Illustrierten* hatten es vor allem die Anführungszeichen angetan. Sie ernannte mich zum »Mann der Woche« und konstruierte unter der Überschrift »Gänsefüsschen« einen aberwitzigen Zusammenhang zwischen der Haltung meines Großvaters zur »DDR« und dem an mir begangenen Verbrechen:

»Sein Großvater besteht heute noch darauf,
dass in all seinen Publikationen die DDR nur mit
abwertenden Gänsefüsschen erscheint. Als aber sein
Enkel Axel Sven Springer, 19, für drei Tage aus dem
Internat Zuoz GR verschwand, ließ Springers
Massenblatt *Bild* beim Wort Entführung die
Gänsefüsschen weg. Hierzulande glaubt man nicht so
recht an die ›Entführung‹ – zu grotesk sind die
Erzählungen des Schlagzeilen machenden
Verleger-Enkels. Der ist wieder verschwunden –
diesmal zur ›Erholung‹.«

* * *

Natürlich ließen es sich auch die für ihre angeblich so akku-
rate Recherche berühmten Magazine *Spiegel* und *Stern* nicht
nehmen, auf den Enkel einzuprügeln, wo sie doch eigentlich
den Verlegergroßvater meinten.»Seltsam, seltsam«, spottete
der *Spiegel* in der Überschrift und listete auf:

»Eine Reihe von Merkwürdigkeiten lässt die
Kriminalstory eher wie einen Primaner-Streich
erscheinen. Dem Kripo-Chef von Chur, Anton Soliva,
kommt die Angelegenheit vor wie das Dorftheater-Stück
›Die Entführung des armen Studenten‹. Zu dieser Posse
gehört, wie Lyceum-Direktor Gian Andri Bezzola
›das Rätselhafte‹ beschreibt, ›dass keiner von den
60 Schülern, die mit Axel Sven im gleichen Haus
wohnen, irgendetwas gehört oder gesehen hat.‹«

Ja, »rätselhaft«, wo sich Entführungen bekanntlich dadurch
auszeichnen, dass sie in maximaler Lautstärke durchgeführt
werden, damit möglichst viele potenzielle Zeugen etwas
davon mitbekommen. Weiter wunderte sich der *Spiegel*:
»Komisch war, welche Banknoten die Entführer vom Verlagshaus Springer forderten. Das Lösegeld sollte in kleiner

Gänse-
füsschen

Sein Grossvater besteht noch heute darauf, dass in all seinen Publikationen die DDR nur mit abwertenden Gänsefüsschen erscheint. Als aber sein Enkel, **Sven Axel Springer,** 19, für drei Tage aus einem Internat in Zuoz GR verschwand, liess Springers Massenblatt «Bild» beim Wort Entführung die Gänsefüsschen weg. Hierzulande glaubt man nicht so recht an die «Entführung» – zu grotesk sind die Erzählungen des Schlagzeilen machenden Verleger-Enkels. Der ist wieder verschwunden – diesmal zur «Erholung».

Erst Häme, später folgte eine Entschuldigung:
Artikel aus der *Schweizer Illustrierten*, Februar 1985

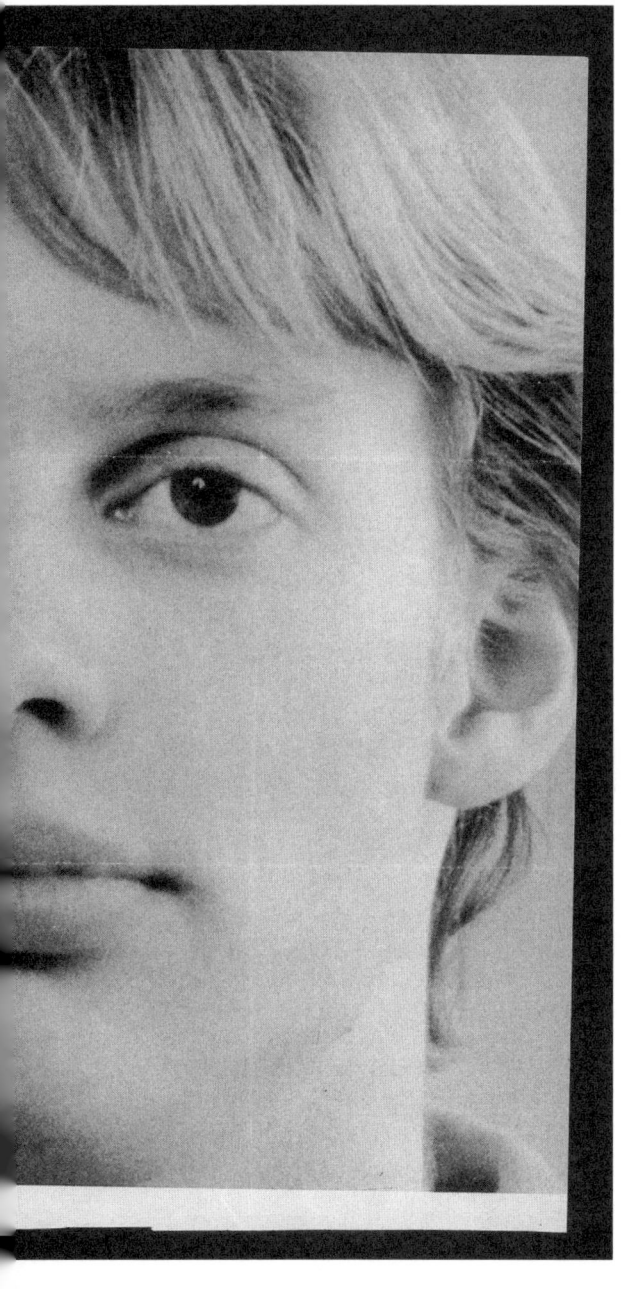

Stückelung bezahlt werden – in Scheinen zu 10, 20, 50 und 100 Mark. ›Das hätte‹, rechnete ein Kripo-Mann vor, ›ungefähr vier Zentner gewogen‹ – ziemlich schwer für flüchtende Kidnapper.«

Interessant, dass der sonst nicht gerade für übertriebene Obrigkeitsgläubigkeit bekannte *Spiegel* sich da von einem Schweizer Kriminalbeamten etwas »vor«-rechnen ließ. Meine Kidnapper hatten nämlich lediglich 500 000 Mark in »kleinen Scheinen« verlangt, den Rest in Tausendern. Aber dieses Detail passte nicht ins wohlfeile Bild vom »Primaner-Streich«, das am folgenden Donnerstag auch der *Stern* in schillernden Farben malte. »Der Krimi des jungen Springer«, hieß der Beitrag. Der Vorspann ließ keine Zweifel am Zweifel offen: »Drei Tage lang war der Enkel des Hamburger Großverlegers aus einem Schweizer Internat verschwunden. Dann tischte er der Polizei die Geschichte eines absonderlichen Kidnappings auf.« Unerschrocken hatten sich die Reporter in die Schweizer Bergwelt gewagt:

> »Oft bestaunen die Dörfler schwere Limousinen aus
> der Bundesrepublik, die vor dem größten Gebäude
> in Zuoz halten. Es ist das Lyceum Alpinum,
> eine Internatsschule – Hort für die Kinder reicher und
> prominenter Familien. (…) Heute zählt sie
> 158 Internatszöglinge, davon kommen 93 aus der
> Bundesrepublik; die Söhne von Thyssen, Leitz, Bahlsen,
> Siemens und Sachs gingen dort zur Schule. Wer in solch
> erlauchtem Kreis die Schulbank drücken will …«

… dem geschieht eine Entführung eigentlich ganz recht?

Nein, so platt dann doch nicht. Lieber erstmal vorführen, den »Internatszögling«: »Was Springer junior den Beamten auf neun Seiten diktierte, las sich wie die phantasievolle Räuberpistole eines Jugendlichen, der verzweifelt versucht, einen schlechten Streich zu vertuschen.« Immerhin hätte ich nicht einmal Erfrierungen gehabt, obwohl ich doch angeblich so lange im Kofferraum gelegen haben will. Der *Stern* zitierte aus meiner Aussage zur Freilassung: »›Bei einem Kiosk wollte ich telefonieren, die Verkäuferin wies mich aber zur Polizei, wo ich dann auch hinging.‹ Die Schweizer Beamten hatten schon viel gehört, diese Story empfanden aber auch sie als Zumutung.«

Und dann wurde ich nach ersten Ermittlungen auch noch »in die Obhut seiner Mutter, seiner Schwester und deren beiden Freunde entlassen«. Skandalös! »In der ›Soldatenstube‹ der benachbarten Kaserne speisten die Herrschaften zu Abend.« Die »Herrschaften« mit den mächtigen Verbündeten, denn auch dieser Dreh durfte in der *Stern*-Story nicht fehlen:

>»Inzwischen waren deutsche und Schweizer Anwälte den Ermittlern in Chur zu Leibe gerückt. Sie hatten klargemacht, dass ihr Mandant für weitere Befragungen nicht mehr zur Verfügung steht. Die Abreise des jungen Springer sei für den nächsten Morgen bereits festgesetzt. So fiel dann in der Nacht um 23.30 Uhr im Polizeipräsidium von Chur die Entscheidung: Wir lassen alles so, wie es ist, und ziehen die Entführungsversion durch.
>Am nächsten Morgen wiederholte dann Polizeichef Reinhardt auf einer Pressekonferenz die unglaubliche Geschichte der Entführung des Axel Sven Springer. (…) Eingeweihte glauben zu wissen, warum man dieser Affäre so schnell wie möglich ein Ende machte und auf die einfachsten Regeln des Polizeihandwerks verzichtete. Bereits am Montag traf Axel Caesar Springer Herren der Graubündner Kantonsregierung, darunter den Finanzchef Reto Mengiardi. Um eine Verlegung seines Wohnsitzes nach Graubünden soll es da gegangen sein und die dadurch für den Kanon zu erwartenden Steuern.«

Natürlich stimmte nichts davon.

Am 8. Februar, zwei Wochen nach meiner Freilassung, wurde der erste meiner Entführer, Robert T., damals 23, bei einer fingierten Geldübergabe in München festgenommen. Er hatte eine »Belohnung« von 100 000 Mark für meine Freilassung verlangt und damit gedroht, mich umzubringen, wenn er sie nicht erhielte. Allerdings lauerten in der Münchner Innenstadt etwa 300 Polizisten in zivil auf ihn und ließen ihn nicht entkommen. Kurz darauf wurde auch der Rest der Gruppe gefasst. Insgesamt waren sie zu viert, drei junge Männer zwischen 19 und 23 Jahren, zwei von ihnen, Robert T. und Thomas H., ehemalige Internatsschüler aus Zuoz, dazu Jörg N., ein Freund Robert T.s, und Vasiliki T., die Freundin des Letzteren. Der zuständige Kommissar der Münchener Kripo lobte bald darauf meine »außerordentlich präzise« Tatortbeschreibung. Obwohl ich die ganze Zeit über nichts sehen konnte, konnte die Polizei zum Beispiel das Haus, in dem ich gefangen gehalten wurde, nach der Anzahl der Stufen, die ich mir gemerkt hatte, zweifelsfrei identifizieren. Die nachfolgende *Stern*-Geschichte war nicht einmal halb so lang: »Was sich anfangs wie eine Räuberpistole des Sven Axel las – 10 Tage später entpuppte sich die Springer-Aussage als wahre Geschichte. So wie er es den erstaunten Polizisten in der Schweiz diktiert hatte, war der Coup tatsächlich gelaufen.«

Tröstlich für die blamierten Reporter war nur, dass zumindest die soziale Herkunft meiner Kidnapper nicht an ihrem Weltbild rüttelte. Der Titel der Geschichte, die am 21. Februar 1985 im *Stern* erschien, lautete: »Die Tat der Millionärssöhne«.

Am selben Tag erhielt ich eine Ansichtskarte von meinem Großvater mit dem Aufdruck: »Gott, der Herr, will Dir einen wunderbaren Ausgang bereiten, nur deshalb führt Er dich durchs Dunkel.«

10

Gottes Wege sind rau

Viele Jahre später wurde ich noch einmal aufs Seltsamste an die ganze Geschichte erinnert. Meine Anwältin, die in einer anderen Angelegenheit im Unternehmensarchiv des Verlags recherchierte, rief mich an, sie hätte etwas gefunden, was ich unbedingt sehen müsste. Als wir uns trafen, zog sie zwei Kopien aus der Tasche. Die eine belegte, dass der Verlag unmittelbar nach der Entführung ein graphologisches Gutachten von meiner Schrift hatte anfertigen lassen. Die andere zeigte, dass es wohl auch bei Springer einige Zweifler an meiner Entführung gegeben hatte. Mit dem handschriftlichen Vermerk »Für den Fall X« versehen, stand da der Text einer offiziellen Pressemitteilung des Verlagshauses, bei deren Lektüre mir ein Schauer über den Rücken lief:

> »›Zur Aufklärung des ›Entführungsfalles‹ gab die in
> München lebende Mutter von Axel Sven Springer,
> Rosemarie Springer, folgende Erklärung ab:
> ›Ich kann nur zutiefst bedauern, was hier geschehen ist.
> Die von meinem Sohn vorgetäuschte Entführung kann
> ich mir nur als eine Kurzschlusshandlung erklären, als
> ein in seinen Folgen nicht bedachtes Verhalten eines
> jungen, noch nicht ausgereiften Menschen, der damit
> seinen Internats-Mitschülern imponieren wollte. Er
> wollte mit seinen 19 Jahren kein Kind mehr sein und

hat sich nun doch wie ein kleiner Junge aufgeführt.
Aber trotz all der Aufregung und Sorgen, die er mir
und der Familie bereitete, gehört ihm meine ganze
Liebe und Fürsorge.‹«

Ich habe bis heute öffentlich nie ausführlich über die Entführung und ihre Folgen gesprochen. Ich bewundere Menschen, denen so etwas gelingt und die dadurch deutlich machen, wie sehr sich ein solches Verbrechen in das Innerste des Opfers einfrisst. In einem bricht etwas auf, was vorher heil gewesen ist. Dem Leben wird für lange Zeit alle Selbstverständlichkeit geraubt. Ich habe mich nach meinen beiden Freilassungen – die erste durch meine Entführer, die zweite aus den Fängen der Kantonspolizei – nicht in Therapie begeben, auch später nicht. Ich habe mir die Entführung buchstäblich von der Seele geredet. Tagelang hörten meine Mutter und meine Schwester mir zu, wie ich Minute um Minute rekonstruierte, jedes winzige Detail, das ich mir eingeprägt hatte. Es war, als würde ich alles noch einmal erleben und mir dadurch begreifbar machen, dass ich gewonnen hatte. Ich war am Leben, meine Entführer im Gefängnis. Natürlich wich die Todesangst nicht innerhalb eines Tages oder einer Woche. Ganz verschwunden ist sie bis heute nicht. Es war mir lange unmöglich, allein zu schlafen, bei unverschlossener Tür. Und Wick Medinait nehme ich auch bei schlimmster Erkältung nicht mehr. Anders als meine Entführer ihre Zelle werde ich das Gefängnis meiner Erinnerungen nie verlassen.

* * *

Ganz pragmatische Fragen standen nun an: Wie sollte es mit mir und der Schule weitergehen? Was machen wir mit dem bevorstehenden Prozess? Das Internat versuchte mich aufzufangen, so gut es eben ging. Man rüstete das Zimmer des stellvertretenden Internatsleiters mit einer Alarmanlage aus. Mein bester Freund im Internat zog mit mir dort ein. Ich hatte durch die Entführung und ihre Folgen fünf Wochen eines Tertials verpasst, das nur zwölf Wochen dauerte. Mein Rückstand war beträchtlich, aber meine Mitschüler und Lehrer halfen mir nach Kräften, und ich kriegte die Versetzung gerade eben noch so hin.

Vor dem Prozess mussten wir uns entscheiden, ob wir als Nebenkläger auftreten wollten. Ich hatte eine Heidenangst, meinen Entführern noch einmal zu begegnen. Aber ich wollte sie erst recht nicht so leicht davonkommen lassen. Wer weiß, welche Behauptungen in so einem Prozess noch auf den Tisch kommen würden. Nur eine Nebenklage gab uns die Möglichkeit, selbst Fragen zu stellen und am Prozessgeschehen teilzunehmen. Das Umfeld meines Großvaters sah das offenbar anders. Wie ich viele Jahre später erfuhr, hatte Ernst Cramer am 21. März an Bernhard Servatius geschrieben: »Zur Vermeidung einer unerwünschten Publizität empfehle ich dringend, Aggi und Rosemarie von der Idee einer Nebenklage abzubringen.« Nur kein unnötiges Aufsehen, das schien die Maxime zu sein. Was für ein absonderlicher Gedanke! Die mediale Aufmerksamkeit war ohnehin da, egal ob Nebenklage oder nicht. Ich hatte unmittelbar nach meiner Freilassung mehr Öffentlichkeit bekommen, als mir lieb war (»Aggis tolle Erzählungen«), da sollte der Prozess doch dazu beitragen, das schiefe Bild gerade zu rücken. Bald darauf erhielten wir vom Anwalt, den wir für die Nebenklage gewinnen wollten, einen langen Brief:

> »Wie ich bereits kürzlich berichtete, fand zwischen Rechtsanwalt Dr. Servatius und mir eine ausführliche fernmündliche Unterredung statt. Im Verlaufe des Gespräches ließ mich Dr. Servatius wissen, dass der

Verleger aus christlichen und humanitären Gründen
grundsätzlich gegen eine Nebenklage sei. (…)
Die Befürchtungen des Verlegers, durch eine
Nebenklage würde das öffentliche Interesse noch
mehr zunehmen, versuchte ich mit der Erklärung zu
entkräften, dass – unbeschadet einer Nebenklage –
das Interesse an diesem Prozess ohnehin schon (…)
besonders groß sei.«

Schließlich stellte sich noch die Frage der Kosten: »Dr. Servatius rief mich gestern an und berichtete mir, dass er zwi-
schenzeitlich mit dem Verleger gesprochen habe. Eine Entscheidung, ob die Nebenklage nun durch mich durchgeführt
und vom Verlag finanziert werden soll, ist allerdings noch
nicht gefallen.«
     Elf Tage später kam der nächste Brief des Anwalts, adres-
siert an meine Mutter. Er gab auf:

»Sehr geehrte Frau Springer,
in der Angelegenheit Ihres Sohnes hat heute eine sehr
freundschaftliche Unterredung mit Herrn Dr. Servatius
in meinem Hause stattgefunden. Ich gehe davon aus,
dass der Herr Kollege Dr. Servatius Sie vom Ergebnis
unterrichtet und überreiche in der Anlage meine
Erklärung (…), der zufolge ich das Mandat niederlege.«

Es gelang uns dann doch noch, gegen die offenkundigen
Vorbehalte von Bernhard Servatius und wohl auch meines
Großvaters, mit dem ich darüber nicht gesprochen hatte, in
Jürgen Burkhardt und Brigitte Dreesbach zwei Münchner
Anwälte zu gewinnen, die sich meiner Sache annehmen
wollten. Je näher die Verhandlungstage kamen, um so nervöser wurde ich. Am 22. Juli schickte ich aus dem Internat
einen Brief, der meine damalige Stimmungslage dokumentiert: »Liebe Friede, lieber Granddaddy, (…) zur Zeit belas-
ten mich die Prozesse, die auf mich zukommen, sehr; in der

Schule bin ich leider nicht gut und – wie schon gesagt – muss ich die ganze Zeit an die grauenhaften Stunden denken.«

Ich las viel in den religiösen Büchern und Texten, die mir mein Großvater damals schickte. Ich habe das dankbar angenommen. Er machte mich unter anderem mit den Gedanken der Niederländerin Corrie ten Boom vertraut, die während der deutschen Besatzung zur Zeit des Zweiten Weltkriegs jüdische Familien versteckt hatte. Dafür wurde die tiefgläubige Christin ins KZ Ravensbrück verschleppt. Mit Hilfe einer eingeschmuggelten Heiligen Schrift hielt sie dort heimliche Bibelstunden ab und überlebte die Haft. »Der Glaube«, schrieb sie, »ist keine Garantie gegen Zweifel, sondern gegen die Niederlage.« Und ein Satz wie »Gottes Hände sind weich, auch wo seine Wege rau sind«, tröstete mich, auch wenn meine Situation mit der ihrigen natürlich nicht zu vergleichen war. Noch heute lese ich jeden Abend in Corrie ten Booms Buch *Für heute – Tägliche Andachten.*

Die Briefwechsel zwischen meinem Großvater und mir waren seltener geworden. Seine ständigen Erkrankungen machten ihm zu schaffen. Diesen Sommer hatte er sich nach Patmos zurückgezogen, wo er ein Haus besaß. Die Wärme auf der griechischen Insel würde ihm gut tun, hoffte er. Zudem befasste er sich intensiv mit der Neuordnung seines Unternehmens, das an die Börse gehen sollte. Ich hatte ihn schon länger nicht gesehen. Meine Sommerferien fielen aus, weil ich noch so viel Schulstoff nachholen musste. Für eine Reise zu meinem Großvater blieb leider keine Zeit.

Der erste Verhandlungstag im Prozess gegen meine Entführer fand am 17. September 1985 statt. Mein Termin war für den 26. September angesetzt. 9 Uhr morgens, Landgericht München, Nymphenburger Straße. Das Wochenende vorher verbrachte ich im Internat. Ich konnte mich allerdings nicht recht aufs Lernen konzentrieren. Was würden sie mich am kommenden Donnerstag fragen? Würden sie mir glauben oder mich zweifelnd ansehen wie damals die Beamten in der Kantonspolizei von Chur? Würde ich mich trauen, meinen Kidnappern ins Gesicht zu sehen?

Am Sonntag vor dem Gerichtstermin saß ich bei Paco, einem Freund, auf dem Zimmer. Wir redeten – über was, weiß ich nicht mehr. Es klopfte und ein Mitschüler stand vor der Tür. »Sven, du sollst mal zum Internatsleiter kommen.« Mittlerweile war ich von meinen Mitschülern zum »Captain« meines Stockwerks, »Sporthaus Helvetia« genannt, gewählt worden. Jedes der vier Stockwerke des großen Hauses, in dem die Schüler der 11., 12. und 13. Klasse untergebracht waren, hatte einen solchen Vertreter. Der Captain trug gegenüber der Internatsleitung Verantwortung für sein Sporthaus. Manchmal fungierte er als eine Art Mittler zwischen Schülern und Lehrern, vor allem organisierte er die sportlichen Wettkämpfe, in denen die Stockwerke bzw. Sporthäuser jeweils als Team gegeneinander antraten. Da kam es öfter vor, dass ich zur Internatsleitung gerufen wurde. Ich dachte mir nichts Arges, als ich zu Herrn Zender ins Büro kam. Der sah mich ernst an und bat mich, sofort zuhause anzurufen. Ohne mir auszurichten, »es ist aber nichts Schlimmes passiert«, so wie ich es mit meiner Mutter vereinbart hatte. Sofern eben nichts Schlimmes passiert war. Unten im Großen Haus lag ein kleiner Raum, der eher an eine Zelle erinnerte. Dort hing ein Münzfernsprecher an der Wand. Beunruhigt ließ ich die Geldstücke in den Schlitz gleiten und wählte 004989 … Ich hoffte, dass meine Mutter nur vergessen hatte, mir den »Entwarnungszusatz« zu bestellen. Sofort nach dem ersten Klingeln nahm meine Schwester ab. »Aggi, ich geb' dir mal die Mami!« Meine Kehle schnürte sich zu. »Du, Hase, Granddaddy ist gestorben.«

Alles schien sich zu drehen. Wie im Zeitraffer rasten die letzten Bilder an mir vorbei, die ich von meinem Großvater im Kopf hatte. Sie vermengten sich mit den Maskenmännern, die mich entführt hatten, mit Claus Jacobis Anblick, als er mir die Nachricht vom Tod meines Vater überbrachte, alles wie ein einziger grellbunter und doch düsterer Flash, der nicht einmal eine Sekunde gedauert haben dürfte. Meine Knie zitterten. Ich drückte mich fest an die Wand, damit ich nicht umfiel. »Ich glaube«, sagte ich in den Hörer, »ich kann nicht mehr.«

27. September 1985: Ariane und meine Mutter
auf der Beerdigung meines Großvaters

11

Nur nicht die Fassung verlieren

Ich führte schon in ganz jungen Jahren einen Kalender, in den ich alle wichtigen Termine eintrug, an die ich denken musste: Klausuren, Sportfeste, Verabredungen, Reisen zu meinem Großvater. Ich habe diese Kalender bis heute aufbewahrt. In der letzten Septemberwoche des Jahres 1985 steht da: »26.9. Prozess, Flug Berlin«, »27.9. Trauerfeier etc., MUC«.

Im Geiste hatte ich meinen Auftritt vor Gericht wohl ein Dutzend Mal durchgespielt. Aber jetzt, nach dieser schrecklichen Nachricht, war eben doch alles ganz anders. Ich musste ständig an meinen Großvater denken. Es war ja auch schwierig, das nicht zu tun. Sämtliche Zeitungen brachten riesige Nachrufe, das Fernsehen berichtete ausführlich, meine Mitschüler kondolierten. Der Vorsitzende Richter am Landgericht München, Manfred Adams, war sehr verständnisvoll. Bevor er mich befragte, sprach er mir sein Beileid aus. Ich solle einfach nach bestem Wissen antworten, soweit es meine Kräfte erlaubten. Bis dahin war es kein allzu komplizierter Prozess gewesen. Die letzten Rätsel waren gelöst – die »Organisation« gab es nie, die »Schießerei« war nur vorgetäuscht. Meine »unglaublichen Erzählungen« hatten sich als wahr erwiesen. Die Täter waren geständig und hofften auf Milde angesichts ihrer angeblich komplizierten Lebenssituation, die mir an diesem Tag aber, ehrlich gesagt, total egal war.

Einer der beiden Haupttäter, derjenige, der mich bewacht und schließlich freigelassen hatte, starrte mich an. Vielleicht hoffte er, dass ich irgendwie zu seinen Gunsten aussagen würde, schließlich hatte er mich ja leben lassen. Einmal, als ich schon eine ganze Weile auf der Zeugenbank saß, trafen sich unsere Blicke. Ein schreckliches Gefühl. Eiskalte Augen sahen mich an, ohne jede Reue. Mir war sofort klar, ich halte seinem Blick stand, selbst wenn es Jahre dauern würde. Ich schaute ihm direkt ins Gesicht. Du hast mich nicht gebrochen, du nicht. Nach einer gefühlten Ewigkeit senkte er den Blick. Was für Außenstehende unwichtig klingen mag, für mich war das ein sehr wichtiger Moment. Ich wollte vor Gericht auf keinen Fall die Fassung verlieren, den Triumph wollte ich niemandem gönnen. Einmal wäre es trotzdem beinahe so weit gewesen, als Rolf Bossi, der einen der Täter verteidigte, minutenlang versuchte, die Morddrohungen seiner Mandanten zu relativieren. Anscheinend wollte der sogenannte Staranwalt mich provozieren, was ihm aber nicht gelang. »Könnte es nicht sein, dass …?«, begann er immer wieder und stellte dabei lediglich einige Wörter der immer gleichen Frage um. Als er seine Frage in der vierten Variation stellen wollte, fiel ich ihm ins Wort: »Sie können die Frage so oft stellen, wie Sie wollen. Aber es könnte nicht sein.«

Natürlich war viel Presse da an diesem Tag. Es war immer noch eine gute Story, gerade heute, am einzigen Tag, an dem das Opfer vor Gericht erschien. Damals interessierte mich nicht, was sie schrieben. Für die Recherche zu diesem Buch habe ich mir die Artikel doch noch einmal durchgelesen und festgestellt, dass manche Journalisten an ihre Unfehlbarkeit wohl noch entschlossener glaubten als der Papst. Die *Frankfurter Allgemeine Zeitung*, die einen Tag nach meiner Freilassung Zweifel an der Entführung gesät hatte, fragte: »Wie sehr bedrohten die Entführer Sven Springer?« Ich empfinde diese Fragen als ungeheuerliche Anmaßung. Kein Mensch, der nicht schon einmal mit Waffengewalt und unter Mordandrohung gekidnappt wurde, weiß wirklich, wie sich so etwas anfühlt.

Meine Entführer erhielten Freiheitsstrafen zwischen zweieinviertel und vier Jahren. Damit kamen sie sehr glimpflich davon. Wären sie in der Lage gewesen, die Übergabe des Geldes zu organisieren, wäre die Strafe um einiges höher ausgefallen. Ohne Geldübergabe lag die Höchststrafe bei acht Jahren. Dabei war die Tat – also das, was ich erleiden musste – für mich dieselbe.

Kurz nachdem das Urteil verkündet wurde, schrieb Friede mir einen Brief: »Mein lieber Aggi, wir sitzen hier auf Schierensee zusammen und denken an Dich. Wir sind so froh, dass Deine Entführer jetzt im Gefängnis sitzen für viele Jahre. Nun kannst Du Dich voll auf die Schule konzentrieren.«

* * *

Vom Gerichtsgebäude aus fuhr ich mit meiner Mutter und meiner Schwester direkt zum Flughafen. Der nächste schwere Gang stand an, die Trauerfeier in Berlin. Es war eine unwirklich große Veranstaltung. Ich erinnere mich an sie wie an einen Film, den ich gesehen habe, nicht wie an etwas, bei dem ich wirklich dabei gewesen bin. Vor der Gedächtniskirche standen über tausend Berliner, die von einem ihrer leidenschaftlichsten Fürsprecher Abschied nehmen wollten. Riesige Lautsprecher übertrugen die Trauerreden nach draußen. Mein Großvater hatte immer für diese kleine Inselstadt der Freiheit gekämpft, erst recht, als sie vielen schon ziemlich egal zu werden schien. Die Berliner haben ihm das nie vergessen. In der Kirche versammelte sich die politische und wirtschaftliche Führung des Landes. Bundespräsident Richard von Weizsäcker saß in der ersten Reihe der 500 Trauergäste. Helmut Kohl hielt eine der Trauerreden und erfüllte die Nachfahren mit Stolz: »Er war ein großer Deutscher.« Teddy Kollek, der Bürgermeister Jerusalems, erinnerte in warmen, sehr persönlichen Worten an das große Versöhnungswerk zwischen den Deutschen und dem jüdischen Volk, das immer mit dem Namen meines Großvaters verbunden sein würde. Es war seltsam, all das, was man selbst längst irgendwie wusste, in so einem feierlichen Rahmen zu hören. Es wurde auf einmal so – wahr.

Die Beisetzung am Nachmittag war eine beinahe stille Zeremonie. Mein Großvater hatte früh verfügt, dass er einmal auf dem Waldfriedhof liegen wolle, unweit von seiner geliebten Insel Schwanenwerder. Ich hatte damals kein Auge dafür, aber es muss vorher eine verlagsinterne Rangelei darüber gegeben haben, wer in welcher Reihenfolge ans Grab treten dürfe. Wie bei Hofe, wenn der König stirbt. Da wurden erste Duftmarken gesetzt, wer sich als wahrer Nachfolger meines Großvaters begreifen durfte. Ich erinnere mich nur noch an einen ergriffenen Vorstandsvorsitzenden Peter Tamm, der dem Verleger in tiefer Bewunderung verbunden war und dem ehrliche Tränen in den Augen standen. Günter Prinz trauerte auf seine Art. Das graue Haar virtuos nach hinten gelegt, verharrte er mit einem Veilchenstrauß, den er mit geschlossenen Augen an seine Nase führte. Einige Sekunden stand er regungslos da, wie in stiller Zwiesprache mit dem Verstorbenen versunken. Dann warf er den Strauß mit großer Geste in das offene Grab.

Ich habe Friede an diesem Tag kaum gesehen, begreiflicherweise. Als Witwe dieses großen Mannes musste sie viele Hände schütteln, viele ehrfürchtige Kondolenzen annehmen. Sie sah elend aus, als hätte sie seit Tagen nichts essen können. Wir haben uns nur einmal kurz gedrückt. »Wir sehen uns ganz bald!« Ich wusste damals schon, dass sie bei meinem

Großvater war, als er starb, aber ich habe mich nie getraut, nach seinen letzten Worten zu fragen. Die Antwort darauf habe ich später nachgelesen, als die ersten Biografien über ihn erschienen. So traurig der Anlass, so wunderbar war sein letzter Satz. Friede fragte ihn: »Axel, wie geht es dir?« Granddaddy lächelte und antwortete nur: »Es könnte nicht besser sein.«

Dann schlief er für immer ein.

II

Das schwierige Erbe

Bernhard Servatius. Wer hat an der Uhr gedreht?

I

Das Recht zu schweigen

Es war schon dunkel, als ich am Mittwoch, den 30. Oktober 1985, in Berlin landete. Friede und Bernhard Servatius hatten uns Nachfahren nach Schwanenwerder eingeladen, um »alles in Ruhe« zu besprechen. Wobei – von »Ruhe« konnte keine Rede sein. Mir schwirrte der Kopf. Die Entführung, der Tod meines Großvaters, der Prozess – die Zettel mit meinen Fehltagen im Internat türmten sich fast so hoch wie die Berge im Engadin, so kam es mir jedenfalls vor. Und im März standen unerbittlich die Abiturprüfungen an. Wie meine Tage damals aussahen, lässt sich aus Briefen erahnen, die ich meiner Mutter schickte. Am 13. Oktober schrieb ich: »Liebe Mami, gleich muss ich ins Bett! Hab' heute 4 Stunden gelernt!« Eine Woche später: »Heute hab' ich schon ca. 2 1/2 Sunden gelernt. Und um 16 Uhr kriege ich Nachhilfe in Biologie. Ja, ja, ich bin wirklich fleißig zur Zeit.«

Als ich gegen 20 Uhr auf Schwanenwerder eintraf, tanzten in meinem Kopf daher wohl eher Formeln und Vokabeln als irgendwelche Gedanken dazu, was mich hier erwarten würde. Friede begrüßte mich mit einer Umarmung. Sie trug noch immer schwarz. In einem Brief vom 23. Oktober hatte mir die Trauernde einen Blick in ihr Inneres gewährt: »Für mich wiegt der Verlust von Tag zu Tag schwerer. Er war mein Lebensinhalt. Das Alleinsein ist so schlimm.«

Die neun Jahre ältere Barbara, mit der sie sich scheinbar

gut verstand, war schon etwas länger da und kümmerte sich um sie. Mein Onkel Nicolaus war aus seiner Wahlheimat London gekommen, glaube ich. Und natürlich freute ich mich sehr, auch meine Schwester Ariane wiederzusehen. Die Stimmung war bedrückt. Zwar fühlten wir Kinder und Enkel uns nicht mehr ganz so zerschmettert wie noch bei der Trauerfeier, aber der Verlust wurde in dieser vertrauten Umgebung doch besonders deutlich. Mir schien es, als müsste mein Großvater eigentlich jeden Augenblick lächelnd um die Ecke biegen. Natürlich kam er nicht, und das tat weh. Ich blieb nicht mehr allzu lang auf. Jede Stunde Schlaf war kostbar. Weil ich so wenig Unterricht verpassen sollte wie möglich, wurde das Frühstück am nächsten Morgen auf halb acht vorgezogen. Dann käme ich noch am selben Tag zurück ins Internat. Um acht Uhr würde Bernhard Servatius kommen. Der kannte sich aus, der sollte uns erzählen, wie es weitergeht mit uns und dem Verlag.

Ich war mit Servatius seit vielen Jahren vertraut. Als Testamentsvollstrecker meines Vaters verwaltete er meine Erbschaft. Ihn musste ich anrufen, wenn ich außerplanmäßig größere Ausgaben machen wollte, was, genau genommen, nur einmal vorkam, als ich meiner Mutter zum Geburtstag eine elektrische Massageliege schenkte. Ich duzte ihn. Er nannte mich »Aggi«, so wie meine engen Freunde und Verwandten. Bei Ariane und mir hieß er scherzhaft »Onkel Bernhard«. Wir schrieben uns Karten zum Geburtstag und zu Weihnachten.

Bernhard Servatius war eine schillernde Figur, alles andere als ein Riese von Wuchs, der es brillant verstand, Menschen für sich einzunehmen. Es gibt ja diesen Spruch »Ein Mann – ein Wort, eine Frau – ein Wörterbuch« – nun, Bernhard Servatius war eine Bibliothek. Er berauschte sich an seiner eigenen, wohlgesetzten Rede, die er zu jeder Tageszeit zu jedem denkbaren Thema in beinahe jeder beliebigen

Länge halten konnte. Nur nicht kurz. »Bernhard Servatius ist einer der einflussreichsten Deutschen«, beschrieb Claus Jacobi, Jahre später, in einem Porträt für die *Welt* das Phänomen Servatius. »Er ist raffiniert. Seine Waffe ist das Wort in wundersamen Variationen. Wenn es gilt, etwas zu verschweigen, kann er wie ein Wasserfall reden, ohne das Geringste zu sagen. In seiner wohlgesetzten Suada ist schon manch Neugier ertrunken.« Anlässlich seines 70. Geburtstages im Jahr 2002, als seine Macht schon welkte, erlaubte sich die Unternehmensberaterin Gertrud Höhler ein wenig zu spötteln: »Seine Meisterschaft ist tatsächlich der Auftritt, der alles offen lässt. Vollendet höflich, von bemerkenswerter Ubiquität, aufmerksam rechts und links grüßend, aber es fällt nicht leicht, ihn in aufschlussreiche Gespräche zu ziehen.«

Servatius liebte das gesellschaftliche Parkett, das er in unzähligen Funktionen betrat. Die Liste seiner Ämter und Würden umfasste Titel wie: Vizepräsident des Zentralkomitees der deutschen Katholiken, Vatikan-Gesandter bei den Vereinten Nationen und bei der KSZE, stellvertretender Aufsichtsratsvorsitzender des Finanzdienstleisters AWD, Beiratsmitglied bei EnBW und Hapag Lloyd, Professor an der Hochschule für Musik und Theater in Hamburg, Träger des Bundesverdienstkreuzes Erster Klasse, stellvertretender Vorsitzender der SOS-Kinderdorf-Stiftung und und und. Derart vernetzt kannte Servatius beinahe jeden in Deutschland, dem man Macht und Einfluss nachsagte. Er kannte dessen Stärken und Schwächen, die Vornamen des Nachwuchses, und er wusste – wenn es wichtig werden konnte – auch um manch andere persönliche Details.

Sein zweites juristisches Staatsexamen hatte Servatius angeblich bereits mit 22 Jahren absolviert. Mit 25 promovierte er zu Fragen des Eherechts. Als junger Hamburger Anwalt machte er Mitte der 60er Jahre erstmals von sich reden. Und zwar in den sogenannten »Mariotti«-Prozessen, die damals die deutsche Öffentlichkeit bewegten. Dabei ging es um die Ermordung einer reichen Hamburger Zahnarztwitwe im Jahr 1946. Für das Verbrechen war bereits 1950 ein Tscheche namens Erich Sterba in seinem Heimatland verurteilt worden. Doch der behauptete, eigentlich hätte ihn eine blonde Schönheit namens Eva Mariotti, die lesbische Geliebte des Opfers, zur Tat verleitet. Eva Mariotti wurde 1960 in Brasilien verhaftet, ein Jahr später nach Deutschland ausgeliefert und 1964 in Hamburg nach harscher Prozessführung zu einer lebenslangen Gefängnisstrafe verurteilt. Das Urteil konnte jedoch wegen eines Formfehlers nicht vollstreckt werden. In der Neuauflage des Verfahrens riet der damals 31-jährige Servatius seiner Mandantin zur Aussageverweigerung, eine Strategie, die damals höchst umstritten war, da die meisten Richter und Staatsanwälte meinten, Schweigen vor Gericht dürfe wie ein Schuldeingeständnis der Angeklagten behandelt werden. Was zunächst wohl auch stimmte: Mariotti wurde zu einer lebenslangen Gefängnisstrafe verurteilt. Doch der Bundesgerichtshof kassierte das Urteil, und in einem dritten Prozess wurde Mariotti freigesprochen und großzügig entschädigt – ein spektakulärer Erfolg, der jahrelang in kaum einem Servatius-Porträt unerwähnt blieb.

Der *Stern* beehrte den jungen Advokaten noch im Jahr 1965 mit einem ausführlichen Gespräch unter dem schönen Titel »Darf ein Verteidiger lügen?«, und allmählich entstand der Mythos um einen jungen, schlauen Juristen, der das schier Unmögliche möglich zu machen verstand. Der genaue Prozessverlauf geriet dabei mit der Zeit in den Hintergrund. Denn der dritte Mariotti-Prozess wurde von einem unvoreingenommenen Richter geführt, der – zum Beispiel durch eine vorher ausgebliebene Tatortbesichtigung – wesentliche Irrtümer der Anklage zum angeblichen Tatverlauf aufdeckte.

Schließlich war während der Plädoyers der Staatsanwälte auch noch der damalige Hamburger Generalstaatsanwalt Ernst Buchholz im Gerichtssaal aufgetaucht. Buchholz bat den überraschten Richter um das Wort und hielt eine kurze Rede, die sich wie eine Parteinahme für die Prozessstrategie der Verteidigung ausnahm:

> »Ich möchte eine Erklärung abgeben zu einer
> Rechtsfrage, die für die gesamte Justiz von größter
> Bedeutung ist. Es geht um das Recht des Angeklagten
> zu schweigen. (…) Die von Oberstaatsanwalt Hellge
> vertretene Auffassung, dass aus dem Schweigen der
> Angeklagten Frau Mariotti auf ihre Schuld zu schließen
> wäre, ist unzulässig und deckt sich nicht mit der
> Auffassung der Leitung der Hamburger
> Staatsanwaltschaft und mit meiner Auffassung.
> Jeder Angeklagte muss von seinem Recht auf
> Schweigen ohne jedes Risiko und ohne Gefahr
> Gebrauch machen können. (…) Im Falle der
> Frau Mariotti halte ich ihr Schweigen sogar für sehr
> verständlich und sehr vernünftig.«

* * *

Servatius übernahm nach dem Freispruch für Eva Mariotti keine weiteren spektakulären Strafprozesse mehr, sondern konzentrierte sich auf seine Arbeit für Unternehmen und Privatpersonen. Hier eine festgefahrene Verhandlung in Schwung bringen oder ein Vertragswerk glätten, dort eine kleine Expertise, da eine Prozessvorbereitung oder eine diskrete Scheidung – Bernhard Servatius brillierte mit Fleißarbeit, blieb dabei im Hintergrund und arbeitete weiter an seinem Beziehungsnetz. John Jahr schwärmte seinem Verlegerfreund Axel Springer schon früh von dem alerten Juristen vor. In den wilden 60er Jahren, als sogar die Journalisten der *Welt* ein Redaktionsstatut einforderten, wurde Servatius von seinem katholischen Kartellbruder Herbert Kremp, dem damaligen Chefredakteur, mit einem juristischen Gutachten beauftragt. Das Papier aus dem Jahr 1969 disqualifizierte die Forderungen der Redakteure als »verfassungsrechtlich bedenklich« und half mit, den Aufstand einzudämmen. Es sollte nicht der letzte Einsatz für den Axel Springer Verlag bleiben. Von Auftrag zu Auftrag wuchs Servatius in eine immer wichtigere Beraterrolle hinein, als Experte für geräuschlose Erledigungen.

Im Sommer 1983 beriet er meinen Großvater bei der Abfassung eines neuen Testaments. Axel Springer hatte gerade ein Viertel der Konzernanteile für 265 Millionen Mark an den Burda Verlag verkauft und musste die Verfügungen für seinen letzten Willen an die neuen Eigentumsstrukturen anpassen. Es waren turbulente Zeiten für die Axel Springer AG. Der Verleger, mittlerweile über siebzig, fühlte seine Kräfte schwinden und suchte wohl nach Wegen, bei maximal verbleibendem Einfluss möglichst viel zu verkaufen. Er muss hin- und hergerissen gewesen sein. Einerseits wurde ihm das immer stärker wachsende Unternehmen allmählich zu einer Last. Immer seltener widmete er sich dem täglichen Geschäft, hatte die operative Führung längst weitgehend an seinen Getreuen Peter Tamm übergeben. Andererseits wollte er sein Lebenswerk auch nicht aus der Hand gleiten lassen, sondern den besonderen politischen und sozialen Charakter des Hauses erhalten. Heerscharen von Beratern wälzten mögliche Lösungsansätze – Festtage für die »Flanellmännchen«, die er doch im Grunde seines Herzens so wenig leiden konnte. Im Sommer 1985 hatte sich ein Modell herausgeschält, nach dem über die Deutsche Bank 49 Prozent der Unternehmensanteile an der Börse verkauft werden sollten. 24,9 Prozent lagen bei Burda, und 26,1 Prozent sollten in der Axel Springer Gesellschaft für Publizistik GmbH & Co. KG verbleiben. Eine problematische Konstellation, wie sich noch erweisen sollte. Der Vorstandsvorsitzende Peter Tamm fürchtete um seinen Einfluss und mochte sich mit dem Börsengang ebenso wenig anfreunden wie Bernhard Servatius. Dessen Begabung zum Wirken im Verborgenen vertrug sich nicht so gut mit der Offenheit, zu der das Aktiengesetz verpflichtet.

Auch hielt Servatius den auf 750 Millionen Mark angesetzten Wert des Unternehmens für deutlich zu niedrig. Sein Stern beim Verleger, der sich für den Börsengang entschieden hatte, begann zu sinken. »Mein Nächster ist nun allein Ernst Cramer«, schrieb Axel Springer an seinen Freund Frederick Ullstein. Cramer sollte Aufsichtsratsvorsitzender des neu konstruierten Unternehmens werden und fortan in seinem Sinne wirken.

Doch nach einem längeren Gespräch mit Bernhard Servatius schwenkte mein Großvater noch einmal um. Jetzt sollte plötzlich Servatius als Aufsichtsratsvorsitzender die entscheidende Machtposition im Unternehmen besetzen, entschied er im Juli 1985 – gerade mal eine Woche bevor sich das Gremium konstituierte. Die genauen Hintergründe für diesen Schwenk liegen im Dunkeln. Angeblich sei meinem Großvater wohler dabei gewesen, in der Übergangszeit einen erfahrenen Juristen statt eines Journalisten an der Spitze des Aufsichtsrats zu wissen. Vielleicht wollte er auch nur einfach seine Ruhe haben vor den Machtspielen im Hintergrund, den komplizierten Finanzierungsmodellen, dem ganzen Hin und Her. Ich habe ihn nicht mehr danach fragen können.

Durch den Tod meines Großvaters hatten sich im Herbst 1985 die Wirren um die Zukunft seines Unternehmens gewissermaßen verdoppelt. Wie würde es mit dem Verlag unter den neuen Eigentumsverhältnissen weitergehen? Welche Erbfolge hatte Axel Springer verfügt? Wer sollte in seine Spuren treten? Macht und Ohnmacht, sehr viel Einfluss und noch mehr Geld hingen von den Antworten ab, die an diesem 31. Oktober hier auf Schwanenwerder verkündet werden sollten. Während ich vollkommen ahnungslos und unvorbereitet in diesen Tag hinein ging, konnte Bernhard Servatius bereits ahnen, dass die kommenden Stunden die wichtigsten seiner zielstrebig verfolgten Karriere werden würden.

Wenn Granddaddy
das so gewünscht hat …

Um kurz nach acht fanden wir uns zur Besprechung im Wohnzimmer ein. Wobei: »Wohnzimmer« dürfte nicht ganz der passende Ausdruck sein für diesen im friederizianischen Stil gehaltenen Saal, der jedem Preußenmuseum zur Ehre gereicht hätte. Die Wände waren mit akkurat restaurierten Spanntapeten versehen. Überall hingen Gemälde verblichener preußischer Würdenträger und verschwundener deutscher Landschaften. Hinten stand der riesige Schreibtisch, an dem mein Großvater seine Korrespondenz erledigt hatte. Durch die Fenster blickten wir in den herbstgrünen Garten, der bis an den Wannsee reichte. Wir verteilten uns auf die Sessel und Sofas vor dem Kamin und nahmen Platz. Vor uns auf dem Tisch lagen dicke Umschläge, einer für jeden von uns. Dazu Schreibblock und grüne Stifte von »Ball Pentel«. Bernhard Servatius erwartete uns mit ernster Miene und gefalteten Händen. Ernst Cramer begrüßte uns ebenfalls. Friede setzte sich zu den beiden. Ariane und mir kam alles vor wie eine klassische Testamentseröffnung, so wie man das aus »Miss Marple«- oder »Edgar Wallace«-Filmen kennt.

Heute weiß ich, dass es solche »Testamentseröffnungen« in Deutschland damals eigentlich schon gar nicht mehr gab. Testamente gelten als »eröffnet«, wenn das Nachlassgericht sie allen Beteiligten zur Kenntnis gebracht hat. Das passiert nur noch äußerst selten bei persönlicher Anwesenheit. Meist werden die Dokumente schlicht per Einschreiben verschickt. Zuständig ist aber in jedem Fall das Nachlassgericht aus dem Wohnbezirk des Verstorbenen und nicht der Testamentsvollstrecker in spe.

Ich blickte auf die Umschläge. Eine seltsame Unruhe erfasste mich. Die ganze Situation kam mir auf einmal ziemlich unwirklich vor. Wir saßen da, irgendwo zwischen Trauer und Erwartung, vereint durch einen Mann, der Zeit seines Lebens mit Familienzusammenkünften nicht viel anfangen konnte. »Mein Vater, das war für mich ein blonder Mann mit karierten Jacketts«, hatte Barbara, seine erste Tochter, einmal über ihn gesagt.

Bernhard Servatius bedeutete uns mit einem leichten Nicken, dass er jetzt das Wort ergreifen wollte. Es gehe um den letzten Willen von Axel Springer, setzte er an und holte ganz weit aus. Vor uns lägen die verschiedenen notariell beglaubigten Testamente, die der Verleger gefertigt hatte, acht an der Zahl. Das erste stammte vom 14. Juli 1964, die letzte Ergänzung aus dem November 1984. So verschieden die Testamente in ihren konkreten Bestimmungen auch wären, allen gemeinsam sei der Wille, mit ihrer Vollstreckung den Bestand des Unternehmens auch in Zukunft zu sichern. Servatius zitierte – ja, deklamierte geradezu – aus einem der Testamente:

> »Ich appelliere an meine Erben und
> Vermächtnisnehmer, stets dessen eingedenk zu sein,
> dass der wesentliche Gegenstand des Nachlasses mein
> berufliches Lebenswerk ist. Dieses Werk ist mir eine
> Verpflichtung, die mit meinem Leben nicht endet und
> die auch nicht nur meiner Familie gegenüber besteht.
> Die Bedeutung meiner Unternehmen und die in ihnen
> vertretenen Grundsätze verlangen Rücksichten, denen
> auch meine Erben unterworfen sind.«

Er ließ die Sätze im Raum verhallen und setzte zu einer um-
ständlichen Erklärung an. Eigentlich habe mein Großvater
seine Ehefrau und engste Vertraute Friede als Alleinerbin
einsetzen wollen. »Frau Springer« sei in den letzten Jahren
ganz nah an der Seite ihres Mannes gewesen, hätte ihn zurückhaltend, aber klug beraten und sei ja bekanntlich ver-
gangenes Jahr zur Mitgeschäftsführerin der Axel Springer
Gesellschaft für Publizistik ernannt worden. Doch Friede,
die bei diesen Worten auf den Boden schaute, habe das ab-
gelehnt und auch er, Bernhard Servatius, hätte davon abgeraten.

Servatius nahm einen Schluck Wasser. Sein Mund musste
vom Reden ganz ausgetrocknet sein. Dann setzte er seine Er-
läuterungen fort. Nun gäbe es ja das offizielle Testament,
notariell beglaubigt, mit Datum vom 13. August 1983, das,
inklusive einiger rein technischer Ergänzungen, rechtliche
Gültigkeit besäße. Darin würden Friede mit 50, Barbara
und ich mit je 25 Prozent des Nachlasses bedacht. Von uns
Kindern und Enkeln hatte keiner das Papier bislang zu Gesicht bekommen. Aber bevor wir es aus dem Umschlag ziehen konnten, wechselte Servatius' Stimme plötzlich die Ton-
art. Als wolle er uns ein Geheimnis eröffnen. Wie wir wüss-
ten, sei Axel Springer in den letzten Wochen seines Lebens
sehr krank gewesen, sagte er. Nicht mehr in der Lage, um
das noch zu Papier zu bringen, was wirklich seinem letzten
Willen entsprochen hätte, aber gerade noch gesund genug,
um diesen Willen Friede und ihm gegenüber zu verkünden.
Ausführlich schilderte er ein Gespräch mit dem kranken
Verleger. Der habe gehofft, Friede und er, Bernhard Servatius, würden sicherstellen, dass sein letztes Vermächtnis
auch erfüllt werden würde. Es gäbe daher neben dem offiziellen Testament noch einen eigentlichen letzten Willen, nach
dem Friede 70 Prozent des Vermögens und der Anteile an
der Axel Springer GmbH & Co. KG, in der seine Aktien am

Weihnachten 1985, mit 19 Jahren

Verlag gehalten wurden, hätte erben sollen, Nicolaus und Barbara, die leiblichen Kinder, je 10 und die Enkel, also Ariane und ich, je 5. Haupterbin Friede sollte zur Testamentsvollstreckerin berufen werden, ebenso Ernst Cramer, der langjährige Vertraute des Verlegers, und er, Bernhard Servatius, der zudem als Aufsichtsratsvorsitzender auch weiter die Geschicke des Verlages im Auge behalten könne. »So hat euer Vater und Großvater sich das gewünscht.«

Vor meinem geistigen Auge entstand nach Servatius' eindringlicher Schilderung das Bild eines bettlägerigen Mannes, der längst zu schwach gewesen war, noch einen Füller in die Hand zu nehmen, Dokumente zu unterschreiben, geschweige denn einen Notar einzubestellen, der seinen wahren letzten Willen in eine rechtsgültige Form hätte bringen können. Friede wischte sich eine Träne aus dem Augenwinkel.

Jetzt durften wir die Umschläge öffnen und bekamen erstmals das letzte gültige Testament aus dem Jahr 1983 zu Gesicht, von dem Servatius gesprochen hatte. In diesem waren Friede tatsächlich mit der Hälfte des Nachlasses, Barbara und ich mit jeweils 25 Prozent bedacht. Als Testamentsvollstrecker sah das Dokument Friede Springer, Bernhard Servatius und Peter Tamm vor. Die Dauer der Testamentsvollstreckung war auf 30 Jahre festgelegt. Wer gegen das Testament rechtlich vorgehen würde und es bestritt, sollte von der Erbschaft ausgeschlossen werden, stand ebenfalls drin.

Ich traute mich kaum, zu Nicolaus und Ariane zu schauen, die nach dieser Version leer ausgegangen wären und eifrig in den Schriftstücken blätterten. Bernhard Servatius war ganz in seinem Element: juristische Details, bedeutende Papiere und vor sich das Amt des Testamentsvollstreckers, das ihn zum mächtigsten Mann des Unternehmens machen würde. Es schien mir, als drücke er den Rücken durch, ganz so als würde er just in diesen Minuten um mehrere Zentimeter wachsen. Was so falsch nicht war: Als vorsitzender Testa-

mentsvollstrecker übernahm Servatius quasi mit dem heuti-
gen Tag die volle Kontrolle über den Nachlass, nur mit den
anderen beiden Testamentsvollstreckern musste er sich
abstimmen.

Zwar stehen den Erben die Einkünfte aus dem Vermögen
des Erblassers grundsätzlich zu, aber sie verwalten es bei einem ebenso komplizierten wie stattlichen Nachlass wie dem
meines Großvaters in der Regel nicht selbst. Die Testamentsvollstrecker sind allerdings dazu verpflichtet, sämtliche Ver-
mögenswerte »mündelsicher« anzulegen, also so, dass den
Erben keine unnötigen Risiken oder gar finanzielle Einbu-
ßen entstehen, bevor diese nach dem Ende der Testamentsvollstreckung darüber verfügen dürfen. Während dieser Zeit
kommen die Erben weder an das Geld noch an die Unternehmensanteile heran, ja, der Testamentsvollstrecker selbst
vertritt die Erben in allen Gremien und bei allen Aufgaben,
die mit diesen Anteilen verbunden sind. Faktisch übernahm
Servatius damit die Macht im Unternehmen direkt aus den
Händen meines Großvaters. Er konnte schalten und walten
fast wie ein Eigentümer. Diese bedeutende Aufgabe sollte
entsprechend vergütet werden. Servatius stand als vorsitzen-
dem Testamentsvollstrecker ein jährlicher »Aufwandsaus-
gleich« in Höhe von rund zwei Millionen Mark zu.

Papier raschelte, Servatius sagte irgendetwas, und dann
ging alles recht zügig. Der Notar Hans-Joachim Rust war
eingetroffen. Er wurde von Servatius des Öfteren mit Be-
glaubigungen und dergleichen beauftragt. Rust wirkte, als
sei er sich seiner tragenden Rolle bewusst. Immerhin ging es
hier um die Zukunft des größten europäischen Zeitungsver-
lags und um ein beträchtliches Vermögen, nach dessen Höhe
sich auch sein Honorar richten würde – später erfuhr ich,
dass er für den folgenden Auftritt und dessen Vorbereitung
125 000 DM in Rechnung stellen konnte. Er zog mehrere
Bögen aus der Aktentasche, auf denen Servatius den angeb-

lich allerletzten letzten Willen meines Großvaters zusammengefasst hatte. Über dem zweieinhalb Seiten umfassenden Papier stand »Erbenvereinbarung«, ein Terminus, den ich vorher noch nie gehört hatte, Barbara, Nicolaus und Ariane schien der Begriff auch nicht viel zu sagen.

Rust verlas den Text. Wir hörten so konzentriert zu, wie das bei der komplizierten Juristensprache möglich war. Die neuen Zahlen zur Verteilung des Erbes, die Servatius zuvor genannt hatte, standen drin, so weit alles klar. Aber da waren auch Abschnitte enthalten, die mir so gar nichts sagten. »Der Notar wies darauf hin«, las der Notar vor, »dass die vorstehende Regelung steuerrechtlich Teil der Erbauseinandersetzung ist, zivilrechtlich aber auch Verfügungen der von Herrn Axel Springer eingesetzten Erben über ihre Anteile am Nachlass enthält.« Ich hatte keine Ahnung, was das bedeuten sollte, traute mich aber auch nicht zu fragen. War das wichtig? Auch von den Älteren erkundigte sich niemand. Kurz darauf hieß es: »Die Beteiligten gehen von der Erwartung aus, dass diese Regelung keine Steuervorgänge auslöst, weil sie nur der Erfüllung des letzten Willens von Herrn Axel Springer dient und kein Entgelt geleistet wird.« Keine Steuern extra also, dachte ich. Das klingt ja durchaus vernünftig.

Natürlich ging ich davon aus, dass diese Erbenvereinbarung formal korrekt sein würde. Servatius war ja Anwalt und außerdem eine Vertrauensperson für mich. Wer war ich, 19 Jahre jung, noch nicht mal mit der Schule fertig, dass ich die Arbeit des wichtigsten Juristen im Hause Axel Springer und seines Notars hätte in Frage stellen dürfen? Bis dato hatte ich noch nicht einmal einen Führerschein, eine Wohnung angemietet oder sonstige Verträge geschlossen. Bernhard Servatius hob nun nochmals zu einer längeren Rede an. Es handle sich um eine außergewöhnliche Situation. Denn der letzte Wille unseres Vaters und Großvaters …, der Familienzusammenhalt …, die Zukunft des Unternehmens …

aber ebenso den beiden Berufsjuristen wie Friede, die nicht
mehr ganz so erschöpft aussah wie beim letzten Mal. Wir
versammelten uns wieder im »Wohnzimmer«. Diesmal war
der Blick durch die großen Fenster nicht mehr ganz so über-
wältigend wie im Oktober, als der Herbst noch in voller Far-
benpracht stand. Der Wannsee wirkte grau und müde, das
Grün des Rasens matt. Nur noch wenige Blätter hielten sich
an den Bäumen im Garten.

Hatte ich bereits bei unserer letzten Versammlung schon
nicht alles verstanden, so erlebte ich diesmal eine wahre
Lektion in Fachchinesisch. Immerhin hatte Servatius im Gegensatz zum letzten Treffen eine Tagesordnung auslegen lassen, mit sieben Punkten von 1 (»sofortige Zuwendungen an
die Erben«) bis 7 (»Verschiedenes«). Was aber zum Beispiel
Punkt 6 (»Erklärung gemäß Ziffer IV, 3. Absatz (S. 9/10) der
Testamentsurkunde vom 13.8.1983«) genau meinte, blieb
mir damals, ehrlich gesagt, ziemlich schleierhaft. Ich verließ
mich einfach wieder darauf, dass Servatius als Mann, dem
mein Großvater ja offenbar so vertrauensvoll seinen letzten
Willen diktiert hatte und der mir als juristische Kapazität erschien, genau wusste, was er tat. Und dass das, was er tat,
für uns das Beste sei.

Servatius erklärte, es ginge heute vor allem um die Verwaltung des Springerschen Vermögens. Wir Erben müssten
für die verschiedenen Besitztümer als neue Eigner eingetragen werden. Grundbücher, Immobilien, Aktiendepots – was
eben so anfällt, wenn ein beträchtliches Vermögen in neue
Hände übergeht. Die Federhalter huschten nur so über die
Papiere, die uns in rascher Abfolge hingehalten wurden. Ab
und an hatte Nicolaus eine Frage. Auch Barbara interessierte das eine oder andere Detail, aber es hörte sich alles
vernünftig an. So wird so etwas eben gemacht, dachte ich.

Schließlich legte uns der Notar ein drei Seiten umfassen-
des Schriftstück vor, das mit dem Wort »Erbscheinsantrag«

überschrieben war. Dieser Erbscheinsantrag würde nun erb-
rechtlich das umsetzen, was wir bei unserem letzten Treffen
ja einmütig besprochen hätten. So ein Papier bräuchte man,
um etwa die neue Anteilsverteilung in der Familienholding
ins Handelsregister eintragen zu können, erklärte man uns.
Für mich war das ein technischer Vorgang. Ich wollte mich
auch nicht durch irgendwelche Nachfragen blamieren oder
misstrauisch wirken und unterschrieb nach Friede (»Friede
Springer geb. Riewerts«) und Barbara als Dritter.

4

Abitur, und was dann?

Für mich waren sämtliche Erbschaftsgeschichten mit diesem 17. Dezember auf Schwanenwerder vorerst erledigt. Einem Anwalt hatte ich die verschiedenen Vereinbarungen nicht zur Prüfung vorgelegt – Bernhard Servatius war für mich schließlich so etwas wie eine juristische Vertrauensperson. Ich ließ das aufreibende Jahr 1985 so unspektakulär ausklingen wie möglich. Silvester feierte ich mit meiner Großmutter Anneliese, meiner Mutter und meiner Schwester zuhause in München. Kurz darauf fuhr ich ins Internat zurück.

Seit meiner Entführung hechelte ich dem Lernstoff nur noch wie in Trance hinterher. Meine Mitschüler und Lehrer kämpften heldenhaft und erklärten mir in unzähligen Nachhilfestunden geduldig das Versäumte und das noch nicht Begriffene, aber es war einfach furchtbar viel Stoff – verständlich für ein Internat, das auf seinen exzellenten Ruf Wert legt. Der Tod meines Großvaters hatte mich im Herbst ein zweites Mal aus dem Schulleben gerissen. Auch die Termine rund um den Entführungsprozess forderten ihren Tribut. Die langen Abende am Schreibtisch zehrten an mir, teilweise lernte ich bis drei Uhr morgens, und es fiel mir immer schwerer, meine Gedanken zusammenzuhalten.

Aber ich schaffte die Abiturprüfungen. Als Erster in der Familie Springer. Mein Vater und mein Großvater wären stolz auf mich gewesen. Doch als ich endlich die Urkunde in

Händen hielt, fühlte ich nichts. Am Abend der Abiparty, ein Disco-Besuch mit ein paar Freunden aus dem Internat, ging ich stocknüchtern ins Bett. Das Feiern musste ich erst wieder lernen. Ich wollte nach meinem Abitur nur noch nach Hause nach München, endlich zur Ruhe kommen und nachdenken, was aus meinem Leben werden soll. Und ich wollte darüber mit meiner Mutter, meiner Schwester und meinen alten Freunden persönlich reden, nicht nur am Telefon.

In München hatte ich das große Glück, Josef von Ferenczy zu kennen, eine Mediengestalt, wie es sie heute nicht mehr gibt. Herr von Ferenczy umgab die Grandezza und Lässigkeit eines Adeligen, der nach zwischenzeitlichem Familienruin wieder zu lichten Höhen emporgestiegen war. Im Prinzip verdiente er sein Geld damit, Texte in den damals noch gut zahlenden großen deutschen und internationalen Magazinen zu platzieren sowie Buchverträge für seine Klienten auszuhandeln. Nach dem, was man über ihn lesen konnte, war der Ehrengeneral der ungarischen Armee und außerordentliche Botschafter seines Landes ein wandelnder Salon der westdeutschen und internationalen Nachkriegselite in Politik, Wirtschaft und Gesellschaft. Willy Brandt vertrat er als Autor ebenso wie Franz Josef Strauß. Er zählte den PLO-Chef Jassir Arafat ebenso zu seinen Freunden wie den israelischen Satiriker Ephraim Kishon, hatte den deutschnationalen Bestsellerautor Konsalik entdeckt und den jungen linken Sexualaufklärer Oswalt Kolle. Von Ferenczy soll von den Honoraren seiner Schützlinge 25 Prozent Provision abbekommen haben und verwandelte auch seine guten Verbindungen in bares Geld. Der Flick-Konzern zahlte ihm in den 70er Jahren eine Million per anno, damit er »ein bisserl« PR machte.

Bei dieser wahrlich schillernden Erscheinung mit dem bleistiftliniendünnen Oberlippenbärtchen absolvierte ich im

Winter 1986/87 ein Praktikum. Meine Aufgabe bestand vor allem darin, Buchmanuskripte, die hoffnungsvolle Autoren eingeschickt hatten, durchzulesen. Zu jedem Werk erstellte ich ein kleines Gutachten samt Inhaltszusammenfassung sowie einer Prognose, ob diese Werke eine Weitervermittlung an Verlage oder Magazine lohnten. Einen ganz besonderen Tag erlebte ich, als ich für einen Anzeigentext eine Reihe Prominenter anrufen sollte, um ihnen ein Statement zum Thema Frühjahrsmüdigkeit zu entlocken. Ein Name auf der Liste ließ mein Herz schneller schlagen. Die Sekretärin auf der Geschäftsstelle des FC Bayern stellte mich zum jungen Manager Uli Hoeneß durch, und ich fragte meinen, übrigens sehr, sehr freundlichen Jugendhelden eine knappe Viertelstunde lang aus. Ich bin heute noch sicher, dass mein Herzklopfen am anderen Ende der Leitung zu hören gewesen sein muss. Uli Hoeneß! Spricht. Mit. Mir!

Am 7. März 1987 ging mein Praktikum bei Ferenczy ebenso abrupt wie unfreiwillig zu Ende. Und beinahe auch mein Leben. Nach der Arbeit hatte ich noch zwei Kolleginnen von München-Grünwald, wo Ferenczys Agentur residierte, zu ihren Wohnungen gefahren und wollte zu einer Essenseinladung ins Bratwurstglöckl in der Nähe vom Marienplatz. Auf dem Weg in die Innenstadt traf ich einen Schulfreund aus dem Internat. Wir verabredeten uns für den späteren Abend noch auf ein Glas. Oder zwei. Oder auch drei. Es war dann schon ziemlich spät, eigentlich fast schon wieder früh, als ich meinen Golf nach Hause bewegte. Nie und nimmer hätte ich mich in dieser Nacht in ein Auto setzen dürfen, jedenfalls nicht auf den Fahrersitz. Dass ich es tat, war eine der größten Dummheiten meines Lebens. Ich muss gefahren sein wie ein Vollidiot – der ich in diesen Minuten ja auch war –, schrammte eine Querstraße vor unserer Wohnung an einigen parkenden Autos entlang, verlor die Restkontrolle über das Steuer und krachte in einen Baum.

Wo vorher im Wagen die Gangschaltung gewesen war, stand nun der Stamm. Wenige Zentimeter weiter links – und ich wäre tot gewesen. Ich zog mir einen doppelten Schädelbasisbruch zu und wurde in ein künstliches Koma versetzt. Gott sei Dank, und das meine ich wörtlich, war in dieser Nacht niemand auf der Straße unterwegs, sodass wenigstens nicht noch das Leben eines anderen Menschen gefährdet wurde. Aber ich schäme mich noch heute für den furchtbaren Schrecken, den ich meiner Mutter antat, die in derselben Nacht aus dem Schlaf geklingelt wurde. Als sie über die Videoanlage unten an der Haustür die Polizeimützen sah, rannte sie sofort in mein Zimmer, sah mein leeres Bett und sackte beinahe zusammen. »Das kann doch nicht wahr sein! Nicht noch eine Katastrophe!«, jagte ihr durch den Kopf. Monate später erst, ich war längst wieder gesund, nahm sie mich beiseite, sah mich ernst an und hob ihren Zeigefinger: »Mach das nicht noch mal, mein Hase. Mach' so etwas nie wieder!«

* * *

Zeitungen faszinierten mich noch immer. Das hatte sich mit dem Tod meines Großvaters nicht geändert. Aber welche Rolle sollte ich spielen? Am liebsten hätte ich mich sofort ins Reporterleben gestürzt. Mit großen Ohren hatte ich schon als Kind den Geschichten von Franz Josef Wagner, Günter Prinz, Paul Sahner, Charly Schmidt-Polex, Hubert Burda, Claus Jacobi und all den anderen kleinen und großen Genies des Schreibens und Blattmachens gelauscht. Sie alle waren mit meiner Mutter oder meinem Vater, meist mit beiden, gut befreundet, kamen bei uns zuhause vorbei oder gingen mit uns essen. Und natürlich prägten mich erst recht die vielen Stunden, die ich mit Granddaddy bei der gemeinsamen Zeitungslektüre verbrachte. So wie ein Schuster oder ein Bäcker seinem Enkel voller Stolz das eigene Handwerk erklärt, zeigte auch mein Großvater mir, wie eine Zeitungsseite funktioniert. Welche Bilder wo und wie groß positioniert sein müssten, welche Überschriften die Leser locken und welche sie eher abschrecken, wie man einen spannenden Text anfängt – sein Enthusiasmus für Zeitungen wirkte so ansteckend, dass ich mir eigentlich nicht vorstellen konnte, je irgendetwas anderes machen zu wollen. Gleichzeitig erinnerte ich mich an Großvaters Wort von den »Flanellmännchen«, also den Juristen und Geschäftsführern und deren Assistenten – meist im dunkelblauen Blazer und grauer Flanellhose –, die man eben brauchte, um einen Verlag auch wirtschaftlich erfolgreich zu führen. Einige von ihnen hatten vor vielen Jahren meinem Vater das Leben verleidet; intrigante Zahlenmenschen, die sich über ihre Leidenschaft an Positionen und Gehältern definierten und sich nicht an Menschen, Bildern und Geschichten berauschen konnten wie ein echter Journalist. Ich hatte das unbestimmte Gefühl, dass ich mir von denen nichts vormachen lassen wollte – egal wohin mein Weg mich noch führen würde –, und fasste den voreiligen Entschluss: Ich studierte BWL.

»BWL« – »Betriebswirtschaftslehre« sagt ja niemand – galt als Einfallstor für Karrieren aller Art. Erst einmal Zahlen und ökonomische Zusammenhänge durchblicken, das kann ja auch ganz interessant sein, und dann das machen, was wirklich Spaß bringt. So oder so ähnlich hatte ich mir das wahrscheinlich vorgestellt. Zudem hegten einige meiner besten Freunde aus dem Internat ähnliche Studienpläne wie ich. Als ich dann aber tatsächlich Tag für Tag die Münchener Universität besuchte, ahnte ich bald, dass mein Interesse an diesem Fach überschaubar bleiben würde. Nach dem streng geregelten Lernbetrieb am Internat hatte ich mir das Studentenleben strukturierter vorgestellt. Natürlich schrieb ich meine Referate und Klausuren, aber das Fach wurde einfach nicht interessanter. Jedenfalls im Vergleich zu dem, was das Reporterleben zu bieten hatte. Denn eigentlich wusste ich schon nach meinem ersten Praktikum bei der Hamburger *Bild*, dass es mir tausendmal mehr Spaß machen würde, Zeitungsgeschichten zu schreiben, mysteriösen Kriminalfällen hinterherzurecherchieren und Menschen zu befragen, als irgendwelche Gewinn- und Verlustrechnungen durchzugehen.

5

Alle gegen alle

Im Verlag brachen nach dem Tod meines Großvaters die Konflikte offen aus, die zuvor im Verborgenen geschwelt hatten. Dabei erwies sich die 1985 gewählte Umstrukturierung des Unternehmens zur börsennotierten Aktiengesellschaft als Ausgangspunkt für Machtkämpfe aller Art. Leo Kirch, an den die Deutsche Bank zum deutlichen Unbehagen meines Großvaters im Sommer 1985 vorab einen Zehn-Prozent-Anteil veräußert hatte (»Aber keine Aktie mehr!«), stockte heimlich auf. Eineinhalb Jahre nach dem Tod von Granddaddy hielt er bereits 16,7 Prozent, Anfang 1988 waren es über Strohmänner schon 26,7 Prozent, also im Prinzip bereits mehr als wir Nachfahren Springers. Doch es handelte sich dabei um sogenannte vinkulierte Namensaktien. Für diese treuhänderisch gehaltenen Papiere gibt es weder ein Stimmrecht auf der Hauptversammlung noch Sitze im Aufsichtsrat, wenn dieser die Aktien nicht ins Aktionärsbuch eintragen lässt, was er wiederum nur auf Geheiß der Aktionäre tun kann. So lange sich also die Familien Burda und Springer mit ihren 51 Prozent einig waren, Leo Kirchs Rechte zu begrenzen, verblieb die Macht in Verlegerhand.

Ich hatte schon früh mitbekommen, dass Granddaddy Leo Kirch nicht über den Weg traute. Der Sohn eines fränkischen Winzers hatte mit dem Verkauf von Film- und Serien-

ausstrahlungslizenzen an deutsche TV-Sender ein Vermögen
verdient und ein komplex verschachteltes Medienimperium
aus über 50 Einzelfirmen aufgebaut: Privatsender, Produk-
tionsfirmen, Kinos, Lizenzrechte, Musikverlage, Videopro-
duktion. Bei der Finanzierung agierte Kirch beinahe noch
einfallsreicher als bei seinen Firmenkonstruktionen. Kirch
hoffte damals wohl, dass es ihm gelingen würde, die Mehrheit an der Axel Springer AG zu übernehmen – mit oder
ohne Partner. Die Fachzeitschrift *Medien* nannte das in ihrer
Januarausgabe 1988 eine »faszinierende, atemberaubende
Mischung aus Pokerei und Hochstapelei«.

So jung und unerfahren ich auch war, so machte ich mir
doch ernsthafte Sorgen um das Lebenswerk meines Großvaters. Nur gut, dass die einzelnen Testamentsvollstrecker
zu jeweils unterschiedlichen Zeiten für oder gegen mehr Einfluss für Leo Kirch gewesen sind und in dieser Sache nicht
immer an einem Strang gezogen haben. Ernst Cramer schien
in seinem Urteil zu schwanken. Mit Argwohn beobachtete
ich, wie sich Friede immer mehr von der Position ihres
früheren Mannes fortzubewegen schien. Sie lud Kirch und
dessen Adlatus Joachim Theye zum traulichen Miteinander
auf Gut Schierensee ein. Medienberichten zufolge gefiel ihr
die Vision einer Verschmelzung aus Print und Fernsehen, die
Granddaddy schon vor zwanzig Jahren angedacht hatte.
Journalistische Synergien, kombinierte Werbeformen, gegenseitige Eigen-PR – das alles mag sich in ihren Ohren wohl
durchaus überzeugend angehört haben. »Ihr müsst den mal
kennen lernen und euch selbst ein Bild machen«, versuchte
Friede Nicolaus, Ariane und mich zu einem Treffen zu überreden.

Wir lehnten ab. Ein Zusammengehen über das Bestehende
hinaus kam für uns nicht in Betracht. Kirchs Finanzierungs-
modelle waren uns suspekt. Und hatte nicht Frieder Burda,
ein Mann, den mein Großvater durchaus schätzte, vor den

Kosten der »Fernseheuphorie« gewarnt und sich gemeinsam mit dem Hamburger Bauer-Verlag frühzeitig wieder aus dem Sat.1-Konsortium verabschiedet? Aber auch Ernst Cramer schien sich allmählich dafür zu erwärmen, Kirch mehr Einfluss zu gestatten, etwa durch einen festen Sitz im Aufsichtsrat. Bernhard Servatius war ebenfalls keine Brandmauer gegen Leo Kirch, sondern, wie das *Industriemagazin* süffisant anmerkte, »wohl in erster Linie bestrebt, letzten Endes auf Seiten der Sieger zu stehen«. Wie sicher konnte man bei dieser Führung schon sein, dass der Medienunternehmer nicht doch noch auf irgendwelchen Wegen die Macht in der Axel Springer AG erlangen würde, die mein Großvater ihm niemals hatte zugestehen wollen?

Vollends alarmiert war ich, als Günter Prinz meine Mutter und mich 1988 in München besuchte. Er kannte meine Mutter gut und wusste um deren Einfluss auf mich – und um deren gesunden Menschenverstand. Prinz warnte uns, die Burdas müssten besser behandelt werden; andernfalls halte er eine Verbindung zwischen ihnen und Leo Kirch nicht für ausgeschlossen.

So richtig verstanden habe ich die Rolle von Günter Prinz in dem Machtgezerre nie. Wie ich später erfuhr, hatte er damals bereits den ihm von meinem Großvater zum Börsengang übertragenen Ein-Prozent-Anteil für viele Millionen an Leo Kirch verkauft. Obwohl er Springer nach verlorenem Machtkampf mit Peter Tamm 1987 im Streit verlassen hatte, wollte ich nun seine Informationen Friede und Servatius nicht vorenthalten. Ich rief die beiden an und warnte sie, ohne meine Quelle zu nennen, doch die wiegelten ab und erklärten mir wie einem kleinen Kind, was es mit der »Verlegermehrheit« der Familien Springer und Burda auf sich habe. Die sei praktisch in Stein gemeißelt. Burda und Kirch? »Das machen die nie!«, erklärte der allwissende Testamentsvollstrecker, als hätte ich meine Ahnungslosigkeit im Verlagsgeschäft mal wieder besonders eindrucksvoll unter Beweis gestellt.

Im März 1988 meldete die *Tagesschau*: »Burda und Kirch übernehmen Springer«. Günter Prinz hatte Recht behalten. Oder einfach mehr gewusst. Die Burdas und Kirch verpflichteten sich den Meldungen zufolge in einem Vorvertrag, künftig in allen unternehmerischen Entscheidungen beim Axel Springer Verlag gemeinsam zu handeln. Zusammen bestimmten sie in diesem Moment über 52 Prozent der Anteile, hätten eine Hauptversammlung einberufen und den Aufsichtsrat neu wählen lassen können. Ich war wie betäubt. Wahrscheinlich fehlten in diesem Moment selbst Bernhard Servatius die Worte, denn trotz meiner Warnungen hatte sich wohl keiner aus dem Kreis der Testamentsvollstrecker vorstellen können, dass Leo Kirch ein solcher Coup tatsächlich gelingen könnte.

Auch wenn unser Verlag in diesen Jahren nicht aus den Negativschlagzeilen herauskam, hatte ich immer darauf vertraut, dass ich dort einmal mein berufliches Glück finden würde. Jetzt schien sich alles in Luft aufzulösen, vor allem der letzte Rest Vertrauen, den ich noch in die Weisheit unseres Aufsichtsratsvorsitzenden gesetzt hatte. Der allerdings hielt eine in seinen Augen wohl beinahe geniale Lösung für das Problem bereit. Gemeinsam mit Peter Tamm und Ernst Cramer machte er sich auf den Weg nach Offenburg und versuchte, die Burda-Anteile für unsere Familienholding zurückzukaufen, um das »unfriendly takeover« doch noch abzuwenden. Tatsächlich ließen sich die Burdas überzeugen, wohl weniger von Servatius' genialer Verhandlungsführung als davon, dass man ihnen über eine halbe Milliarde Mark für ihren 24,9-Prozent-Anteil anbot, also beinahe das Doppelte dessen, was sie fünf Jahre vorher dafür gezahlt hatten. Solche Wertsteigerungen waren auch im damals durchaus noch blühenden Verlagsgeschäft seltene Glücksfälle.

Für unseren Testamentsvollstrecker hatte dieses Investment den angenehmen Nebeneffekt, dass es ihm den Aufsichtsratsvorsitz und den damit verbundenen Einfluss sicherte – hätten die Burdas mit Kirch die Mehrheit im Verlag übernommen, wäre wohl eine ihrer ersten Amtshandlungen gewesen, den Aufsichtsratsvorsitzenden auszutauschen, und das musste auch Servatius klar gewesen sein. Und natürlich kostete dieser Aktienrückkauf, der ihm seinen Job sicherte, ihn selber keinen Pfennig. Die 400 Millionen Mark, die die Familienholding zur Finanzierung des Kaufpreises von 530 Millionen aufnehmen musste, um den Deal perfekt zu machen, belasteten schließlich uns, nicht ihn. Wir wurden über die Verhandlungen mit den Burda-Brüdern nicht informiert und erneut vor vollendete Tatsachen gestellt. Jetzt habe die Familie Springer endlich die Mehrheit am Unternehmen zurückerobert, lautete die Sprachregelung. »Wir sind wieder wir.« Als alles unterschrieben war, wirkte Bernhard Servatius beinahe beleidigt, dass wir ihm für dieses geniale Manöver nicht stehend applaudierten.

Der Verlag stand in den Jahren nach Großvaters Tod aber nicht nur von außen unter Druck. Im Vorstand bekriegten sich zunächst Peter Tamm und sein damaliger Stellvertreter Günter Prinz in einer Art und Weise, die jeder Spielplatzklopperei zur Ehre gereicht hätte. Zwei Alphamännchen waren auf jeden Fall einer zu viel. Tamm, der knorrige Herr der Zahlen, mochte den mindestens ebenso selbstbewussten Kreativen, der die *Bild* als Nachfolger von Peter Boenisch über die Fünf-Millionen-Auflagengrenze gehoben hatte, nicht mehr besonders. Noch weniger goutierte er dessen Ambitionen. Der Prinz hielt sich für einen geborenen König und drängte selbst an die Vorstandsspitze. Auf dem Höhepunkt ihrer Auseinandersetzungen – so steht es zumindest in Friede Springers Biografie – liefen die beiden oft minutenlang vor dem Konferenzraum auf und ab, um ja nicht als Vorletzter die Vorstandssitzung zu betreten. Wer zuletzt kommt, verströmt die größte Bedeutung.

Nicht, dass es drinnen nicht einiges zu besprechen gegeben hätte. Im Geschäftsjahr 1987 verzeichnete das Unternehmen einen Reingewinn in Höhe von 96 Millionen Mark. Bedenkt man, dass allein der Gewinn der *Bild* in dem Jahr bei 100 Millionen lag, so war die dramatische Abhängigkeit des Gesamtgefüges von einem einzigen Objekt offenkundig. Zudem schmolz die Auflage der Cash Cow. Seit 1984 hatte die *Bild* 700 000 tägliche Käufer verloren. Der Verlag, der mit der *Hör Zu* das Segment Fernsehzeitschrift überhaupt erst erfunden hatte, verpasste gerade den Trend zu den neuen vierzehntäglich erscheinenden Magazinen wie TV *Spielfilm* oder TV *Movie*, deren junges Lesepublikum die Anzeigenkunden entzückte. Leider ganz im Gegensatz zu Springers Desaster mit der Zeitschrift *Ja*, die doch eigentlich ebenfalls auf junge, kaufkräftige Leserschichten zielen sollte. Die »Zeitschriften-Innovation des Jahre«, so die Eigenwerbung, unter Leitung des Ex-*Stern*-Chefredakteurs Peter Koch sorgte für viel Branchenspott (»Auch *ein* Koch kann den Brei verderben …«) und wurde nach gerade mal sechzehn Ausgaben und 50 Millionen Mark Verlust eingestellt. Schließlich war da auch noch unser Ausflug ins Privatfernsehen: Das Engagement bei Sat.1 kostete den Verlag Schätzungen zufolge allein im Jahr 1986 knapp 70 Millionen Mark.

Im Januar 1987 kamen noch einige Millionen dazu. Die Herausforderung von Günter Prinz an Peter Tamm (»Entweder du oder ich«) hatte Tamm mit »du!« beantwortet. Medienberichten zufolge mit einer Abfindung von knapp 17 Millionen Mark ausgestattet verließ Prinz den Verlag – und wechselte ein halbes Jahr später zu Burda, wo er, ausgerechnet, eine Gegen-*Bild* für die neuen Bundesländer entwickeln sollte, die dann ab Mai 1991 unter dem Titel *Super!* auch ein gutes Jahr lang erschien.

All diese Peinlichkeiten für den Verlag meines Großvaters entnahm ich den Zeitungen, die nur zu gern über die Millionenschleuder Springer berichteten. Mit zehn älteren Herren war unser Verlagsvorstand damals stärker besetzt als die entsprechenden Gremien bei Bayer, Daimler oder der Deutschen Bank – und mindestens genauso gut bezahlt. Natürlich sprachen wir Erben den Aufsichtsratsvorsitzenden und Testamentsvollstrecker Servatius darauf an, ob das denn alles im Sinne des Unternehmens sein könne, aber er war stets zu wortreichen Begründungen in der Lage, die man sich nach dem dritten, vierten Mal doch lieber ersparte. »Die Schwäche des Hauses ist die Schwäche des Aufsichtsrats«, konstatierte Kirchs Interessenvertreter Joachim Theye im *Spiegel*. Das *Manager Magazin* stellte im Oktober 1988 die entscheidende Frage, die auch mich immer stärker beschäftigte: »Können die Erbin und ihre Ratgeber den Konzern wirklich führen?«

Zeitungen gegen Stacheldraht:
Das Verlagsgebäude an der Berliner Mauer

6

Einigkeit und Recht und Freiheit

Die Formulierung »wenn er das noch hätte erleben dürfen« ist so abgegriffen, dass man sich kaum traut, sie aufzuschreiben. Aber genau das beschreibt meine Gefühle, die mir in der großen deutschen Nacht vom 9. November 1989 in den Sinn kamen. Ich saß in München vor dem Fernseher und sah, wie Ost- und Westdeutsche auf der Mauer tanzten. Das Schandmal, das mein Großvater mit dem Bau seines Verlagshauses buchstäblich überragen wollte, hatte seinen Schrecken verloren. Meine Mutter und ich lagen uns in den Armen und sendeten einen liebevollen Gruß an Granddaddy im Himmel. Dem ewigen Freiheitsträumer, der das Wahrwerden seines größten Traumes nicht mehr erleben durfte. Ich wurde trotz aller Freude sehr sentimental. Mein Großvater wäre an diesem Abend wohl der glücklichste Mensch der Welt gewesen.

Knapp ein halbes Jahr vor dem Mauerfall erfuhr ich, dass die Oberen der Axel Springer AG die DDR in unseren Blättern zukünftig nicht mehr in Anführungszeichen setzten wollten. Ich rief zuerst Bernhard Servatius an. Was ich mir bis dahin nicht vorstellen konnte, wurde vom Aufsichtsratsvorsitzenden bestätigt. Man könne künftig auf die Anführungszeichen verzichten. Die politische Entwicklung in der Sowjetunion habe sich durch Gorbatschow derart verändert, dass die Gänsefüßchen nicht mehr zeitgemäß erschienen. Ich versuchte Bernhard umzustimmen. Zuerst argumentierte ich damit, dass das sicher nicht im Geiste meines Großvaters sei. Die einfache Antwort beinhaltete die Worte Glasnost und Perestroika, und das reichte dann auch. Ich fuhr fort, der »Axel Springer Verlag solle der Geschichte doch nicht vorgreifen«. Aber das überzeugte Bernhard ebenfalls nicht.

Ich war mir damals nicht sicher, ob sich Gorbatschow wirklich durchsetzen würde. Er hatte mächtige konservative Gegner im Land.

Am 1. August 1989 wurde die DDR in den Zeitungen des Verlagshauses zum letzten Mal in Anführungszeichen gesetzt. Knapp drei Monate später fiel die Mauer dann tatsächlich. Mich hätte es gefreut, wären die Anführungszeichen erst dann weggefallen.

Ich hatte meinen Großvater einmal anfangs der 80er Jahre in seinem Verlegerbüro in Berlin besucht. Dort zeigte er mir, wie man von seinem Fenster aus auf die Stelle schauen konnte, an der am 17. August 1962 der 18-jährige Peter Fechter gestorben war. Fast genau ein Jahr nach der Errichtung der Mauer war es Fechter gelungen, die Grenze ganz in der Nähe vom Checkpoint Charlie zu überwinden. Er rannte Richtung Westen, wurde von Soldaten angeschossen und verblutete vor den Augen einer immer größer werdenden, hilflosen Menschenmenge im freien Teil der Stadt. Mein Großvater ließ etwa dort, wo Fechter gestorben war, eine Gedenkstätte errichten. Manchmal ging er, heimlich, mitten am Tag dorthin, legte einen Strauß frischer Blumen nieder und betete. Als ich bei ihm im Büro stand, zeigte er auch noch auf die Kugel des Fernsehturms am Alexanderplatz. »Wenn die Sonne scheint, sieht man auf der Kugel ein Kreuz, und sie können nichts dagegen tun.« Mit speziellen Farben, mit ausgesuchten Materialien – mit allem, was der ostdeutschen Baukunst zur Verfügung stand, hätten die Machthaber versucht, dieses Kreuz unsichtbar zu machen. Vergeblich. Mein Großvater freute sich diebisch über das schwebende Symbol seines Glaubens im unterdrückten Teil der Stadt.

Über seine Haltung zur deutschen Einheit habe ich viel Unsinn gelesen und gehört. Wir haben uns oft darüber unterhalten. Ich habe seine Artikel und Reden zum Thema, die er mir häufig schickte, gründlich studiert. Und ich kenne auch das eine oder andere Geheimnis seines Wirkens. Eines der größten Missverständnisse scheint mir das Bild vom deutschnationalen Säbelrassler Axel Springer zu sein. Mein Großvater war kein Nationalist. Das Militärische war ihm zuwider. Es ging ihm um die Freiheit als höchstes Gut für alle Menschen. Der Gedanke, dass, nur wenige Meter von seinem Verlagshaus entfernt, Menschen wie im Gefängnis leben mussten, dass sie erschossen wurden, sobald sie fliehen wollten, bedrückte ihn zutiefst. Kaum einer wusste, dass er 1963, zur finstersten Zeit des Kalten Krieges, gemeinsam mit dem Rechtsanwalt Wolfgang Vogel aus Ost-Berlin ein geheimes Programm zum Freikauf von DDR-Bürgern eingefädelt hatte. Vielen Deutschen, die aus dem Ostteil unseres Landes gekommen waren, half er mit seinem privaten Geld beim Neuanfang. 1967 entdeckten die DDR-Grenzer einen Tunnel, durch den Dutzende von Flüchtlingen unter der Mauer hindurch in den Westen gelangt waren. Der Tunnel endete zufällig im Hinterhof unseres Verlagsgebäudes ... Natürlich haben weder mein Großvater noch sonst jemand im Verlag irgendetwas von dieser »unterirdischen« Aktivität gewusst.

1970 wurde er in einem Interview gefragt, ob er sich nicht vorstellen könne, einen zweiten deutschen Staat neben der Bundesrepublik zu akzeptieren. Seine Antwort zeigte, dass es ihm bei seinem Engagement nicht um ein neues Großdeutschland ging, sondern um die Freiheit für jeden deutschen Bürger:

»Da gibt es einen Weg, wenn die sogenannte
›Deutsche Demokratische Republik‹ eine wirkliche
deutsch geführte demokratische Republik ist,
in der man leben kann bei voller Freiheit, in der die
Bürger lesen können, was sie wollen, in der sie in den
Kintopp gehen und das Stück sehen, das sie sehen
wollen. In der es, wenn's klopft an der Tür,
der Milchmann und nicht die Geheime Staatspolizei ist.
Eine wirklich freie deutsche demokratische Republik,
in der die vollen Menschen- und Freiheitsrechte gelten:
diese Form der ›Wiedervereinigung‹ würde ich
akzeptieren – als eine Folge des von uns begonnenen
und mit Pauken und Trompeten verlorenen Krieges.
Dafür würde ich an der Grenze gern einen kleinen
Ausweis ziehen, um in den anderen deutschen freien
Staat zu gehen.«

Die Realität der DDR jedoch, das Uniforme, der Gleich-
heitszwang, die verlogenen Aufmärsche – das alles erinnerte
ihn zu sehr an die dunklen Zeiten, die wir Deutsche ein für
alle Mal hinter uns lassen sollten. Nationalistisch war das
nicht. Diesen Ungeist hatte ihm die deutsche Schande der
Nazijahre ausgetrieben. 1955 klagte einmal der damalige
Bild-Chefredakteur Rudolf Michael in einem Kommentar
darüber, dass wir Deutschen »zehn Jahre nach dem Krieg«
im Ausland immer noch nicht anständig behandelt werden
würden. Mein Großvater schrieb ihm, unmissverständlich:
»Ich will Ihnen sagen, was die Deutschen im Laufe der
nächsten zehn Jahre tun sollten. Sie sollten die Schnauze
halten und still vor sich hin arbeiten. Sie haben so viel Elend
in der Welt verursacht, dass sie überhaupt keinen Grund
haben, das Maul aufzureißen.«

Nicht auszudenken, was mein Großvater in der Nacht des
9. November 1989 alles veranstaltet hätte und vor allem in
den Wochen danach. Nicht, dass es die Blätter des Hauses
an Begeisterung hätten fehlen lassen, aber vielleicht wäre

die Einheit mit ihm als Verleger doch noch ein größeres
Freudenfest geworden, eines mit einer Prise Herzenswärme.
Es schmerzt, dass wir meinen Großvater in diesen histori-
schen Tagen nicht mehr erleben durften.

7

Mündelsicher

Meine ersten journalistischen Gehversuche bei *Bild* hatte ich noch unter dem Pseudonym »Axel Nomis« veröffentlicht – im Andenken an meinen toten Vater hatte ich »Simon« einfach umgedreht. Ich wollte, dass meine Texte fair beurteilt werden, nicht mit dem Bonus und schon gar nicht mit dem Malus eines großen Namens. Zudem verleiht mir Anonymität seit meiner Entführung manchmal so etwas wie ein sicheres Gefühl. Bei der Axel-Springer-Journalistenschule hingegen bewarb ich mich als Axel Sven Springer, mit Probetexten, Lebenslauf und allem, was dazu gehört. Ich war ein Angebot, das die Schule nicht ablehnen konnte. Aber ich war niemand, der sich Dank seiner familiären Herkunft auf die Journalistenschule verirrt hatte, ohne recht zu wissen, was er da eigentlich soll. Ich wollte Journalist werden, seit ich das erste Mal eine Zeitung in Händen hielt. »Wenn du es richtig lernen willst, musst du zur *Bild*«, hatte mir der heutige *Bunte*-Autor Paul Sahner gesagt. Und der war keiner, der das Blatt besonders mochte. Man könne zu der Zeitung ja stehen, wie man wolle, aber Themen finden, schnell und gründlich recherchieren und so schreiben, dass es jemanden interessiert und dass es jeder versteht, also das reine Handwerkszeug, würde man dort so schnell und gut mitbekommen wie nirgendwo sonst. Und so wurde *Bild*-Hamburg meine »Stammredaktion« während des Volontariats. »Stammredaktion« bedeutet, dass man dort die Hälfte der zweijährigen Ausbildungszeit verbringt. Dazu kamen noch drei jeweils vierwöchige Seminare, gemeinsam mit den anderen Journalistenschülern, sowie mindestens zwei weitere Stationen, in meinem Fall RTL Nord, das *Hamburger Abendblatt*, die *Bild am Sonntag* sowie die BZ in Berlin.

Ich liebte es. Vor allem die Zeit bei *Bild*. Die in der einen oder anderen Redaktion durchaus verbreitete Überheblichkeit schien es hier nicht zu geben. Mit der klaren und deutlichen Ansprache, die bei *Bild* durchaus üblich war, konnte ich gut leben. Bald merkten auch die Kollegen, dass da keiner gekommen war, der irgendwelche Sonderrechte beanspruchte, sondern vor allem lernen wollte. Meine spannendste Zeit erlebte ich in der Polizeiredaktion der Hamburger Lokalausgabe. Ich recherchierte Mördern hinterher, die ihre Opfer in Säurefässern versenkten. Ich sprach mit Menschen, die aus Eifersucht, aus Not, aus Einsamkeit oder Neid zu Verbrechern geworden waren, lernte Polizisten kennen, die auch nach dreißig Dienstjahren noch jeden Fall und jeden Menschen mit Respekt behandelten, und ich traf Kollegen – Sonderlinge, Charmeure, Wortkünstler –, die selbst mehr als eine Geschichte wert gewesen wären. Wann immer ich Friede oder Bernhard Servatius damals traf und ihnen von meinen Erlebnissen aus meinem journalistischen Alltag erzählte, hatte ich das Gefühl, dass sie das alles nicht so richtig ernst nahmen. Sie hörten mir freundlich, aber auch gelangweilt zu. Zum »Fußvolk«, zur Arbeit derer, die den Verlag und seine Blätter doch eigentlich ausmachten, fanden sie keinen rechten Zugang.

Noch weniger interessierten wir Erben sie in dieser Zeit. Ein- bis zweimal jährlich wurden Barbara, Nicolaus, Ariane und ich zur »Erbenkonferenz« gebeten, meist nach Schwanenwerder. Dort informierten uns die drei Testamentsvollstrecker über die Entwicklungen im Unternehmen und dar-

über, was aus unserem Vermögen geworden war. So etwas
wie Familiensinn – also das Gefühl, gemeinsam an einem
Strang zu ziehen, um irgendwie noch im Geiste meines
Großvaters zu wirken – war schnell verflogen. Die Stimmung
wurde gereizter, die Fragen zum verlagsinternen Gerangel
drängender, die Beschwichtigungen von Bernhard Servatius
immer wortreicher und inhaltsleerer. Das galt für alle Fragen,
die das Unternehmen betrafen, aber auch für unsere finanzielle Situation.

Friede, die noch weniger sprach als Ernst Cramer, machte
bei diesen Zusammenkünften keinen glücklichen Eindruck.
Ich habe mich damals, Ende der 80er Jahre, nicht recht in
ihre Situation hineinversetzen können. Heute stelle ich mir
vor, wie sie im Berliner Verlagsbüro ihres verstorbenen Mannes manchmal einfach da gesessen haben mag, in stiller, ver-
zweifelter Zwiesprache mit ihm, voller Sehnsucht nach den
unbeschwerten gemeinsamen Stunden. Sie hatte sich nicht
nach der Verantwortung für dieses riesige Unternehmen
gedrängt. »Ich bin hier nur Gast. Und ich finde das gut so«,
erzählte sie noch im Jahr 1998 der *Welt am Sonntag*, die sie
im alten Büro meines Großvaters interviewte. Zum schweren Abschied von ihm sagte sie: »Es gab eine Einsamkeit, die
an die Schmerzgrenze ging.« Gewiss wusste Friede in seinen
letzten Lebensjahren genauer als alle anderen, wie der Verleger wirklich dachte. Sie war bei den meisten wichtigen
Verhandlungen und Konferenzen dabei gewesen, in denen es
um die Zukunft des Verlages ging. Sie kannte die Akteure,
fühlte die Bedrängungen, die es mit sich bringt, wenn praktisch jeder etwas von einem will und sich die vielen kleinen
Egoismen nicht zu einem großen Ganzen fügen lassen. Es
war eine Sache, das alles an seiner Seite mitzuerleben, als
stille Frau im Hintergrund. Aber das hier, das Leben ohne
ihn, war etwas ganz anderes.

Wer war sie, mochte sie vielleicht bei sich gedacht haben,

wer war sie, die Gärtnerstochter aus Föhr mit einfachem
Schulabschluss, dass sie den Erfahrenen, den Schlauen, den
Redegewandten hätte Anweisungen geben oder gar verle-
gerische Leitlinien formulieren können? Natürlich suchte sie
Rat bei denen, die den Verlag von innen kannten, aber die
sagten ja alle etwas anderes. Und Servatius auf ein »Ja« oder
»Nein« festzulegen, war so, als wollte man aus Watte eine
Brücke bauen. Ging es denen, die »im Geiste Springers«
handelten, am Ende doch nicht nur um das vielbeschworene
»Wohl des Unternehmens« – was immer das auch sein
mochte –, sondern nur um ihr eigenes? Peter Tamm und
Günter Prinz, die alten Fahrensleute, die so gern das geistige
Erbe des Verlegers bemühten, hatten die nicht beide für viele
Millionen ihre Anteile am Verlag gleich wieder verkauft,
sobald das möglich war? Und zwar ausgerechnet an Leo
Kirch, den Mann, dem Axel Springer auf keinen Fall mehr
geben wollte als zehn Prozent – wie jeder wusste. »Friede
Springer fühlte sich als Ball in einem Spiel, das keine Regeln
hatte außer dem Recht des Skrupelloseren«, heißt es in ihrer
Biografie. Sie musste sich erst sortieren, das dauerte einige
Jahre, und wie sie da so saß einmal, bei einer der Erbenkon-
ferenzen im großen Katharinensaal von Gut Schierensee,
hätte sie einem manchmal beinahe leid tun können. Beinahe.
Denn durch ihr Schweigen trug sie schließlich alles mit, was
Bernhard Servatius da so veranstaltete.

8

Ihm zu Füßen

Bereits bei der Vorbereitung zu den Trauerfeiern für meinen Großvater hatte sich Bernhard Servatius gegenüber Bundespräsident Richard von Weizsäcker und Bundeskanzler Helmut Kohl als ideeller Nachfolger vorgestellt. Er wolle das politische und publizistische Erbe Axel Springers fortführen. Folgerichtig ließ er sich bei den Feierlichkeiten in der Berliner Gedächtniskirche zwischen die beiden Staatsmänner in der ersten Reihe platzieren. Oder besser: den Präsidenten und den Kanzler neben sich. Nach dem Tode des Verlegers war Servatius endlich dort angekommen, wo er seiner Einschätzung nach schon immer hingehört hatte: ganz oben. In der Hamburger Verlagszentrale bezog er die elegante Bürosuite meines Großvaters. Hier thronte er noch einmal eine Etage über den Mitgliedern des Vorstands, die ihrerseits bereits deutlich entrückt von den übrigen Angestellten des Hauses die elfte Etage bevölkerten. Über Bernhard Servatius wohnte aus der Binnensicht des Verlags also nur noch Gott – wenn überhaupt. Dass ein Mann von seiner Bedeutung sich nicht mit einem einzigen Chauffeur und einer Limousine begnügen konnte, lag auf der Hand. Oft, wenn er mit dem Wagen von Hamburg nach Berlin gefahren wurde, nahm ihn exakt auf der Hälfte der Strecke sein Berliner Chauffeur in Empfang. Der Hamburger Fahrer drehte wieder um und fuhr zurück. Hätte ja sein können, dass Servatius noch am selben Tag mit dem Flugzeug nach Hamburg zurückkehren wollte. Da konnte er ja unmöglich in einem Taxi vom Flughafen nach Hause fahren. Diese Fahrdienste allein kosteten den Verlag 300 000 Mark im Jahr. Das Doppelte kam für die beiden Sekretariate dazu, die sowohl in Hamburg als auch in Berlin gleichzeitig zur vollen Verfügung stehen mussten. Vom gesamten Aufsichtsratsetat in Höhe von jährlich zwei Millionen Mark verbrauchte allein der Vorsitzende drei Viertel für den eigenen Bedarf.

Wenn es je ein Foto gegeben hat, welches das Selbstverständnis des Porträtierten in meinen Augen auf den Punkt bringt, dann war es das Bild, das uns 1991 aus der Oktober-Ausgabe des *Manager Magazins* entgegen grinste: Bernhard Servatius, lässig auf dem Sofa thronend, im alten Verlegerbüro meines Großvaters. Durchs Fenster blickt man auf die Dächer der Stadt. Zu seinen Füßen, auf Höhe der frisch polierten italienischen Schuhe, steht ein gerahmtes Foto von Axel Springer. Es lehnt am Sofa, so als hätte man es gerade aus irgendeinem Schrank hervorgekramt. Titel der Story: »Die wahren Erben«. Bildunterschrift: »Über 60 Millionen Mark sind ihm sicher: Springer-Testamentsvollstrecker Bernhard Servatius besetzt die Suite des Zeitungszaren«. Mein Großvater zu Füßen dieses Mannes, dazu der unverhohlene Triumph über die Rolle, die ihm die Testamentsvollstreckung zuwies – wir waren fassungslos. Nicolaus stellte Servatius zur Rede, eine Frechheit sei das Foto, eine Verhöhnung des Verlegers und seiner Hinterbliebenen... Servatius behauptete, das Bild meines Großvaters sei hinterher »hineinmontiert« worden (der Fotograf des Bildes, Wolfgang Wilde, musste lachen, als er das hörte).

Auf jeden Fall zeigte diese Inszenierung in meinen Augen, worum es Servatius bei seinen Handlungen offenbar ging: um seine Machtgier und die Befriedigung seiner Eitelkeit, nicht um das Vermächtnis des Verlegers oder gar das Wohl

Axel Springer am Boden.
Ganz oben: Bernhard Servatius

und den Willen seiner Erben. Das Titelbild, ein Close-up auf
Servatius' Augen mit der Warnung »Vorsicht! Testaments-
vollstrecker«, sprach uns ebenso aus dem Herzen wie der
Text: »Sie haben gut lachen, Deutschlands Testaments-
vollstrecker. Mit beispielloser Machtfülle ausgestattet, herr-
schen sie unkontrolliert über Unternehmen und Vermögen.
Dabei fahren die Nachlasshüter oft besser als die Erben.«
Zu Bernhard Servatius hieß es:

> »Besondere Kennzeichen: verbindliches Lächeln,
> freundlich blitzende Augen hinter modischer
> Hornbrille, leichte Segelbräune. Bernhard Servatius (59)
> steht auf der Sonnenseite des Lebens. (…)
> Allein für die Testamentsvollstreckung kassiert er
> knapp zwei Millionen Mark im Jahr. Und mit jeder
> Tarifrunde für den öffentlichen Dienst bekommt er
> mehr: Die Entschädigung für das verantwortungsvolle
> Amt ist weise an die Entwicklung des Beamtentarifs B7
> gekoppelt. Da fallen die Tantiemen, die Servatius als
> Mitglied aller wichtigen Ausschüsse einstreicht,
> kaum ins Gewicht: knapp eine Viertelmillion Mark per
> annum. Eher schon die mit dem Posten verbundenen
> Douceurs: das ehemalige Verlegerbüro im 12. Stock
> des Hamburger Springer-Hauses, die Suite in der
> Berliner Kochstraße, persönliche Sekretärinnen,
> Fahrer und Limousinen in beiden Städten,
> ein Spesenkonto ohne Limit, das auch einen guten Teil
> des Aufwands für sein Haus am Tegernsee trägt.
> Schließlich treten dort oft genug Springer-Manager
> zum Rapport an. Denn an Servatius führt kein Weg
> vorbei. Der Chefaufseher und Nachlasshüter agiert
> längst wie der selige Verleger mit absoluter Macht –
> allerdings, zum Verdruss der Erben, ohne dessen
> Fortune:
>
> • Mit dem Verlagshaus geht es seit der
>   Machtübernahme vor sechs Jahren bergab;
>   der Bruttogewinn verfiel um glatte zwei Drittel;

> Streit im Topmanagement und mit den
> Aktionären lähmte das Unternehmen,
> * das Privatvermögen ist zusammengeschmolzen
>   und
> * ein verlegerischer Erbe, den Axel Springer sich
>   stets gewünscht hatte, ist nicht in Sicht.
> Profitiert hat nur einer: der Testamentsvollstrecker.«

Es ging noch weiter: Sogar die Umstände um den angeblichen neuen letzten Willen meines Großvaters sprach der Artikel an:

> »Auch bei der Abfassung des Springer-Testaments
> wusste der Anwalt seinen Einfluss zur Geltung zu
> bringen. So konnte er in der zehnseitigen Verfügung
> vom 13. August 1983 sogar durchdrücken, dass er von
> den Beschränkungen des Paragraphen 181 BGB
> freigestellt wurde. Nun darf der Testamentsvollstrecker
> Servatius ganz legal den Anwalt Servatius mit
> Mandaten betrauen – sonst als ›In-sich-Geschäft‹
> verpönt. (…) Servatius beriet den Todkranken bei
> seinen ›letztwilligen Verfügungen‹, die das Testament
> von 1983 ergänzten. (…) Drei Wochen später war der
> Konzernchef tot. Und Servatius vollbrachte prompt das
> Kunststück, das Testament anders zu interpretieren.
> Statt zwei Springer-Nachkommen mit je 25 Prozent
> und die junge Witwe Friede mit 50 Prozent des
> Vermögens zu bedenken, erhöhte er – natürlich unter
> Berufung auf den letzten Willen des teuren Toten –
> die Quote der Gemahlin auf stattliche 70 Prozent. (…)
> Der gewandte Anwalt Servatius jedenfalls hatte sein
> Ziel erreicht. Im Testamentsvollstreckergremium –
> als Beisitzer sind ihm die unerfahrene Witwe Friede
> und der alte Springer-Gefährte Ernst J. Cramer
> beigegeben – hält er Vorsitz und Kompetenzvorsprung.
> (…) Hier saß der lachende Erbe – der bald genug den
> eigenen vor den letzten Willen Springers stellte.«

Es war so hart wie wahr: Der Artikel im *Manager Magazin* benannte schonungslos die Dinge, die wir schon immer geahnt hatten. Aber wir waren hilflos. Die Verträge banden uns. Wir konnten die Testamentsvollstreckung schließlich nicht von uns aus beenden. Und Friede, die in ihrer Doppelrolle als Erbin und Testamentsvollstreckerin feststeckte, stand noch immer in Treue fest zu »Bernhard«, ohne dessen geballtes Herrschaftswissen sie sich wohl verloren glaubte.

Ein besonders bizarrer Nebenaspekt wurde mir bei der Lektüre des Artikels erstmals klar. Servatius' Salär als Testamentsvollstrecker war an die höchste Beamtenbesoldungsgruppe des öffentlichen Dienstes gekoppelt. Im Prinzip kämpfte also die beim politisch konservativ ausgerichteten Servatius sonst nicht gerade wohlgelittene Gewerkschaft ÖTV bei den Tarifverhandlungen dafür, dass auch unser Testamentsvollstrecker Jahr für Jahr mehr Geld bekam.

Ich muss gestehen, dass ich damals bei dem Satz »Und Servatius vollbrachte prompt das Kunststück, das Testament anders zu interpretieren« nicht ins Zweifeln kam. Er hatte uns auf Schwanenwerder sehr glaubwürdig seine Version der Geschichte erzählt, vom kranken Großvater und dessen angeblich wahrem letzten Willen. Das hatte uns als Familie eher zusammengeschweißt, als dass wir misstrauisch wurden. Ich zweifelte am Aufsichtsratsvorsitzenden Servatius, an seinen unternehmerischen Fähigkeiten und sicher nach der Geschichte mit Granddaddys Foto zu seinen Füßen auch an anderen Qualitäten. Aber dass er uns vor sechs Jahren in Schwanenwerder nicht die volle Wahrheit gesagt haben sollte, das hatte ich mir im Oktober 1991 nicht vorstellen können.

Noch nicht.

9

Der Zigarettenmann

»Aggi, ich möchte dir jemanden vorstellen.« Bernhard Servatius ließ seine freundlichste Telefonstimme erklingen. »Wann passt es dir?« Bernhard lud mich zu sich an den Tegernsee ein, um Günter Wille, damals noch Deutschlandchef von Philip Morris, kennen zu lernen. Kurze Zeit später wanderten wir gemeinsam durch die traumhafte Tegernseer Landschaft. Günter Wille und ich gingen einen Teil des Weges nebeneinander her und unterhielten uns prächtig. Er war unprätentiös und konnte zuhören. Keine Spur von überzogener Eitelkeit. Der Mann war mir sympathisch. Ein wenig später lud er mich und meine Mutter ein, ihn bei Philip Morris in München zu besuchen, was mir die erste Besichtigung einer Zigarettenfabrik bescherte. Für mich, der das Rauchen erst gute fünfzehn Jahre später aufgab, war das so wie für ein Kind der Spaziergang durch eine Schokoladenfabrik. Links Marlboro, rechts Marlboro, über uns Marlboro, es roch überall nach frisch geschnittenem Tabak.

Günter Wille hatte sich in seinem Unternehmen den Ruf eines gut organisierten, geradlinigen Sanierers erworben. Der Zigarettenmann, wie ihn viele Springer-Leute später nannten, war vielleicht nicht unbedingt die logische Wahl für den Vorstand eines Medienunternehmens. Aber wenn ich mir vorstellte, dass nach Jahren der Intrigen und inneren Lähmung der Verlag meines Großvaters auch einmal so reibungslos funktionieren würde wie die Zigarettenproduktion in Willes Marlborofabrik, erschien mir die Idee schon nicht mehr so absurd. Vielleicht brachte Wille ja als Diplomingenieur für Verfahrenstechnik genau die Art Blick von außen mit, die Springer guttun würde. Ich mochte den großgewachsenen, sportlichen Mann, der mit seinen 47 Jahren eine ganz andere Generation verkörperte als das übrige Führungspersonal. Natürlich war mir klar, dass Servatius uns nicht zusammengebracht hatte, weil er mein Urteil so schätzte, sondern um sich später keine Eigenmächtigkeiten vorwerfen lassen zu müssen. Aber ich hatte damals, im September 1990, als Günter Wille einstimmig zum neuen stellvertretenden Vorstandsvorsitzenden berufen wurde, durchaus das Gefühl, dass der Verlag mit ihm an der Spitze den dringend notwendigen Aufbruch erreichen könnte.

Willes Aufnahme in den Vorstand bewirkte allerdings genau das Gegenteil. Peter Tamm amtierte fortan als schlecht gelaunter Vorsitzender auf Abruf, Wille als Vorsitzender ante portas, der aber noch nicht ganz das Zepter schwingen konnte. Die Konstellation lähmte den Verlag wieder einmal auf Monate hinaus. Ein *Spiegel*-Artikel zählte genüsslich die Demütigungen auf, die Wille in seinen ersten Monaten bei Springer zuteil wurden: ein abgelegenes, kleines Büro beim Fußvolk im dritten Stock (der Rest des Vorstandes residierte acht Etagen höher), Vorstandssitzungen, zu denen »der Neue« nicht eingeladen wurde, und dergleichen Kinderkram mehr. Eigentlich hätte Wille sich drei Jahre als Nachfolger einarbeiten lassen sollen. Aber Peter Tamm, ein knorriger Norddeutscher mit Hang zu soldatischer Rhetorik, zeigte wenig Neigung zum geordneten Übergang. »Den Verlag führe ich wie einen Flottenverband«, verkündete er gern. Wille hielt er wohl eher für einen Leichtmatrosen.

Tamm residierte in einem vertäfelten Büro, das an eine luxuriöse Admiralskabine erinnerte. Der begeisterte Samm-

ler von maritimen und nautischen Objekten aller Art begann seine Verlagskarriere als 20-jähriger Schifffahrtsre-
dakteur beim *Hamburger Abendblatt*. Mitte der 60er Jahre
hatte er den Bau des Verlagshochhauses direkt an der Berliner Mauer perfekt organisiert und übernahm 1968 den
Vorstandsvorsitz. »Diesem Mann verdanke ich viel«, hatte
mein Großvater am 4. September 1985 beim Abschiedsauf-
tritt im Verlag erklärt und Peter Tamm kurz die Hände auf
die Schulter gelegt. Ein Moment, der dem sonst nicht für
übertriebene Sensibilität bekannten Manager noch Jahre
später Erinnerungstränen in die Augen trieb. Tamm hatte
ähnlich wie Servatius Jahrzehnte voller Verlagsintrigen über-
lebt, dem Verlag durch kühle Administration Milliarden
verdient und pflegte ein entsprechend rustikales Selbstbewusstsein. Dass ihm nun ein »branchenfremder« Jungspund
an die Seite gestellt wurde, der nach Tabak roch und nicht
nach Druckerschwärze oder wenigstens nach Schiffsmaschi-
nenöl, war ein Schlag ins Kontor. Tamm war wild entschlossen, an Bord zu bleiben. Auf ihn als obersten Interpreten des
Axel Springerschen Geistes könne der Verlag doch unmöglich verzichten, glaubte er wohl.

Tamm liebäugelte mit einem generös dotieren Berater-
vertrag und einem Sitz im Aufsichtsrat, den ihm Bernhard
Servatius, Ernst Cramer und Friede in der Hoffnung auf
einen geräuschlosen Abgang wohl auch in Aussicht gestellt
hatten. Doch es dauerte nicht lange und Tamm verfing sich
im Machtgeflecht des Aufsichtsratsvorsitzenden. Der ließ
streuen, der designierte Vorstandsvorsitzende Günter Wille
hätte sich »voller Sorge« gegen einen Peter Tamm im Aufsichtsrat geäußert, und betonte, nicht ganz zu Unrecht angesichts einer auf unter zwei Prozent gesunkenen Rendite, die
Notwendigkeit einer entschiedenen Wende im Unternehmen. Außerdem würde die Kirchgruppe womöglich einen
Gegenkandidaten für den Aufsichtsrat aufstellen, der Tamms

Wahl verhindere und so weiter und so fort… Peter Tamm hatte irgendwann die Nase voll und diktierte am 7. Mai 1991 eine wütende Hausmitteilung, »zur Kenntnis Friede Springer, Ernst J. Cramer«: »Lieber Bernhard, wie immer man die Vorgänge der letzten Monate bewerten mag – dass sie mich doch sehr überraschten, ja enttäuschen und verärgern mussten, wirst du nicht nur ›nachvollziehen‹ – wie Du so gern sagst – sondern auch verstehen.« In dem Schreiben setzte Tamm »seine 43-jährige Zugehörigkeit zu dem Haus« gegen »die bisher achtmonatige Tätigkeit von Herrn Günter Wille in einer für ihn fremden Branche« und kündigte an, sich nicht in den Aufsichtsrat berufen lassen zu wollen.

Da hatte Tamm bereits die ultimative Demütigung hinter sich. Kurz vor Weihnachten 1990 hatte es ein Geheimtreffen zwischen Günter Wille und Günter Prinz gegeben, bei dem sich Tamms Ex-Lieblingsfeind überreden ließ, zu Springer zurückzukehren. Eine Personalentscheidung, die Bernhard Servatius den wichtigsten Springer-Führungskräften am 6. Februar 1991 ausgerechnet in Tamms Büro verkündete.

Ein teurer Ruf. Günter Prinz (»If you pay peanuts you get monkeys«) war nicht der Mann, den man mit der Aussicht auf ein kostenloses Kantinenessen locken konnte. Vier Millionen Jahresgehalt wurden kolportiert. Für Tamms Abschiedsschmerz wurden noch einmal zwei komplette Jahresgehälter, also insgesamt fast zwölf Millionen Mark, fällig. Medienjournalisten lästerten über die kreative »Erneuerung« des Hauses, die von einem 61-Jährigen verkörpert werden sollte.

Günter Wille ging das Projekt Sanierung engagiert an, appellierte an »Teamgeist und Erneuerung« und versuchte, die munter nebeneinander her agierenden Verwaltungsebenen zu straffen. Die Chefredakteure unterstellte er sich direkt, was die nicht gerade erfreute. Den Kleinkrieg mit Leo Kirch legte er bei. Der von Tamm mit Geschichten über gegenseitige Beschattungen und Verfolgungsjagden beinahe zelebrierte

Streit wich einem halbwegs pragmatischen Arbeitsverhält-
nis. Und Bernhard Servatius entließ auf sein Betreiben gleich
vier Vorstandsmitglieder. Wille dazu: »Wenn wir schon aufräumen müssen, dann fangen wir oben an und nicht bei der
Putzfrau.« Vom »Aufräumen« blieb die Ebene unterhalb des
Vorstands allerdings nicht verschont. 1800 von 12 000 Sprin-
ger-Angestellten verloren ihren Job.

Willes »Offenheit und Schnelligkeit«, die ihn für den Vorstandsvorsitz empfohlen hatten, wirkten sich in der »Schlangengrube Springer« (*Manager Magazin*) bald zu seinem
Nachteil aus. Im Frühjahr 1991 verabschiedete er sich das
erste Mal für einige Zeit, angeblich wegen eines »Magenge-
schwürs«, das operiert werden musste. Irgendwann im
Herbst bemerkten Vertraute, dass den Manager die Kräfte
immer öfter zu verlassen schienen. Kurz vor Weihnachten
1991 trompetete die *Münchener Abendzeitung* die Schock-
meldung in die Welt hinaus: Günter Wille hatte Krebs. »Heilungschancen so gut wie keine.« Ein zwei Jahre währender
Todeskampf begann, der durch die internen Auseinandersetzungen im Verlag nicht gerade erleichtert wurde.

Als Journalistenschüler erlebte ich das Gerangel in der
Führungsetage nur am Rande mit. Über Willes Erkrankung
zu sprechen verbot der Anstand. Wir beteten für seine Ge-
nesung, aber der Verlag erlebte in diesen Monaten Turbulen-
zen, die Artikel über das »Tollhaus Springer« förmlich pro-
vozierten. Von Kreativität und neuen Ideen war wenig zu
spüren, das fiel bald auch dem im Mediengeschäft ja tatsächlich noch unerfahrenen Günter Wille auf. Von Prinz
enttäuscht (»Journalistische Kompetenz wird hier nur hochstilisiert«) holte er den Werbemanager Willi Schalk als Zeitungsvorstand ins Haus. Doch noch bevor Schalk seinen
Dienst antrat, musste sich Wille in ein Sanatorium begeben,
aus dem er nicht mehr zurückkehren sollte.

Mit sicherem Instinkt für das Instinktlose berief Servatius

ausgerechnet Günter Prinz zum Übergangsvorsitzenden. Wille-Mann Schalk wurde von Prinz herablassend begrüßt. »Der Geist, der von Axel Springer geprägt wurde, hält bis heute jeder Entfremdung stand. Ihn zu bewahren und auszubauen wird von heute an auch Ihre Aufgabe sein.« »Auszubauen« war ein gutes Stichwort: Schalk, der nach Willes Tod quasi kaltgestellt war, bekam ein winziges Zimmer zugewiesen, das tatsächlich einen Ausbau verdient gehabt hätte. Sechs Tage nach der Beerdigung von Günter Wille verkündete Prinz, er würde, im »Schulterschluss« mit Servatius, dann doch noch mal drei Jahre als Vorstandsvorsitzender dranhängen. Willi Schalk verhandelte da bereits über seine Abfindung. Es war fürchterlich. Vier der fünf Verlagsgeschäftsführer beschwerten sich am 7. Januar 1994 in einer Hausmitteilung, sie wären gerade »durch eine Pressemitteilung darüber informiert worden, dass wir innerhalb von knapp vier Jahren demnächst den fünften Zeitungsvorstand kennen lernen würden«. Der Aufsichtsratsvorsitzende, letztlich verantwortlich für die Wirren und die intrigengesättigte Atmosphäre, grübelte da bereits wieder über der nächsten absurden Nachfolgeregelung an der Vorstandsspitze. Noch drei Jahre Prinz ließen sich dann doch nicht durchsetzen. Also musste schon wieder ein Neuer her. Das *Manager Magazin* fragte: »Springers starker Mann Bernhard Servatius hat alle gegen sich aufgebracht. Wie lange kann er sich noch durchlavieren?« Und ich fragte mich das auch.

10

Blaue Tinte

Meinen 28. Geburtstag feierte ich in New York. Im Oktober 1993, wenige Tage nach der Abschlussfeier in der Journalistenschule, flog ich in meine Traumstadt. Mindestens ein Jahr wollte ich dort bleiben, weit weg von den Kleinkriegen im Verlag, die mir das lästige Dauergefühl peinlich berührter Ohnmacht verschafften, weit weg auch von den Streitigkeiten um den Nachlass meines Großvaters, der vor unseren Augen dahinzuschmelzen schien. Ich hatte nach meinem Volontariat das Bedürfnis, noch etwas mehr zu lernen. Ein anderer Blick auf das Zeitungsgeschäft und seine Zukunft würde mir guttun, hoffte ich. Auf einer Sprachschule versuchte ich mein Internatsenglisch zu verbessern. Bei der *Daily News*, einer New Yorker Boulevardzeitung, versuchte ich mich während eines Praktikums als Lokalreporter. Ich liebte dieses ganz besondere Lebensgefühl der Stadt, diese Energie, diese Neugierde und Toleranz. In meiner Wohnung an der 56. Straße stand allerdings ein Fax-Gerät, das mich bald mehr mit der Heimat verbinden sollte, als mir lieb sein konnte.

Am 21. Februar 1994 ratterte es bereits in den frühen Morgenstunden. Absender: Nicolaus, mein Onkel in der fernen Schweiz. Er schickte mir die Kopie eines Artikels, der im *Spiegel* erschienen war und gerade das Verlagshaus beben ließ. Der (leider allzu) gut informierte Text fasste den Wahn-

sinn rund um das Springer-Management kurz und bündig
zusammen: »Unten kürzen, oben pulvern.« Die eineinhalb
Seiten lasen sich wie eine Abrechnung mit dem allmächtigen
Aufsichtsratsvorsitzenden Servatius – im schlimmsten Sinne
des Wortes. Akribisch wurden die vielen Abfindungszahlun-
gen aufgelistet, derer sich die Springer-Führungskräfte seit
1987 erfreuen durften. 70 Millionen Mark waren da in
sechs Jahren zusammengekommen. Zahlreiche Details über
»personenbezogene Sonderkündigungsrechte« und »neue
Fünf-Jahres-Verträge« amüsierten die Branche. Mitleidlos
schloss der Text: »Wie Studien bestätigen, ist das Image
lädiert, vor allem bei jungen Lesern und bei Meinungsmul-
tiplikatoren wie Journalisten.« Gut, dass es im Himmel
keinen *Spiegel* gibt – auch wenn die Chefredakteure des
Magazins das bisweilen zu glauben scheinen – und mein
Großvater solche, leider wahren, Artikel nicht lesen musste.
Nicolaus schäumte vor Wut, ich konnte es ihm nicht verden-
ken. Noch am selben Tag legte Nicolaus ein knackiges
Schreiben in sein Fax-Gerät und schickte es Bernhard Servatius. Eine Kopie aus dem *Spiegel* fügte er an: »›Serva‹! Sollten unsere Interessen von Dir tatsächlich so verraten worden
sein?«

Das spöttische »Hochachtungsvoll« unter dem Schreiben
konnte man beim Lesen förmlich hören. Eine Kopie seines
Briefes knatterte bei mir in New York aus dem Gerät. Auch
Ariane und Barbara hielt Nicolaus auf dem Laufenden. Die
Antwort von »Onkel Bernhard« entsprach in ihrem beleh-
renden Tonfall dem, was wir seit Beginn der Testamentsvollstreckung von ihm gewohnt waren. *Manager Magazin*,
Spiegel und »die übrigen Produkte von Gruner + Jahr« würden seit Monaten einen Angriff nach dem anderen gegen uns
fahren, gestützt auf Informationen »Ehemaliger«, die bloß
»persönliche Rechnungen« beglichen. Und er schickte uns
eine Reihe von Artikeln aus der »seriösen Wirtschaftspresse«,

die mit dem Hause Springer weit pfleglicher umgingen. Zu den konkreten *Spiegel*-Vorwürfen schrieb er kein Wort. Ebenso wenig fand er einen Satz des Bedauerns, dass seine Form der improvisierten Personalpolitik ja schließlich unser Vermögen belastete und nicht seins. Vor allem aber sorgten wir uns um das publizistische Vermächtnis unseres Groß-vaters, das mehr wert war als Geld. Nicolaus formulierte gemeinsam mit seinem Anwalt einen offenen Brief, stimmte sich mit Ariane und mir ab, und ließ das Schreiben in der *Zeit* abdrucken. Mein Herz klopfte, als ich eine Kopie er-hielt. Das hier war nicht weniger als eine Kriegserklärung:

»Wir, die Kinder und Enkel von Axel Springer,
sehen mit wachsendem Entsetzen, wohin das
Lebenswerk unseres Vaters und Großvaters treibt,
wie seine Ahnungen, Sorgen und Visionen gröblich
missachtet werden und wie entgegen seinem Willen
Allianzen geschmiedet und Abhängigkeiten geschaffen
werden, die dem Hause Springer eine neue Identität
aufzwingen, welche mit seinen Vorstellungen nichts
mehr zu tun hat.
   Wir mussten zusehen, wie die Testamentsvollstreckung sich selbst zu Aufsichtsräten wählt
und sich selbst entlastet, wie ein übermächtiger
Testamentsvollstrecker an der Spitze des Unternehmens
dilettiert und das Haus Springer in Führungs-
und Richtungslosigkeit treibt und die so wichtigen
journalistischen Impulse vereitelt und wie das
kostbarste Gut unseres Hauses, das ›Wir-Gefühl‹,
verloren zu gehen droht. Wir wurden immer nur von
fertigen Entscheidungen und dann auch nur lückenhaft
unterrichtet; wir haben daher keine gebilligt.
   Mag das Erbe Axel Springers nun auch
vorübergehend in bewährte und behutsamere Hände
übergehen, so sehen wir doch mit Sorge in die Zukunft.
Unser Schmerz und unser Mitgefühl gilt den

Mitarbeitern des Hauses Springer, die zum Spielball
einer unfassbaren Personalpolitik an der Spitze und im
Unternehmen selbst wurden. Sie können versichert sein,
dass wir hinter dem Lebenswerk unseres Vaters und
Großvaters stehen und dass es uns Verpflichtung für
die Zukunft ist. Unsere Hände sind gebunden,
unsere rechtlichen Möglichkeiten unvollkommen.
Wir können nur hoffen, dass sie zu greifen beginnen,
ehe das Werk unseres Vaters und Großvaters zerstört
ist.«

Die Reaktion kam postwendend. Noch am Tage des Er-
scheinens muss Friede endgültig klar geworden sein, dass es
so nicht weitergehen konnte. »Die Ohnmacht der Erben war
auch ihr nicht fremd«, konstatiert ihre Leibbiografin Inge
Kloepfer und beschreibt eine Szene, bei der man sich an die
Freitagsfilme im Ersten erinnert fühlt:

»Der Federhalter füllte Zeile um Zeile mit blauer Tinte.
Immer leichter gingen ihr die Worte von der Hand,
die sie mit ihrer schwungvollen Schrift auf das
schneeweiße Briefblatt setzte. Sie schrieb jedem
Mitglied der Springer-Familie das gleiche. An die
Kinder ihres Mannes, Barbara und Nicolaus,
und an seine Enkel Axel Sven und Ariane.«

Ich habe den Brief noch, zwar nicht mit »Federhalter« und
»blauer Tinte« geschrieben, wie es in der fantasievollen Biografie heißt, sondern mit Schreibmaschine. »Euer letzter
Appell soll nicht lange unbeantwortet bleiben«, formulierte
Friede. »Ich bin sehr traurig, dass es so weit kommen
musste.« Der Brief endet mit einem Vorschlag: »Wir müssen
uns zusammenfinden. Nur so ist weiterer Schaden vom
Hause und von uns allen abzuwenden. Wann und wo treffen
wir uns?« Sie wolle sich ohne Anwälte und die übrigen Testamentsvollstrecker Ernst Cramer und Bernhard Servatius

mit uns treffen, um alles in Ruhe zu besprechen. Und zwar möglichst bald. Ich buchte einen Flug. Sechs Tage nach unserem Hilferuf in der *Zeit*, fünf Tage nach Friedes Schreiben kamen wir in der Nähe von Hamburg zusammen. Friede fuhr mit dem Auto aus Berlin zum Haus meiner Schwester.

Wir saßen schon bereit, als sie an Arianes Tür klingelte. Friede war tatsächlich allein gekommen, hatte sich nicht einmal von einem Chauffeur fahren lassen. Die Stimmung war höflich, aber frostig. Für Friede war das kein einfacher Gang. Sie wirkte nervös, beinahe fahrig. Wir Kinder und Enkel versuchten, Friede unsere lange aufgestaute Enttäuschung nicht spüren zu lassen. Sich hier gegenseitig mit Vorwürfen zu überziehen machte wenig Sinn. Mit ihrer Doppelrolle als Testamentsvollstreckerin und Erbin schien Friede überfordert. Immerhin hatte sie die erratischen Alleingänge von Bernhard Servatius stets mitgetragen, hatte uns, wie auch Ernst Cramer, der Dritte im Bunde, mit beruhigendem Lächeln zu verstehen gegeben, dass schon alles seine Ordnung habe und uns vielleicht nur die tieferen Einblicke in das deutsche Medienwesen fehlten. Aber ihr Misstrauen gegenüber ihrem Aufsichtsratsvorsitzenden war wohl auch von Jahr zu Jahr größer geworden. Zu viele Prognosen waren nicht eingetreten, zu viele Personalentscheidungen, die man ihr als glänzende Coups verkauft hatte, erwiesen sich als teurer Missgriff. Hatten denn die vielen Zeitungen und Magazine, die vom »Chaos bei Springer« schrieben, wirklich alle unrecht – und waren nur von Neid und Konkurrenzdenken getrieben, wie Servatius behauptete? Über acht Jahre hatte Friede Springer das Verlagshaus nun Tag für Tag von innen erlebt. Jetzt fühlte sie sich reif genug für den nächsten Schritt. »Es geht nicht mehr«, sagte sie zu uns. »Wir müssen einen Schlussstrich ziehen. Wollen wir der Testamentsvollstreckung jetzt ein Ende setzen?«

Natürlich wollten wir!

Sollte es wirklich so sein, dass Friedes und unsere Interessen zum ersten Mal in die gleiche Richtung führten? Wir saßen gute zwei Stunden lang in Arianes Wohnzimmer zusammen, erstellten Listen, rechneten, diskutierten. Kühle Geschäftsmäßigkeit bestimmte das Gespräch. Es gab einiges zu klären. Das Ende der Testamentsvollstreckung würde bedeuten, dass wir die Verwaltung unseres Erbes von nun an selbst übernehmen würden. Aber der Nachlass war noch nicht vollständig aufgeteilt, vieles gehörte allen gemeinsam. Einzelne Vermögensposten, Haus für Haus, wurden durchgesprochen. Schwanenwerder wollte Friede uns abkaufen. Das Gut Schierensee, an dem so viele Erinnerungen hingen, sollte samt Mobiliar veräußert, der Erlös unter den Erben aufgeteilt werden. Wir hakten Punkt für Punkt ab.

Die Hauptfrage jedoch war schwieriger zu klären: Wir waren uns einig, unsere Anteile sollten auch weiterhin in der Familienholding, der Axel Springer Gesellschaft für Publizistik, verbleiben, um die Mehrheit der Familie an der Axel Springer Verlag AG zu sichern. Aber wer hatte das Sagen in der Holding? Friede verfügte hier über 70 Prozent der Anteile. Wir Nachfahren wollten jedoch auch mitreden, wenn es um das Lebenswerk unseres Vaters und Großvaters ging. Über die Abberufung des Geschäftsführers Servatius waren wir uns rasch einig. Aber wie würde sich die tägliche Praxis gestalten? Wie stimmte unsere Familiengesellschaft ab, wenn der Vorstand Kapitalerhöhungen, die Ausgabe neuer Aktien oder den Kauf anderer Unternehmen vorschlug? Wer bestimmte, wen wir der Hauptversammlung der Axel Springer AG für den Aufsichtsrat vorschlagen würden? Während der Testamentsvollstreckung hatten Servatius, Friede und Ernst Cramer gemeinsam das gesamte Erbe verwaltet, sie sprachen also immer mit 100 Prozent und mussten nicht auf

die Minderheitsgesellschafter Rücksicht nehmen. Sollte
Friede mit ihren 70 Prozent diese Rolle nun ganz allein übernehmen dürfen?

* * *

Bald wurde klar, dass sich diese Fragen nicht mit einem einzigen Treffen regeln ließen und zudem die beiden anderen
Testamentsvollstrecker ihr Amt nicht so schnell loslassen
würden. Der alte Gesellschaftsvertrag passte nicht mehr
zur neuen Situation. Wir würden von unseren Anwälten
einen neuen aushandeln lassen müssen. Juristischen Bei-
stand brauchten wir ohnehin, denn wir mussten auch noch
klären lassen, ob die Testamentsvollstreckung überhaupt
durch uns gemeinsam beendet werden konnte. Schließlich
widersprach dieses vorgezogene Ende dem letzten Willen
meines Großvaters, der ein Auseinanderbrechen seines Unternehmens vermeiden wollte. Aber ihm hätte gewiss noch
weniger gefallen, was in den vergangenen Jahren in seinem
Verlag passiert war. Ohne die Zustimmung von Bernhard
Servatius und Ernst Cramer war das Ende der Testamentsvollstreckung nicht zu erreichen, so viel wussten wir an
diesem 10. März 1994. Aber wir hatten jetzt mit Friede eine
der drei Testamentsvollstrecker auf unserer Seite. Gegen sie,
die zusätzlich ja noch im Aufsichtsrat saß und als stellver-
tretende Geschäftsführerin der Axel Springer Gesellschaft
für Publizistik fungierte, konnte sich Servatius nicht dauer-
haft stellen.

Friede stand ein schwerer Gang bevor, den sie in ihrer
Biografie mit der gebotenen Melodramatik schildern ließ.
Sie hatte Ernst Cramer und Bernhard Servatius für diesen
Tag bereits in die Hamburger Springer-Villa am Neuen Jung-
fernstieg bestellt. »Wieder zitterten Friede Springer die Knie,
als sie die Wendeltreppe in den ersten Stock hinaufstieg. Sie

musste in dieser Runde durchsetzen, was sie mit Barbara, Nicolaus, Ariane und Axel Sven ausgehandelt hatte.« Die Reaktion kam nicht unerwartet. Ernst Cramer berief sich auf den letzten Willen des Verlegers. Servatius blickte abschätzig auf den handgeschriebenen Zettel, auf dem Friede und wir unsere Einigung fixiert hatten. »So einfach geht das nicht.« Daraufhin habe sie für einen Moment die Beherrschung verloren, vertraute Friede ihrer Biografin an. Tränen, Türenknallen, ein bisschen Kalkül sei auch dabei gewesen. Ich denke, Servatius war in diesem Moment intelligent genug, einzusehen, dass sich die Machtverhältnisse geändert hatten. Gegen eine Phalanx aus Nachfahren und Friede hätte er sich auf Dauer nicht behaupten können. Er bot Friede an, sie bei der Beendigung der Testamentsvollstreckung zu unterstützen, und erhielt so die Chance, Zeit zu gewinnen und ihr wenigstens noch einen Teil der Bedingungen zu diktieren. Er erklärte sich schließlich bereit, die Geschäftsführung der Familienholding niederzulegen, was ihm die stattliche Ausgleichszahlung von 7 Millionen Mark einbrachte. Ein goldiger Abschied. Und natürlich behielt er den Vorsitz im Aufsichtsrat. Schließlich habe ja der Verleger höchstpersönlich ihn berufen und so weiter blablabla.

Es dauerte dann noch bis zum letzten Tag des Jahres 1995, bis das Ende der Testamentsvollstreckung tatsächlich vollzogen war. Ein Verhandlungsmarathon zwischen den Anwälten ging dem voraus, ebenso eine Fülle von Gutachten und Expertisen führender deutscher Juristen, die zu prüfen hatten, unter welchen Bedingungen eine Testamentsvollstreckung vorzeitig beendet werden könnte. Dieses Ende sei nur möglich, wenn die »Aufgaben der Testamentsvollstreckung« erledigt seien und alle Beteiligten, Erben wie Testamentsvollstrecker, mit dem Ergebnis einverstanden wären, hieß es. Und es galt, einen Gesellschaftervertrag für die Familienholding zu fassen, der die Ansprüche sämtlicher Anteilseigner

zufriedenstellend regelte. Am 18. Dezember 1995 unterzeichneten wir, endlich, endlich, die Vereinbarung, mit der
Friede Springer, Ernst Cramer und Bernhard Servatius offiziell als Nachlassverwalter meines Großvaters entlassen wurden. In der Präambel heißt es:

>Die Erben haben im Zusammenwirken mit den
Testamentsvollstreckern die gesellschaftsrechtliche
Struktur der Axel Springer Gesellschaft für Publizistik
GmbH & Co. inzwischen so geordnet, dass sie in der
Lage sind, das publizistische Erbe Axel Springers in
eigener Verantwortung fortzuführen. Die Sicherung des
Unternehmens kann nun auf andere Weise als durch
die Fortdauer der Testamentsvollstreckung
gewährleistet werden. Das gilt auch für die Bindung
der Erben an das Unternehmen und die Erhaltung ihrer
Mehrheit. Die Erben haben hierzu langfristige
Vereinbarungen getroffen und personelle Kontinuität
verabredet. Das kommt auch darin zum Ausdruck,
dass die Testamentsvollstrecker zumindest mittelfristig
dem Unternehmen als Mitglieder des Aufsichtsrats zur
Verfügung stehen.<

Damit war, »zumindest mittelfristig«, die Zukunft des Aufsichtsratsvorsitzenden Servatius gesichert. Aus seiner Sicht
hätte man wohl auch »ewig« hinschreiben können. Wir
restlichen Familienmitglieder (außer Friede) hatten durch
den neuen Gesellschaftervertrag jetzt die Chance, zwei Personen unseres Vertrauens in den Aufsichtsrat zu entsenden
und die absolute Herrschaft des Vorsitzenden Servatius
wenigstens ein bisschen anzutasten.

Wenn man über einen so langen Zeitraum mit komplizierten Detailverhandlungen beschäftigt ist und jede Woche
mindestens einen neuen juristischen Fachbegriff lernt, von
dem man vorher noch nie gehört hat, dann stolpert man am
Ende gar nicht mehr über die kleinen Widersprüchlichkei-

ten, die sich in so ein Dokument einfügen. Denn nachdem
wir ja alle am 31. Oktober 1985 den angeblich letzten Willen meines Großvaters als wirklich allerletztes, verbindliches
Vermächtnis präsentiert bekommen hatten, nimmt die Vereinbarung zum Ende der Testamentsvollstreckung in einem
wichtigen Punkt dann doch plötzlich wieder Bezug auf das
letzte formgültige Testament:

> »Axel Springer ordnete in seinem Testament vom
> 13. August 1983 eine 30-jährige Dauer der
> Testamentsvollstreckung an. Die Testamentsvollstrecker
> sind aber davon überzeugt, dass es nach der jetzigen
> Lage des Unternehmens dem mutmaßlichen Willen
> Axel Springers entspricht, wenn sie auch die der
> Testamentsvollstreckung unterliegenden
> unternehmerischen Beteiligungen freigeben.«

Meine Testamentsvollstrecker suchten sich also die Regelungen so zusammen, wie es ihnen nützte, hatte mein Großvater in seinem angeblichen letzten Willen, der uns am
31. Oktober 1985 in Schwanenwerder präsentiert wurde,
doch eine weitaus kürzere Dauer der Testamentsvollstreckung von lediglich 15 oder 20 Jahren verfügen wollen. Ein
paar Jahre später sollte ich erfahren, dass er Friede gegenüber kurz vor seinem Tod sogar von lediglich zehn Jahren
gesprochen hatte. Die Vereinbarung zum Ende der Testamentsvollstreckung nahm auf diesen Umstand ziemlich nonchalant Bezug:

> »Bis zu seinem Tod im Jahre 1985 hat der Erblasser
> Überlegungen zur notwendigen Dauer der
> Testamentsvollstreckung angestellt und zuletzt nur
> noch eine wesentlich kürzere Frist für erforderlich
> gehalten, dies allerdings nicht mehr ausdrücklich
> geregelt. Hätte er vorausgesehen, dass die Aufgaben

der Testamentsvollstreckung bereits nach zehn Jahren erfüllt sind, hätte er eine dementsprechende Regelung getroffen.«

»Nicht mehr ausdrücklich geregelt« – das hätte man für die konkrete Aufteilung des Erbes mit gleichem Recht feststellen können. Vielleicht aber hätte das vor allem den Interessen von Bernhard Servatius widersprochen, der in der von ihm selbst aufgesetzten Erbenvereinbarung ja vermerkt hatte: dreißig Jahre. Er solle also lebenslang hoch dotierter Testamentsvollstrecker bleiben und ebenso lange, auch dank Friedes Mehrheit, das Unternehmen dominieren können.

Als wir an jenem Mittwoch im März 1994 bei meiner Schwester zusammensaßen, war ich eigentlich davon ausgegangen, dass unsere Familie ab sofort mehr zusammenrückt und gemeinschaftlich die Geschicke des Unternehmens mit bestimmt. Vielleicht würde dadurch ja eine Art von Vertrautheit entstehen? Familiensinn war zwar nie eine große Stärke des Stammes Springer gewesen, aber nach all dem gemeinsam Erlebten hoffte ich doch, dass wir zumindest jetzt alle ein Gefühl für die Bedeutung unseres Erbes verspüren würden, für die Verantwortung, die damit verbunden war. Und Friede war frei.

Aber nichts dergleichen geschah, im Gegenteil. Eher heimlich verhandelte Friede mit Barbara Choremi, der einzigen Tochter meines Großvaters. Ende des Jahres, noch während die Gespräche über das Ende der Testamentsvollstreckung und den neuen Gesellschaftervertrag liefen, verkaufte meine Tante ihre gesamten Anteile an Friede. Um die 50 Millionen Mark sollen dabei geflossen sein. Wir erfuhren davon erst, als der Verkauf bereits abgeschlossen war. Barbara lebte in der Schweiz, und mit ihren 62 Jahren erschien es ihr wohl als attraktiver, das beträchtliche Vermögen, das in ihren Anteilen steckte, zu realisieren, als sich in die Niederungen der deutschen Verlagspolitik zu begeben. Friede verfügte praktisch also bereits über 80 Prozent der Anteile an der Familienholding, als wir unsere Unterschrift unter den neuen Gesellschaftervertrag setzten. Spätestens damit war klar, dass Friede die neue Geschäftsführerin der Familienholding werden würde. Der Vertrag ernannte sie zudem zur Leiterin der jährlichen Gesellschafterversammlungen. Eine starke Stellung gegenüber der 20-Prozent-Minderheit, vertreten durch Nicolaus, Ariane und mich. Immerhin hatten wir uns zwei Aufsichtsratsposten und einige starke Minderheitenrechte zusichern lassen.

Ich war gespannt, wie sich das alles einspielen würde. Vor allem auf Nicolaus setzte ich gewisse Hoffnungen. Er hatte den Brief initiiert, den wir an die *Zeit* gegeben hatten. Er, Ariane und ich hätten gemeinsam, ob mit oder ohne Friede, sicher viel bewegen können. Das Charisma hatte er, auch das rhetorische Talent. Umso größer war meine Überraschung, als er mir im Herbst 1996 mitteilte, auch er wolle seine Anteile an Friede verkaufen. Vielleicht war es auch einfach leid, sich mit dem Intrigantenstadl herumzuschlagen. So genau weiß ich das nicht. Wir Springers lebten ohne viel Kontakt miteinander. Nicolaus in seiner Welt, die durch mondäne Wohnorte und gesellschaftliche Auftritte geprägt war; Ariane und ich in der unsrigen; Barbara in ihrer, der ruhigen, abgeschiedenen Schweiz. Ich war mindestens so überrascht wie enttäuscht, denn der endgültige Rückzug von Nicolaus Springer bedeutete, dass Ariane und ich nur noch zehn Prozent an der Gesellschaft hielten. Damit büßten wir einen der hart erkämpften Aufsichtsratsposten gleich wieder ein, noch bevor wir ihn überhaupt besetzen konnten. Die Einigkeit der Familie, auf die sich Friede jetzt so gern bezog, sollte offensichtlich zur One-Woman-Show werden. Die nächsten Jahre würden schwierig werden.

11

Persönliche Überraschungen
sind nicht zu fürchten

Jürgen Richter also. Für die verwirrende Nachfolgeregelung in bester Servatius-Manier konnte er nichts. Im Mai 1994 war der vormalige Manager der Rheinpfalz-Gruppe als neuer Zeitungsvorstand in das Führungsgremium eingezogen. Zu diesem Zeitpunkt arbeitete der amtierende Vorstandsvorsitzende Günter Prinz gerade seiner Verabschiedung entgegen. Auf ihn sollte der alte Springer-Fahrensmann Horst Keiser für eine öffentlich nicht näher bestimmte Übergangszeit folgen, bis der als knallharter Sanierer präsentierte Richter die Geschäfte übernehmen würde.

Keisers Berufung sei, laut Servatius, eine »für das Zusammenwachsen, für die Heilung mancher Verletzungen ganz wichtige Station«. Er sei »die Personifizierung der Ruhe«. Auf der Springer-Hauptversammlung im Internationalen Congress-Centrum Berlin sollte der stets zuverlässige und grundsolide Keiser zum neuen Vorstandsvorsitzenden gekürt werden. Dachte ich jedenfalls. Meine Schwester und ich trafen ihn auf dem Weg dorthin am Flughafen Hamburg. Vor dem Abflug nach Berlin standen wir im Flughafenbus nebeneinander, die Hände in den Schlaufen. Ich gratulierte ihm zur neuen Herausforderung. Er sah mich überrascht an: »Vergessen Sie's.« Ich kam mir vor wie jemand, der eine Freundin, die er länger nicht gesehen hat, fälschlicherweise zur Schwangerschaft beglückwünscht, nur weil sie ein paar

Kilo zugenommen hat. Natürlich wusste ich in Sachen Keiser mal wieder von nichts. Wie üblich konnte man dafür
auch diesmal sämtliche unappetitlichen Details des Coups in
der Presse nachlesen. Der *Focus* kommentierte das »Geheimtreffen« gleich mit seiner Überschrift »Wie im Taubenschlag«
und berichtete:

> »Im komfortablen Hamburger Hotel ›Alsterkrug‹,
> unweit des Flughafens Fuhlsbüttel, bastelte Bernhard
> (›Serva‹) Servatius, Aufsichtsratchef des
> Springer Verlags und Testamentsvollstrecker des 1985
> verstorbenen Verlegers Axel Springer, mit seinen
> Aufsichtsratskollegen an einer Bombe. Nicht einmal
> der damals amtierende Vorstandsvorsitzende Günter
> Prinz wusste von dem konspirativen Treffen Anfang
> Juli. Die Geheimhaltung funktionierte, vergangene
> Woche ließ Servatius die Bombe gleich zweimal
> hochgehen: am Dienstag vor den versammelten
> Springer-Führungskräften und am Mittwoch bei der
> Aktionärs-Hauptversammlung in Berlin. Der halbe
> Vorstand des größten deutschen Zeitungsverlags
> (*Bild*, *Welt*) flog dabei in die Luft. Nach dem
> planmäßigen Ausscheiden von Interims-Chef Prinz
> wird nicht Horst Keiser, 58, den Verlag künftig führen,
> sondern Jürgen Richter, bisher Zeitungsvorstand.
> Erst im Januar hatte der Aufsichtsrat unter Servatius
> beschlossen, auf Prinz Keiser und später – zu dessen
> 60. Geburtstag am 17. Januar 1996 – auf Keiser
> Richter als Vorsitzenden des Vorstands folgen zu
> lassen. Doch Keiser bekam seine Chance keinen Tag.
> Die offizielle Begründung: Der 52-jährige Richter, erst
> seit Mai im Hause tätig, habe sich ›unerwartet schnell‹
> eingearbeitet. (…) Der demontierte Keiser verfolgte
> Servatius' Ansprache zu seiner eigenen Hinrichtung mit
> versteinerter Miene: Er ist bereits seit 1982 Mitglied
> des Springer-Vorstands und fühlte sich anlässlich einer
> Führungskräftetagung vor knapp sieben Wochen im

Hamburger Hotel ›Interconti‹ noch unangefochten:
›Persönliche Überraschungen müssen wir untereinander
nicht mehr befürchten.‹ (...) Seine Abfindung dürfte
um die acht Millionen Mark liegen.«

Wenn es noch einer Bestätigung bedurft hätte, die Testamentsvollstreckung vorzeitig zu beenden, dann war sie spätestens
jetzt da. Auch noch so großzügige Abfindungen erlauben es
meines Erachtens nicht, so mit Führungskräften umzugehen.
Wie soll sich ein Manager in einem Unternehmen wie dem
Axel Springer Verlag glaubwürdig etablieren, wenn die Be-
legschaft weiß, dass der Aufsichtsrat ihm womöglich schon
Wochen später wieder den Teppich unter den Füßen weg-
zieht? Seit dem Tode meines Großvaters war bei der Besetzung des Vorstandes kein Konzept mehr erkennbar –
außer dass der Vorsitzende des Aufsichtsrates sich offenbar
maximalen Einfluss bewahren wollte und den Vorstand anscheinend wahllos durcheinanderwürfelte.

Ich hatte vorher viel über den knallharten Sanierer Jürgen
Richter gelesen. Seine sagenhaft schnelle Auffassungsgabe
beeindruckte auch seine Kritiker. Richter durchschaute
komplizierteste Sachverhalte innerhalb kürzester Zeit und
zog (meist) die richtigen Schlussfolgerungen daraus. Diese
Schnelligkeit des Denkens beförderte die ohnehin stark aus-
geprägte Ungeduld des leidenschaftlichen Ferrari-Fahrers.
Am liebsten hätte er sämtliche Vorstandsposten wohl gleich
selbst übernommen. Kleiner wurde das Gremium unter seiner Ägide auf jeden Fall.

Inzwischen war ich aus New York nach Deutschland zu-
rückgekehrt. Anfang 1995 fing ich bei der im Herbst zuvor
gegründeten »Info-Illustrierten« *Tango* aus dem Verlag
Gruner + Jahr in Berlin als Reporter an. Den Chefredakteur
Hans-Hermann Tiedje, den ich aus gemeinsamen *Bild*-
Zeiten kannte, hatte ich irgendwann Ende 1993 in Berlin ge-

troffen, und wir waren uns schnell einig geworden. Über
meinen Gehaltssprung freute ich mich. Endlich eine Aner-
kennung meiner Arbeit. Leider nicht aus dem eigenen Haus.
Der Erfolg des Heftes schien allerdings schon bei meiner
Ankunft überschaubar zu sein. *Tango* konnte die Anfangs-
auflage – angepeilt waren einmal 500 000 Exemplare – nicht
halten. Die 120 Mitarbeiter kämpften, dennoch wurde das
Heft bereits Mitte 1995 nach 23 Ausgaben wieder eingestellt.

Ich zog nach Hamburg um. Auf Bitten von Bernhard
Servatius, der im Zuge der gerade stattfindenden Verhandlungen um den neuen Gesellschaftervertrag der Familienholding noch nicht sicher wissen konnte, was im Hause
Springer vielleicht mal aus mir werden würde, sollte der
neue Vorstandsvorsitzende ein Trainee-Programm für mich
auflegen. Ich stellte mich im Sommer 1995 bei Jürgen Richter im Büro vor. Sein alles andere als fester Händedruck
überraschte mich. Wir sprachen eine Stunde miteinander,
und bald darauf standen meine kommenden Aufgaben fest.
Zwei Jahre lang, vom Oktober 1995 bis zum Oktober 1997,
durchlief ich Stationen, die ich während meiner Zeit als
Journalistenschüler allenfalls am Rande kennen gelernt hatte:
Interactive Media, den Anzeigenverkauf des *Hamburger
Abendblattes*, das Anzeigenmarketing, den Technikumlauf,
eine Druckerei, den Vertrieb der *Bild*-Zeitung. Ich wollte
und sollte die verschiedenen Abteilungen des Unternehmens
studieren, um mir ein eigenes Bild zu machen. »Von der Pike
auf«, so wie mir das mein Großvater immer schon nahege-
legt hatte. Nur so lassen sich Mitarbeiter aus allen Bereichen
kennen lernen und ihre Leistungen wertschätzen.

Man kann nicht gerade behaupten, dass die Stimmung im
Verlag zu diesem Zeitpunkt glänzend war. Viele ältere Mitarbeiter erzählten mir, dass sich der Geist meines Großvaters
allmählich verflüchtigte. Ich hatte nicht den Eindruck, dass

da einer verklärten Vergangenheit nachgeweint wurde. Es ging eher um die kleinen und großen Selbstverständlichkeiten im Umgang miteinander. »Wenn jemand früher 25-jähriges Jubiläum hatte, kam der Geschäftsführer persönlich mit einem Blumenstrauß und einem Geschenk vorbei«, hieß es einmal. Heute wüsste der Geschäftsführer mit ziemlicher Sicherheit nicht, wie der Kollege überhaupt heißt. »Ich bin für 30 000 Menschen verantwortlich«, hatte mein Großvater mir vorgerechnet, als der Verlag gerade 10 000 Beschäftigte zählte. Granddaddy zählte die Familien seiner Angestellten einfach mit und fühlte sich für sie verantwortlich.

Jürgen Richter straffte die in der Tat ziemlich aufgeblähten Verlagsstrukturen und verwirklichte im Wesentlichen das Programm, für dessen Umsetzung Günter Wille keine Kraft mehr gehabt hatte. Dass er die Kontrolle der Reise- und Spesenabrechnungen seiner Chefredakteure direkt an sich zog, bezeugte seinen Hang zum Mikromanagement. Journalisten hielt der Frühaufsteher mit dem gewaltigen Selbstbewusstsein einer im *Focus* zitierten Fremdeinschätzung zufolge für überschätzt, für überbezahlt vor allem, was die Führung eines Zeitungshauses nicht unbedingt erleichtert haben dürfte. Letztlich hielt er es immerhin dreieinhalb Jahre auf dem Vorstandsvorsitz aus. Dass Friede Springer und Bernhard Servatius ihm ausgerechnet nach einem Rekordgewinn in Höhe von 210 Millionen Mark und einer Dividende von 20 Mark pro Aktie ihr Vertrauen entzogen, passte zum unberechenbaren Umgang des Aufsichtsrates mit dem Springer-Management. Friede soll plötzlich festgestellt haben, dass die Umgangsformen (»eigenwilliger Führungsstil«) des Workaholics nicht recht zu einem zukunftsfähigen Unternehmen passten. Richter schotte sich ab, durfte der *Spiegel* sie zitieren. Er errichte um sich herum »eine Mauer des Schweigens«. Man kam dann recht bald nach Erscheinen des Artikels überein, den Vertrag nicht mehr zu verlängern. Ein bisschen hätte er schon noch weitermachen können, hoffte Servatius, der natürlich noch keinen Nachfolger im Ärmel stecken hatte. Doch Jürgen Richter mochte nicht den »Dead Man Walking« spielen. Zum Jahresende 1997 war er bereits ein weiteres, wenn auch erfolgreiches Kapitel der Verlagsgeschichte.

Offenbar wollte man nach Jürgen Richter den »Fehler« nicht wiederholen und einen zweiten bienenfleißigen Kontrollfreak aus der Provinz verpflichten. Der Aufsichtsrat unter Bernhard Servatius suchte das genaue Gegenteil – und fand Gus Fischer.

12

Fischerman's Friends

Man hätte damals einen Film drehen können. »Der Fluch des Hauses Springer« oder so ähnlich. Der Verlag, den mein Großvater aufgebaut und zu großen Höhen geführt hatte, schien kreative, engagierte Top-Manager mittlerweile regelrecht abzuschrecken. Gegen die medial intensiv begleitete Suche nach einem Nachfolger für den Vorstandsvorsitzenden Jürgen Richter nehmen sich heutige Casting-Shows beinahe wie Veranstaltungen im Verborgenen aus. Ständig las ich von Kandidaten, die wollten oder auch nicht oder schon mal vorsorglich absagten, damit man sie ja nicht fragte. Oder behaupteten, gefragt worden zu sein, damit sie auch mal wieder in die Zeitung kamen. Headhunter studierten ihre Adressbücher. Servatius führte wichtige Gespräche an exquisiten Orten. Leo Kirch fragte potenzielle Nachfolger nach religiösen Bekenntnissen. Hin und wieder wurde ein Kandidat auch Friede vorgestellt, die ihre Feldstudie zur Psychologie des deutschen Managers später im *Spiegel* kommentierte: »Manche sind ja richtige Primadonnen.«

Gus Fischer, den fand sie klasse. Kontaktfreudig und bescheiden sei er, schwärmte sie. Ein freundlicher Schweizer mit einer bedächtigen Art zu sprechen, 58 Jahre alt, ehemals zweite Hand von Rupert Murdoch, weltläufig, Wohnsitz London, den Linksscheitel wie mit dem Eisenkamm gezogen und mit Klarlack fixiert, korrekter Anzug, großes Einsteck-

tuch. Gelegentlich verirrten sich Anglizismen oder winzige
Schwyzer »Chhhhrrs« in seinen Singsang, aber das erinnerte Friede wahrscheinlich an die schönen Zeiten, die sie
mit meinem Großvater in den Schweizer Bergen verbracht
hatte. August »Call me Gus« Fischer wollte eigentlich gar
nicht. Geld hatte er genug verdient, genug gearbeitet seines
Erachtens auch. »Nicht noch ein Vollzeitjob!« Er war in
37 Jahren siebzehnmal umgezogen. Einen weiteren Orts-
wechsel würde Ehefrau Gillian Ann nicht mitmachen,
konnte man lesen. Auch Gus Fischer liebte London, die
Stadt, in der auch seine beiden inzwischen erwachsenen
Kinder lebten. Das Theater, die Kunst … Und wenn das
Wetter schlecht wurde, was in der britischen Hauptstadt
schon mal vorkam, konnte er sich jederzeit auf sein Anwesen an der Costa Brava zurückziehen. Kein schlechtes
Leben. Warum sollte er das eintauschen? Und überhaupt –
Zeitungen … War nicht Fernsehen das Medium der Zukunft?

Leo Kirch, den Gus Fischer »einen Freund« nannte, wollte
den Schweizer angeblich unbedingt. Auch Servatius redete
mit Engelszungen auf ihn ein. Es war für mich beinahe
demütigend nachzulesen, wie man einen Mann wie Gus
Fischer offensichtlich geradezu beknien musste, damit er
sich dazu bereit erklärte, dem Unternehmen meines Großvaters vorzustehen. Dass es Streit gab um die Spitze, das ließ
sich ja noch ertragen, bedeutete das doch, dass es da Top-
Manager gab, die den Job wirklich machen wollten. Aber
diese öffentliche Bettelei um die nächste Erlösergestalt tat
weh.

Gus Fischer, übrigens mit einem »extrafesten« Händedruck ausgestattet (*Manager Magazin*), sollte sich tatsächlich über drei Jahre lang auf dem Posten halten. Die ganze
Zeit über logierte er auf Verlagskosten in einer Suite des
Hamburger Hotels Vier Jahreszeiten an der Binnenalster.

Eine Wohnung zu nehmen lohnte sich nicht. Jedes Wochenende flog er heim nach London. Das heißt, eigentlich war
auch schon am Freitag nicht mehr mit ihm zu rechnen. Der
Montag ging für die Anreise drauf, was Fischer den Beina-
men »Di-Mi-Do« eintrug. Oder auch »Mister Nieda«. Die
traditionelle Montagskonferenz wurde jedenfalls als eine
der ersten Amtshandlungen auf den Dienstag verlegt. Natürlich lässt sich ein Weltkonzern auch vom Flugzeug aus
steuern, das hatte er bei Rupert Murdoch abgeschaut. Aber
der Axel Springer Verlag des Jahres 1998, in dem Fischer
seinen Dienst antrat, war ein zutiefst deutsches Unternehmen. Und ein stark führungsorientiertes dazu. »Upward
delegation«, lästerte Fischer, der sich allerdings früher bei
Murdoch auch nicht gerade in herrschaftsfreien Unterneh-
mensstrukturen bewegt haben dürfte. Gus Fischer – »Er
kam ausgeruht, aber unvorbereitet« (*Stern*) – beschwor die
Springer-Zukunft als international operierender Verlag und
versuchte, das Haus zum führenden deutschen TV-Programm-
anbieter aufzubauen. Ach ja, die Rendite sollte sich natürlich auch verdoppeln. Zehn Prozent müssten es schon sein.

Als stellvertretender Vorsitzender wurde Fischer der vormalige *Bild*-Chefredakteur Claus Larrass zur Seite gestellt,
ein allseits respektierter Ansprechpartner für die Journalisten des Hauses. Bei Interviews trat die neue Springerführung
nun meist zu dritt auf: Fischer, Larrass und Larrass' unver-
meidliche kubanische Zigarre. Das war sicher ein cleverer
Zug, denn auf den Gebieten, die nicht in das Revier von
Zeitungsmann Larrass fielen, lief es dann doch nicht so, wie
sich Fischer das erhofft hatte. Der Verlag kaufte TV-Produk-
tionsfirmen, die ihre Programme vor allem an Sat.1 liefer-
ten – an dem wiederum Springer beteiligt war. Der Verlag
kaufte also im Prinzip den eigenen Umsatz. Das Geschäft
mit den TV-Inhalten verantwortete ein guter Fischer-Freund
aus London, Stephen Barden, ein Brite, der häufig darauf

bestand, Beiträge für das bei Springer produzierte Sat.1-Magazin *Newsmaker* höchstpersönlich abzunehmen. Leider sprach er kaum ein Wort deutsch. Und noch heute erzählt man sich beim ZDF von der Präsentation einer sechsteiligen Dokumentation über Geistheiler aus aller Welt. Barden hatte einen Schamanenforscher aus North Dakota mitgebracht, der die ZDF-Verantwortlichen erst einmal einen Begrüßungskreis bilden ließ, um aus allen Himmelsrichtungen die guten Geister anzurufen. Das ZDF ließ sich dann leider doch nicht für eine Ausstrahlung und eine Kostenbeteiligung gewinnen. Geschichten wie diese landeten natürlich wieder regelmäßig in *Focus*, *Stern* oder *Spiegel* und befeuerten die Verzweiflung der ganz normalen Verlagsangestellten.

Auf der »Arbeitsebene« des Axel Springer Verlags machte sich Resignation gegenüber »denen da oben« breit. »Längst können sie nicht mehr nachvollziehen, was Aufsichtsrat und Vorstand vorexerzieren«, schrieb die *Wirtschaftswoche*. »Strategien werden verkündet, dann überarbeitet und schließlich verworfen.« Brachte das den Verlag wirklich nach vorn, wenn Präsentationen zur Zukunft der *Bild*-Werbemärkte plötzlich auf Englisch gehalten werden mussten? Waren die Leistungen auf der »Entscheiderebene« wirklich so sensationell, dass die Vorstandsbezüge zwischen 1999 und 2000 um 200 Prozent explodieren mussten? Servatius erklärte, die Vergütungsregeln seien »internationalen Standards angepasst« worden, was zu »einer Nachzahlung von hohen Leistungsprämien« geführt habe.

* * *

Ich arbeitete inzwischen für die *Bild*-Gruppe, verbrachte die kommenden Jahre bei der *Bildwoche* und begleitete die erfolgreiche Markteinführung für *Computer Bild* und *Computer Bild Spiele*. Hin und wieder saß ich am Freitag kurz vor Feierabend im Vorstandsbüro von Claus Larrass, mit dem ich mich gut verstand. Ein großer Journalist, der so ganz anders war als viele seiner Kollegen. Nicht extrovertiert, eher bescheiden. Und bei ihm waren auch die leisen Sätze wichtig. Friede und Servatius hatten mir frühzeitig signalisiert, dass er der Mann sein würde, auf den die Nachfolge von Gus Fischer zulaufe. Mir kam das wie eine gute Lösung vor. Larrass war ein für Springer-Verhältnisse außergewöhnlich unintriganter und loyaler Mensch, ein leidenschaftlicher Zeitungsmann, von dem man viel lernen konnte. Im November 1999 sollte der Stabwechsel von Fischer zu Larrass eigentlich vollzogen werden. Gleichzeitig war geplant, den erfahrenen und außerordentlich erfolgreichen *Bild*-Verlagsgeschäftsführer Achim Twardy zum neuen Zeitungsvorstand zu ernennen. Endlich eine Entscheidung, die auch ich nachvollziehen konnte. Auch Achim Twardy war dem Verlag loyal verbunden und kannte die ebenso große wie wichtige *Bild*-Gruppe aus dem Effeff.

Doch es kam dann ganz anders, entgegen Friedes telefonischer Ankündigung mir gegenüber. Im November verschob Servatius die Bekanntgabe der Entscheidung für Larrass aus irgendwelchen seltsamen Gründen auf die letzte Aufsichtsratssitzung vor Weihnachten. Nach einer siebenstündigen Sitzung, die Twardy weitgehend wartend vor der geschlossenen Tür verbringen musste, war danach plötzlich der junge Mathias Döpfner mit Wirkung zum 1. Juli 2000 als neuer Zeitungsvorstand berufen worden und das Thema Larrass vom Tisch. Angeblich hatte er gefordert, sich als Fischer-Nachfolger vom Aufsichtsrat nicht reinreden lassen zu wollen. Das kann ich mir bis heute allerdings nicht vorstellen.

Gus Fischers Vertrag wurde verlängert. Wieder einmal war eine Führungsentscheidung bei Springer mit einem gehörigen Maß an öffentlicher Bloßstellung verbunden. Dabei war die Bilanz der vergangenen Monate alles andere als gut.

Im Jahr 2000, als deutsche Medienunternehmen satte Gewinne feierten, sank das Ergebnis bei Springer gegenüber dem Vorjahr. Das Geschäftsjahr 2001 schloss der Verlag meines Großvaters gar erstmals mit einem Verlust ab: minus 198 Millionen Mark. Eine unvergessliche Bilanz, vor allem für den Vorstandsvorsitzenden. Denn der kassierte 2001 dem *Manager Magazin* zufolge erstaunliche 23 Millionen Mark. So viel soll es nicht gewesen sein, erklärte Servatius auf der nächsten Hauptversammlung, ohne die tatsächliche Zahl zu nennen.

Was, wenn die Kette merkwürdiger Entscheidungen und verlegerischer Fehlgriffe einfach nicht abreißen wollte? Ich hatte früh gelernt, dass ich mich nicht in den Vordergrund drängen sollte. Nur keine Sonderrechte. Bei meiner Arbeit in der *Bild*-Gruppe ließ ich den Kollegen gern den Vortritt, wenn es darum ging, »bella figura« zu machen. Ich war jetzt 34 Jahre alt und hatte noch nicht recht entschieden, welchen Weg ich gehen wollte. Öffentliche Aufmerksamkeit vermied ich spätestens nach meiner Entführung. Andererseits mochte ich auch nicht mit ansehen, was aus dem Verlag meines Großvaters geworden war. Sollte er wirklich zu einem Selbstbedienungsladen für angebliche Top-Manager verkommen, denen das publizistische Erbe Axel Springers ziemlich egal war, ja, die mit Zeitungen und Zeitschriften selbst wenig anfangen konnten? Die aber andererseits auch keine Antworten auf den Umbruch in der Medienwelt fanden, der sich 1999/2000 überdeutlich abzeichnete.

Friede Springer, die sich aufdringlich zurückhaltend inszenierte (»Ich fühle mich nicht als Unternehmer. Ich besitze nur Aktien …«), behauptete zwar trotzig: »Der Geist von Axel Springer weht noch durch dieses Haus.« Aber wo genau wehte der? Der 2. Mai, der Geburtstag meines Großvaters, war manchen hauseigenen Zeitungen nicht einmal mehr eine kurze Erinnerungsnotiz wert gewesen. Friede da-

gegen häufte Ehrung auf Ehrung an und erinnerte bei diesen
Gelegenheiten demütig an das Vermächtnis, das der verstorbene Gatte ihr mitgegeben habe. Dabei »ist sie viel nervöser,
als sie es sein müsste«, verrät ihre Biografin Inge Kloepfer
und fügt hinzu: Friede Springer »stockt hin und wieder in
ihren seltenen Ansprachen, als würde sie sich sonst ver-
haspeln, was angesichts ihrer schlichten Sätze kaum noch
möglich ist«.

Das Anwesen auf Schwanenwerder war Friede inzwischen
zu groß geworden, zu abgelegen, zu einsam. Beim Verkauf
von Schwanenwerder zeigte sich, dass »der Geist von Axel
Springer« dann doch nicht mehr so heftig wehte. Die kon-
servativ-liberale Bundesregierung hatte vertraulich angefragt,
ob man den einstigen Springer-Sitz vielleicht als repräsen-
tatives Gästehaus erwerben dürfe, eine Umwidmung, die
meinen Großvater gewiss mit Stolz erfüllt hätte. Sein außergewöhnlich eingerichtetes Anwesen als Schauplatz hoch-
rangiger politischer Begegnungen, als kleines Stück gelebtes
Preußen – eine sympathische Idee. Letztlich entschied sich
Friede aber doch für einen anderen Käufer. Er hatte mehr
geboten, wird erzählt.

III

Der Kampf um die Wahrheit

Auf der Hauptversammlung der Axel Springer AG, 2005

I

»Lieber Aggi, liebe Ariane«

Wenn man Rückschau hält, dann gibt es Jahre, die einfach so an einem vorbeigerauscht sind und bei denen man sich nicht mal mehr an die Ferien erinnert. Dann gibt es aufregende Jahre, lebenssatte, in denen man die große Liebe findet oder endlich den richtigen Job, ein Haus baut und dergleichen. Und es gibt Jahre, in denen sich ein ganzes Leben verdichtet und man hinterher kaum glaubt, dass in zwölf Monaten so viel passiert sein soll.

Das Jahr 2001 war so ein Jahr für mich. Im Januar wurde mein Sohn Benjamin geboren, dem ich die Nabelschnur durchschnitt und der plötzlich so selbstverständlich und unverzichtbar zu mir gehörte wie ein Körperteil. Als wäre er schon immer da gewesen. Am Tag seiner Taufe holte sich der FC Bayern München die Meisterschaft durch ein Tor in der 94. Minute. Nicht-Bayern-Fans müssen nicht verstehen, wie wichtig so etwas sein kann. Aber allen anderen dürften bei der Erinnerung daran die Freudentränen in die Augen schießen. Mit ganz anderen Tränen erinnere ich mich an den 11. September, als die Massenmörder von Al-Qaida die USA angriffen. Allein in New York rissen sie 3000 Menschen aus dem Leben. New York hatte sich während meines langen Aufenthalts acht Jahre zuvor in mein Herz gegraben. Einige meiner Freunde und Bekannten von damals weinten jetzt um ihre Freunde, um Verwandte oder ihre Liebe.

In diesem ganz besonderen Jahr 2001 begann für mich ein Prozessmarathon, der meine folgenden Jahre stärker prägte, als mir lieb sein konnte. Meine Schwester und ich waren gezwungen, um unseren Platz in der Familienholding zu kämpfen. Friede strebte die absolute Herrschaft an. Nach unserem Eindruck sah es so aus, als glaubte sie mittlerweile, dass nur sie allein das Erbe Axel Springers in dessen Sinne bewahren könne. Für mich war das der Anstoß, der Geschichte rund um den letzten Willen meines Großvaters doch noch einmal gründlich nachzugehen. Denn seit Jahren trug ich das Gefühl mit mir herum, am 31. Oktober 1985 sei etwas nicht mit rechten Dingen zugegangen. Ich sollte schneller bestätigt werden, als ich erwartet hatte. Aber der Reihe nach.

* * *

Als Minderheitengesellschafter der Axel Springer Gesellschaft für Publizistik GmbH & Co. KG, der Familienholding, durften Ariane und ich eine Person unseres Vertrauens in den Aufsichtsrat der Axel Springer AG entsenden. Wir überlegten lange, wem wir diese undankbare Aufgabe zumuten wollten und konnten. Unser Kandidat brauchte in jedem Fall ein dickes Fell und jede Menge Erfahrung, das hatte uns die konfliktreiche Zeit der Testamentsvollstreckung gelehrt. Welchen Weg der Verlag meines Großvaters gehen würde, erschien immer nebulöser. Wir brauchten daher ein Aufsichtsratsmitglied, das sich traute, auch mal unangenehme Fragen zu stellen. Keinen netten Abnicker, dem es vor allem auf freundschaftliche Kontakte zu den höchsten deutschen Wirtschaftskreisen ankam.

Unsere Wahl fiel auf den Augsburger Rechtsanwalt Gerd U. Freihalter. Der ebenso penible wie ausdauernde Jurist und Wirtschaftsprüfer hatte zunächst Nicolaus, schließlich auch Ariane und mich in Rechtsfragen bezüglich unseres Erbes und unserer Rolle als Gesellschafter beraten. Freihalter ließ sich überreden, wurde 1997 gewählt und fühlte sich vier schwierige Jahre lang im Aufsichtsrat der Axel Springer AG wie der Partygast, den man nicht eingeladen hatte. Er durfte uns natürlich über seine Tätigkeit und seine Erfahrungen in diesem Gremium weiter nichts berichten, aber seinen spärlichen Äußerungen konnten wir doch entnehmen, dass er nicht wie selbstverständlich an relevante Informationen – und dann auch noch rechtzeitig – herankam. Und möglicherweise stimmte er auch gegen die eine oder andere Vorlage, was die Mehrheit im Aufsichtsrat sicherlich nicht gerne sah. Der gelernte Wirtschaftsprüfer bekam zunehmend den Eindruck, dass er sein verantwortungsvolles Amt nicht weiter ausüben könne. Gesundheitlich zermürbt erklärte er seinen Rückzug zum Sommer 2001.

Bevor Ariane und ich uns auf die Nachfolgersuche begeben konnten, lasen wir Ende Mai zu unserem Erstaunen auf der Medienseite des *Spiegel*, dass man uns diese Arbeit wohl bereits abgenommen hatte:

> »Im Aufsichtsrat des Axel Springer Verlags gibt es eine Neuordnung – die die Machtgewichte zu Gunsten des designierten Vorstandschefs Mathias Döpfner verschiebt. Ende Juni soll mit der Hauptversammlung Thomas Heilmann, Chef der Werbeagentur Scholz & Friends Berlin und Internet-Sprecher der CDU, in das Kontrollgremium einrücken – als Nachfolger von Gerd U. Freihalter, der vier Jahre lang als Vertreter der Springer-Enkel im Aufsichtsrat saß. Der 36-jährige Heilmann ist mit Döpfner, 38, befreundet, der wiederum das Vertrauen von Mehrheitsaktionärin Friede Springer genießt.«

Wir wussten nicht, ob wir verblüfft sein sollten über diese Unverfrorenheit oder wütend. Ich hätte mich für den Posten ja nicht interessiert, erklärte mir Friede am Telefon, als ich sie zur Rede stellte. Oh, im Zweifel doch? Was für ein bedauerliches Missverständnis! Aber schade, denn das könne man jetzt leider nicht mehr ändern. Jeder habe es doch schon im *Spiegel* gelesen. Wie stünden wir als Verlag denn da, wenn Herr Heilmann jetzt doch nicht gewählt werden würde? Ariane und ich wollten uns diese Dreistigkeit nicht gefallen lassen. Ich kündigte Friede und Bernhard an, selbst für den Aufsichtsrat zu kandidieren.

* * *

Die Meldung im *Spiegel* vertrieb auch die letzten Zweifel daran, dass sich die Auseinandersetzungen um Arianes und meinen Einfluss im Unternehmen zuspitzten. Es dauerte eine gute Woche, da hatten wir das auch schriftlich. Am 7. Juni 2001 klingelte es an meiner Wohnungstür, und ein verschwitzter Briefzusteller überreichte mir ein »Einschreiben mit Rückschein« von Friede. »Lieber Aggi, liebe Ariane« hatte sie in ihrer noch immer raumgreifend-mädchenhaften Handschrift über das amtlich klingende Schreiben gesetzt und unten ein »Mit freundlichen Grüßen von Eurer Friede« angefügt. Den wichtigen Teil in Maschinenschrift hatten offenkundig ihre Anwälte formuliert:

> »Nach § 14 des Gesellschaftervertrags der Axel Springer Gesellschaft für Publizistik GmbH & Co. kündige ich hiermit die Kommanditgesellschaft mit Wirkung zum 31.12.2001. Gleichzeitig kündige ich an, dass ich das mir in diesem Falle nach § 14 Abs. 3 des Gesellschaftervertrages zustehende Übernahmerecht mit einer noch abzugebenden gesonderten Erklärung ausüben werde.«

Ich war wie vor den Kopf geschlagen und rief sofort meine Schwester an. Sie war ähnlich bestürzt wie ich. Friede hatte sich Anfang 1995 die Anteile von Barbara gesichert, im November 1996 die von Nicolaus dazu gekauft und fühlte sich mit ihrem 90-Prozent-Anteil an der Familienholding jetzt wohl endlich stark genug, nun auch den letzten Rest der Verwandtschaft ihres verstorbenen Mannes aus der Gesellschaft zu drängen. Immer wieder hatte sie sich bei ihren Handlungen auf die große Vision Axel Springers und seinen letzten Willen berufen. Dieses »Einschreiben mit Rückschein« konnte nun allerdings nicht mehr damit begründet werden, hatte mein Großvater doch stets betont, wie wichtig es für ihn sei, dass auch seine Nachkommen in seinem Unternehmen einen wichtigen Platz finden müssten. Mit den Visionen meines Großvaters ließ sich Friedes Verhalten nicht mehr erklären. Es ging um die Macht. Ariane und ich besaßen noch zehn Prozent an der Holding, ein eigentlich lächerlich geringer Anteil, der aber mit höchst lästigen Minderheitenrechten verbunden war, etwa mit dem Anspruch auf Auskunft darüber, was aus dem Verlag unseres Großvaters werden würde, und darauf, uns in wichtige Entscheidungen mit einzubeziehen.

Vielleicht war ich naiv, aber ich hatte all die Jahre im tiefsten Inneren immer geglaubt, dass uns am Ende ein unsichtbares Familienband zusammenhalten würde. Wir hatten doch so vieles gemeinsam durchgemacht, waren uns durchaus einmal recht nahe gewesen. Ich erinnere mich daran, wie lieb sich Friede nach dem Tod meines Vaters gemeinsam mit Granddaddy um mich gekümmert hatte, an die gemütlichen Wochenenden in Klosters oder auf Gut Schierensee, an die freundlichen Karten und Anrufe, an die kleinen Geschenke zwischendurch, an die großen zu Weihnachten und zum Geburtstag. Und dann ihre herzzerreißende, tiefe Trauer nach dem Tode meines Großvaters: Wie zerbrechlich sie da-

mals wirkte und wie heillos überfordert. Vieles von dem,
was mich in all den Jahren störte, hatte ich nicht Friede, sondern ihren Beratern zugeschrieben, die an den juristischen
Scharmützeln kräftig verdienten. Bestimmt meinte sie es am
Ende doch gut mit Ariane und mir, hatte ich immer gehofft
und wurde nun, »Lieber Aggi, liebe Ariane«, eines Besseren
belehrt. Doch ich wollte mich um keinen Preis der Welt aus
dem Unternehmen drängen lassen. Ich war wild entschlossen, den Willen meines Großvaters zu erfüllen und auch
weiter eine Rolle in seinem Unternehmen zu spielen – wie
diese auch immer sein mochte. Und ich tat das, was man in
solchen Situationen eben tut: Ich nahm mir einen Anwalt.
Genauer: eine Anwältin. Gerd U. Freihalter hatte mir Jutta
Stoll empfohlen, eine Juristin mit viel Energie und Durch-
haltewillen.

Mir erschien das bevorstehende Verfahren wie eine Her-
kulesaufgabe. Der Gesellschaftervertrag der Familienholding sah für den Fall einer Kündigung der Gesellschaft eine
Reihe von Automatismen vor. Friede konnte uns nun ein
Angebot für unsere Anteile machen. Sollten wir aber nicht
verkaufen, sondern in der Gesellschaft verbleiben wollen, so
mussten sich beide Seiten innerhalb einer gewissen Frist auf
einen neuen Gesellschaftervertrag einigen. Und wenn das
nicht gelänge, würden laut Gesellschaftervertrag unsere
Minderheitenrechte zukünftig entfallen – worauf es Friede
wohl ankam, spekulierten wir. Wir mussten also nach Mitteln und Wegen suchen, die Kündigung überhaupt zu ver-
hindern, erklärte mir meine Anwältin und wurde nach
gründlicher Lektüre des Vertragswerkes auch fündig.

Leidenschaftliche Juristen dürften die folgenden Passagen
mit einigem Behagen lesen. Normalsterblichen geht es wahrscheinlich eher so wie mir und sie verstehen erst einmal gar
nichts. Aber ich versuche es einmal zu erklären: Unsere Familienholding war (und ist) eine GmbH & Co. KG. In einer

solchen GmbH & Co. KG werden die Anteile der Kom-
manditgesellschaft (KG) von den Gesellschaftern *und* der
GmbH gehalten. Friede, Ariane und ich sind also sozusagen
doppelte Anteilseigner, einmal an der KG und dann noch
einmal, zu den gleichen Teilen, an der GmbH. Diese GmbH
führt die Geschäfte im Auftrag der KG, übernimmt auch
deren vollständige Haftung, ist selbst aber wiederum haf-
tungsbeschränkt. Unsere Familienholding muss man sich
also als zwei miteinander verwobene Firmen vorstellen, der
GmbH & der KG. Das Spannende in unseren Fall ist, dass
man die KG nicht isoliert kündigen kann, sondern, so steht
es im Gesellschaftervertrag, das Gleiche dann auch für die
GmbH vornehmen muss.

Friede hatte dies in ihrem Schreiben auf Geheiß ihrer Anwälte natürlich auch brav getan (»kündige ich hiermit mit
Wirkung zum selben Zeitpunkt auch meine Beteiligung an
der Axel Springer Gesellschaft mit beschränkter Haftung«).
Es gab nur ein kleines Problem: Eine solche Kündigungs-
möglichkeit war in der Satzung der GmbH überhaupt nicht
vorgesehen. Dass eine Kündigung der KG unwirksam bleibt,
weil dafür gleichzeitig auch die GmbH gekündigt werden
müsste – was deren Satzung aber nicht vorsieht –, ist eine
echte juristische Delikatesse. Also schickten wir – ohne
handschriftliche Zusätze – einen Brief an unsere Mitgesellschafter.

»Liebe Friede, liebe Ariane,
ich beziehe mich auf das Schreiben von Friede Springer
vom 7. Juni 2001, in welchem sie erklärt:
    ›... kündige ich hiermit die Kommanditgesellschaft
mit Wirkung zum 31.12.2001 ...‹
    sowie
    ›... kündige ich hiermit mit Wirkung zum selben
Zeitpunkt auch meine Beteiligung an der Axel Springer
Gesellschaft mit beschränkter Haftung ...‹

> Diese Kündigungen sind unwirksam: Die Kündigung
> der Axel Springer Gesellschaft mit beschränkter
> Haftung ist schon deshalb unwirksam, weil die Satzung
> eine derartige Kündigungsmöglichkeit überhaupt nicht
> vorsieht.«

Den letzten Satz studierte ich vorsichtshalber dreimal. Er las
sich gut, »ätschbätsch« hätte man wohl dreißig Jahre vorher
auf dem Schulhof gesagt. Aber da man sich ja bekanntlich
vor Gericht und auf hoher See nie sicher sein kann, ob auch
alles so funktioniert, wie man sich das vorstellt, fügten wir
noch einen Passus hinzu.

> »Da ich andererseits die Absicht habe, in jedem Fall
> sowohl in der Axel Springer Gesellschaft für Publizistik
> KG als auch in der Axel Springer GmbH zu verbleiben,
> übe ich hiermit – rein vorsorglich (für den Fall, dass die
> ›Kündigung‹ vom 7.6.2001 wirksam sein sollte) – das
> mir (…) zustehende Übernahmerecht aus und erkläre,
> dass ich das Gesellschaftsvermögen (…) übernehme.
> (…) Unabhängig von dem Obigen bin ich auch an
> einer Übernahme der durch die obige ›Kündigung‹
> eventuell frei werdenden GmbH-Anteile interessiert;
> ich bitte um Übersendung eines entsprechenden
> Angebots.
>   Mit freundlichen Grüßen«

Dieses Schreiben setzte – ähnlich wie die Eröffnung beim
Schachspiel die nachfolgenden Züge – eine Abfolge unver-
meidlicher Schriftsätze unserer Anwälte in Gang: Wenn der
das macht, mache ich das, der dann das und so weiter. Friede
ließ sich unseren Widerspruch gegen die Kündigung des
Gesellschaftervertrags erwartungsgemäß nicht gefallen. Mit
Datum vom 9. April 2003 verklagte sie Ariane und mich
und rief im Namen der Familienholding ein Schiedsgericht
an, das die Gültigkeit ihrer Kündigung feststellen sollte. Insbesondere sollte das Gericht, bestehend aus einem ehema-

ligen BGH-Richter und zwei Rechtsprofessoren, klarstellen, dass die Minderheitenrechte von Ariane und mir zum 31. Dezember 2003 durch die Kündigung entfallen würden. Dieser Zeitpunkt war im Gesellschaftervertrag für den Fall genannt worden, dass sich die Eigentümer nach Ablauf der Vereinbarung nicht auf einen neuen Gesellschaftervertrag einigen würden.

Unsere Rechte waren und sind in der Tat stark. Ohne unsere Zustimmung konnte und kann im Verlag im Grunde nichts entschieden werden, was über das reine Tagesgeschäft hinausgeht. Stimmen Ariane und ich in einem solchen Fall auf der Gesellschafterversammlung gegen eine geplante Maßnahme, so wäre die gesamte Holding gezwungen, auf der nächsten Hauptversammlung der Axel Springer Verlag AG mit nein zu stimmen. Das ist bei Satzungsänderungen der AG ebenso der Fall wie bei Kapitalerhöhungen, die die Verteilung der Anteile veränderten. Dazu kommt der uns zustehende Sitz im Aufsichtsrat. All diese durchaus weitgehenden Rechte haben den Zweck, den Charakter eines Familienunternehmens zu erhalten. Die Gesellschafter sollen ihre vererbten Anteile nicht als reine Finanzbeteiligung betrachten, sondern sich auch um das Wohl und die Zukunft des Verlags sorgen.

* * *

Das Schiedsgericht brauchte ein knappes Jahr, bis es sein Urteil fällte. Mit Datum vom 3. März 2004 wies es die Klage von Friede Springer zurück. Heerscharen großzügig honorierter Anwälte hatten ihr nicht helfen können. Die Kündigung war ungültig. Doch damit war es noch nicht vorbei. Friedes Anwälte zauberten alsbald das nächste Kaninchen aus dem Hut. Eine Woche, nachdem der Schiedsspruch ihre Kündigung der Gesellschaft verworfen hatte, also am

10. März 2004, ließ Friede in die Satzung der Holding GmbH einen Passus einfügen, der es erlauben würde, die GmbH doch zu kündigen, ganz so wie die KG. Ariane und ich widersprachen natürlich sofort, denn im Alleingang war so etwas für Friede rechtlich gar nicht möglich. Die Satzungsänderung blieb unwirksam.

Am 11. Juni 2004 versuchte Friede es einfach noch einmal. Diesmal begnügte sie sich nicht damit, mit ihren Mehrheitsstimmen die nächste Kündigungsklausel in die GmbH-Satzung einzuschreiben, sondern ließ diese auch gleich ins Handelsregister eintragen. Allmählich wurde es anstrengend. Friede zwang uns in das nächste Gerichtsverfahren.

Wir hatten keine andere Möglichkeit, als vor dem Berliner Kammergericht gegen die Satzungsänderung vorzugehen. Die folgenden zwei Jahre, bis zur Verkündung des Urteils, verbrachten wir in einer Art Schwebezustand. Eigentlich war die Rechtslage sonnenklar, wir mussten nur abwarten bis zur rechtskräftigen Bestätigung. Aber das hielt unsere Mitgesellschafterin nicht davon ab, ihren Kleinkrieg fortzusetzen. Sie wollte Fakten schaffen. Kurz nachdem Friede die Möglichkeit der Kündigung in die GmbH-Satzung hatte einfügen lassen – gegen die wir klagten –, schickte sie uns den nächsten Brief, »Einschreiben per Rückschein«. Jetzt kündigte sie die GmbH noch einmal, schließlich sei die Satzungsänderung, die das ermöglichte, ja jetzt offiziell ins Handelsregister eingetragen.

Und nun wurde es richtig dreist. Am 30. Juni 2004 beschloss Friede Springer mit ihrer 90-Prozent-Mehrheit in Abwesenheit von Ariane und mir die komplette Auflösung der GmbH zum 31. Dezember 2004. Ganz einfach oder?

Allmählich kippte die ganze Angelegenheit ins Tragikomische. Denn nicht einmal vier Monate später teilte uns Friede Springer zu unserer großen Überraschung mit, die Gesellschaften nun doch weiterführen zu wollen. Woher der plötzliche Sinneswandel kam, weiß ich bis heute nicht. Am 8. Oktober 2004 fällte daher die Gesellschafterversammlung der Axel Springer GmbH & Co. KG den einstimmigen Beschluss, die GmbH und auch die KG der Familienholding unverändert über den 31. Dezember 2004 hinaus fortzusetzen.

2

Mineralwasser für Leo Kirch

Es war ein seltsames Gefühl, während der Zeit der juristischen Auseinandersetzungen, des dauernden Hin und Hers von Kündigungen und Ankündigungen, als einfaches Aufsichtsratsmitglied zu agieren. Friede Springer hatte meiner Berufung auf der Hauptversammlung am 27. Juni 2001 notgedrungen zugestimmt. Bald darauf fuhr ich zu meiner ersten Sitzung nach Berlin. Diese Treffen fanden für gewöhnlich in der Bibliothek im 18. Stock des Verlagshauses statt, einem holzgetäfelten Raum, dessen Atmosphäre an gediegene englische Clubs erinnerte. Servatius begrüßte mich überschwänglich und stellte mich vor, als hätte sich mit meiner Berufung in den Aufsichtsrat sein lange gehegter Herzenswunsch erfüllt. Die anderen Anwesenden lächelten den 35-jährigen Neuling freundlich an. Friedes Freude schien sich in Grenzen zu halten.

Gern würde ich hier ganz genau erzählen, wie es im Aufsichtsrat der Axel Springer AG so zuging, worüber man sprach, welche großen Visionen durch den Raum schwebten. Doch leider bin ich – auch noch als ehemaliges Mitglied – zu äußerster Zurückhaltung verpflichtet. Eigentlich dürfte ich nicht einmal schreiben, was Leo Kirch bei solchen Sitzungen trank (Mineralwasser). Aber wer dabei war – das zumindest ist ja kein Geheimnis. Eine illustre Runde kam da gute fünfmal im Jahr zusammen. Der Gastgeber Bernhard

Servatius, der trotz seiner inzwischen beinahe siebzig Jahre noch immer sehr tatkräftig wirkte. Friede Springer, die meist freundlich schweigend neben ihm saß. Leo Kirch, der ominöse »Filmhändler«, den mein Großvater so gar nicht im Verlag hatte sehen wollen. Den konnte man sich jetzt auch einmal in Ruhe anschauen. Auf mich wirkte der Mann mit den zusammengekniffenen Augen wahnsinnig charmant. Ein Menschenfischer, den im Vergleich zu den übrigen, zum Teil nicht gerade uneitlen Großkopferten, die hier saßen, eine beinahe bescheidene Aura umgab. Und während ich damals in zahllosen Zeitungs- und Magazinporträts, die über den »Haifisch aus München« erschienen waren, gelesen hatte, dass Leo Kirch kaum noch etwas sehen konnte, war ich dann doch überrascht, wie virtuos er sein Mineralwasserglas regelmäßig nachfüllte. Da ging nicht ein Tropfen daneben. Dann waren da noch der stets kompetente und sympathische Michael Otto vom gleichnamigen Versand, Joachim Theye, Rechtsanwalt und Stimme Leo Kirchs, Wolfgang Steinrede, ehedem Vorstandssprecher der schwer lädierten Berliner Bank, sowie der hünenhafte Klaus Krone, ein Technologieexperte, ebenfalls aus Berlin.

Die Ära Servatius als Aufsichtsratsvorsitzender neigte sich indes bereits ihrem Ende zu, als ich kam. Im Sommer 2002 wurde der lange so allmächtige Jurist mit viel Pomp und noch größerer Erleichterung verabschiedet. An der Rolle des Axel-Springer-Wiedergängers hatte er sich ziemlich verhoben, auch wenn ich die Geschicklichkeit bewunderte, mit der er sich immer wieder den jeweils aktuellen Machtverhältnissen anzuschmiegen verstand. Statt seiner wurde jetzt Mathias Döpfner als eine Art »Axel Springer 2.0« im Range des Vorstandsvorsitzenden der neue starke Mann im Verlag.

* * *

Friede Springer mit Leo Kirch

Eigentlich sollte es in einem Unternehmen ja so sein, dass der Aufsichtsrat den Vorstand kontrolliert. Bei Springer bewegte sich die interne Machtbalance gleich zu Anfang der Ära Döpfner in die andere Richtung.

Giuseppe Vita, der ab dem 1. Juli 2002 den Vorsitz von Bernhard Servatius übernahm, war zu diesem Zeitpunkt noch recht neu im Mediengeschäft. Der gelernte Radiologe und langjährige Vorstand der Schering AG gehört eher zu den typischen Vertretern einer eng miteinander verflochtenen Deutschland AG, die sich gegenseitig mit Posten und Einflusszonen versorgt. Im Jahr seiner Berufung listete der Geschäftsbericht der Axel Springer AG für ihn zusätzliche Aufsichtsratsposten bei Unternehmen wie Allianz, Bewag, Continental, Degussa, Dussmann oder Vattenfall auf. Der Modefirma Hugo Boss sowie seinem alten Arbeitgeber Schering diente der stets gutgelaunte, sympathische gebürtige Italiener sogar ebenfalls als Vorsitzender des Aufsichtsrats.

Ebenfalls mit Wirkung zum 1. Juli 2002 wählte die Hauptversammlung den engen Döpfner-Vertrauten Leonhard H. Fischer in den Aufsichtsrat. Auch der pfiffige Banker, Vorstandsmitglied bei der Dresdner Bank, hielt seine Augen nicht nur bei Springer offen, sondern zierte damals zusätzlich die Aufsichtsräte der Deutschen Börse, von Eurex Clearing, Eurex Frankfurt oder der K + S Aktiengesellschaft. Bei mir stand, demgegenüber ganz schlicht, »Axel Sven Springer, Journalist«. Immerhin begnügte sich auch Friede mit einer gänzlich unglamourösen Zuordnung: »Friede Springer, Kauffrau«.

Ich begriff schnell, dass der Aufsichtsrat nicht der Ort für kontroverse Debatten war. Doch ich wollte auch nicht schweigen, wenn mich etwas störte. In einem Fall ließ ich eine zwei Seiten lange Begründung meiner Kritik an einem geplanten großen Unternehmenskauf ins Protokoll der Aufsichtsratssitzung aufnehmen. Mir war der Deal zu teuer, zu unsicher, aber ich schien mit meinen Vorbehalten der Einzige zu sein. Immerhin: Wenn solche Bedenken dokumentiert werden, kann der Aufsichtsrat später nicht behaupten, er habe keine Gegenargumente gekannt. Eine persönliche Haftung der Aufsichtsratsmitglieder für den eventuell eintretenden Schaden ist nicht ausgeschlossen.

Das Geschäft kam nicht zustande. Ob das an meinen zwei Seiten lag, weiß ich natürlich nicht.

3

Züricher Besprechungen

Im Sommer 2001 fuhr ich mit Oliver Heine für ein Wochenende nach Sylt. Oliver war seit langem einer meiner besten Freunde, ich hatte ihn während meines ersten Praktikums bei *Bild*-Hamburg im Sommer 1986 kennen gelernt. Auf Sylt hatten meine Schwester und ich das Ferienhaus unseres Vaters geerbt. Es liegt ziemlich abgelegen, eine Oase der Ruhe, verbunden mit schönen Erinnerungen an die viel zu kurze Zeit mit ihm.

Oliver und ich trafen abends in einem Fischrestaurant in Rantum ein paar Freunde. Ein fröhlicher Abend mit köstlichem Babysteinbutt und ein wenig Wein. Wir fanden kein Ende. Gerade war ich Aufsichtsrat geworden. Gleichzeitig stand die ganze Konstruktion der Familienholding auf der Kippe. Oliver, damals ein aufstrebender, schon ziemlich erfolgreicher junger Rechtsanwalt, kannte die jüngste Geschichte des Verlags nur zu gut und wusste von den Streitigkeiten, die mich belasteten. Sein Rat bedeutete mir viel – um so mehr, als er ungemein verschwiegen ist.

»Was steht denn eigentlich genau im Testament?«, fragte Oliver, als wir endlich zu zweit in unserem Ferienhaus saßen

»Kommt drauf an, welches du meinst.«

»Ja, gibt es denn mehrere?«

Wir stiegen auf Mineralwasser um, und ich erzählte Oliver erstmals und in aller Ausführlichkeit die Geschichte vom

angeblichen letzten Willen meines Großvaters. Wie wir am
31. Oktober 1985 alle zusammensaßen und uns Bernhard
Servatius die Geschichte vom todkranken Verleger erzählte,
der zu schwach gewesen sei, seinen letzten Willen in rechtsgültige Form zu bringen. Und wie mich alle ansahen, die
Älteren, Wichtigeren, als es darum ging, dieses Vermächtnis
zu erfüllen. Ich erklärte Oliver, wie ich innerhalb von drei
Stunden 80 Prozent meiner rechtmäßigen Erbschaft verlor.

»Was hätte ich denn auch machen sollen?«

Oliver runzelte die Stirn. Immer wieder schüttelte er den
Kopf. »Lass uns morgen weiter reden. Die Geschichte stinkt.«

Außer mit meiner Mutter hatte ich noch nie mit jeman-
dem außerhalb des Teilnehmerkreises über die Zusammenkunft vom 31. Oktober 1985 gesprochen. Ich fand, die Geschichte um das »neue Testament« und die gesamte, ja nicht
unerhebliche Erbschaft ging eigentlich nur unsere Familie
etwas an. Aber jetzt, da uns Friede so offensichtlich aus der
Familienholding vertreiben wollte, nach all den Erfahrungen der vergangenen fünfzehn Jahre, mochte ich nicht länger schweigen. Ich fühlte mich beinahe erleichtert, als ich in
dieser Nacht ins Bett ging. Am nächsten Morgen saß Oliver
mit tiefen Augenrändern am Frühstückstisch. Er hatte kaum
Schlaf gefunden, so sehr beschäftigte ihn meine Erzählung.

»Ich muss erst mal rauskriegen, ob es da irgendwelche
Verjährungsfristen gibt. Aber du solltest dir das alles noch
mal genau ansehen. Wer weiß, was da alles gelaufen ist.«

Oliver schlug mir vor, die Geschichte mit seinem Vater
Ralf, einem erfahrenen und lebensklugen Anwalt, zu besprechen.

»Mal hören, was der dazu sagt.«

Als Ralf Heine ein paar Tage nach unserem Abend auf
Sylt vom »neuen Testament« erfuhr, verschlug es ihm die
Sprache. Er konnte das gar nicht glauben. Die Angelegen-
heit kitzelte seinen Gerechtigkeitssinn, und ich bat ihn, den

Fall – gemeinsam mit meiner Anwältin Jutta Stoll – zu übernehmen.

Die erste Überraschung hielt ich wenige Tage später in
Händen. Oliver Heine kam mittags bei mir zuhause vorbei
und las mir ein Papier vor, das ich persönlich nie zuvor gesehen hatte.

> »Herr Dr. h.c. Axel Springer bat mich am 31. August
> 1985 zu einer Besprechung seiner testamentarischen
> Verfügungen für Montag, den 2. September 1985,
> nach Zürich. Er wollte Gelegenheit haben, mit mir in
> aller Ruhe bestimmte Änderungen seines Testaments
> zu besprechen und vorzunehmen. Ihm war dies so
> dringend, dass er diesen Termin verabredete, obwohl er
> am 3. September 1985 nach Berlin kommen wollte und
> auch kam.«

»Was soll das sein?«, fragte ich. Oliver zeigte mir das Deck-
blatt: eine eidesstattliche Versicherung von Bernhard Servatius, datiert auf den 31. Oktober 1985 – also genau auf
den Tag, an dem wir Erben zum ersten Mal nach dem Tod
meines Großvaters in Schwanenwerder zusammengekommen waren –, notariell beglaubigt von Hans-Joachim Rust.

»Ja, und?«, fragte ich.

»Das musst du dir anhören! Ich lese mal weiter:

> ›Axel Springer hatte mich schon während der Monate
> Juli und August mehrfach über seine Absichten
> bezüglich seines Testaments unterrichtet und wollte
> jetzt keine weitere Verzögerung – etwa durch Absage
> der Reise nach Berlin oder durch Zeitnot in Berlin –
> riskieren.
>
> In Zürich erklärte Herr Springer nach Begründung
> seiner Absichten, er ändere sein Testament abgesehen
> von der Aufhebung zweier Vermächtnisse und von zwei
> Auflagen sowie abgesehen von einigen kleinen

Änderungen zur Ordnung der Testamentsvollstreckung hinsichtlich seines Erbes wie folgt: Es sollen erhalten:

- seine Ehefrau Friede 70 Prozent,
- seine Tochter Barbara 10 Prozent,
- sein Sohn Raimund Axel Nicolaus 10 Prozent
- sowie seine Enkel Ariane und Axel Sven je 5 Prozent.

Nach einer eingehenden Erörterung dieser Änderungen, die zwei Stunden dauerte und mit der Feststellung des Verlegers endete, so solle es jetzt sein, bat Herr Springer mich, die von ihm beschlossenen Änderungen sogleich, am folgenden Tag, zu Papier zu bringen, damit er den Text dann an einem der nächsten Abende in Ruhe abschreiben könne. (Während unserer Besprechung in Zürich musste Herr Springer das Bett hüten).‹«

»Wann war Servatius in Zürich, sagst du? Was steht da?«

»Am 2. September.«

Ich war überrascht. Irgendwie hatte ich bislang immer angenommen, mein Großvater hätte Bernhard Servatius und Friede seinen letzten Willen quasi auf dem Sterbebett eingeflüstert. Die Begegnung, von der die eidesstattliche Versicherung erzählt, fand aber schon 20 Tage vor seinem Tod statt.

»Es kommt noch besser«, sagte Oliver und las weiter:

»Ich bin noch am selben Abend nach Berlin geflogen und habe den von Herrn Springer erbetenen Text sogleich am anderen Morgen, d.h. am 3. September 1985, Frau Rüschmann diktiert und durch Boten nach Schwanenwerder bringen lassen. Wie mir am nächsten Tag, den 4. September 1985, Frau Springer bestätigte, ist der Text Herrn Springer sogleich nach Ankunft (03.09.1985) übergeben worden, wobei Herr Springer erklärte, er werde seine Niederschrift fertigen, sobald er Ruhe habe.

Am Spätnachmittag des 4. September 1985 habe ich
mit Herrn Springer – nach unserer Begegnung im
Aufsichtsrat der Axel Springer Verlag AG – noch
einmal ausführlich telefoniert. Anlass des Gesprächs
war eigentlich nur die vorangegangene Aufsichtsrats-
Sitzung und eine Verabredung, die ich für ihn mit dem
Notar Dr. Rust zu treffen hatte. Ich fragte Herrn
Springer eher beiläufig, ob er meinen Entwurf für seine
handschriftlich zu fertigende Testamentsergänzung
gelesen habe, und machte ihn darauf aufmerksam,
dass er sich lediglich hinsichtlich der Dauer der
Testamentsvollstreckung noch zwischen 20 und
15 Jahren entscheiden müsse. Herr Springer bestätigte,
dass ich seine Verfügungen korrekt wiedergegeben
hatte und dass er mir den handschriftlichen
Text zuleiten werde.

Als am nächsten Tag der Notar Dr. Rust bei
Herrn Springer war, bekräftigte Axel Springer
Herrn Dr. Rust, er habe jetzt noch eine
Testamentsänderung niederzuschreiben, für die er
den Text schon habe. (Ich habe diesen Entwurf nach
dem Tode von Axel Springer durch seine Frau
zurückerhalten).«

Wir sahen uns an. Ich war fassungslos. Oliver nickte. Ich
hatte von dieser Geschichte noch nie etwas gehört.

»Moment mal«, überlegte ich. »Das würde heißen, mein
Großvater hatte seinen neuen letzten Willen schon zwanzig
Tage vor seinem Tod geäußert? Und das neue Testament lag
ihm zwei Wochen lang abschriftsreif vor?«

»Nicht nur das. Er hatte sogar noch einen Notar zu Besuch, dem er alles hätte diktieren können. Im Prinzip hätte
dein Großvater Herrn Rust das Papier von Servatius nur in
die Hand drücken müssen, und alles wäre formal korrekt
gewesen.«

»Aber, warum …? Oder besser: warum nicht?«

Oliver legte die eidesstattliche Versicherung in die Klarsichthülle zurück. »Genau das finden wir jetzt heraus.«

* * *

Am nächsten Tag setzten wir uns noch einmal in Ruhe in seiner Kanzlei zusammen. Ich hatte wieder einmal kaum geschlafen. Warum bloß hatte man uns diese Geschichte nicht schon am 31. Oktober 1985 erzählt? Schließlich hatte Servatius, wie ich jetzt erfuhr, diese eidesstattliche Versicherung am selben Abend aufgesetzt. Warum hatte er das nicht einfach ein paar Tage eher getan, so dass er sie uns bei unserer Zusammenkunft auf Schwanenwerder hätte vorlegen können? Noch andere Dinge waren mehr als eigenartig. Der Erklärung lag der Entwurf für das angebliche neue Testament bei, so wie es Servatius meinem Großvater abgelauscht, der Sekretärin diktiert und ihm zur Abschrift vorgelegt haben wollte. Selbst wenn dieser Text Wort für Wort dem allerletzten Willen meines Großvaters entsprochen haben sollte – uns Erben wurde am 31. Oktober 1985 nur ein Teil davon berichtet. Auch deckte sich der Inhalt in einigen Punkten nicht vollständig mit dem Text der Erbenvereinbarung, die wir am selben Tag unterzeichnet hatten. Ich zitiere an dieser Stelle mal etwas länger:

»Testamentsänderung
    Meine bisherigen letztwilligen Verfügungen
ändere ich hiermit wie folgt:
1. Zu meinen Erben berufe ich jetzt mit den
    nachfolgenden Anteilen am Gesamtnachlass:
    Friede Springer   mit   70 Prozent
    Barbara Choremi   10 Prozent
    Axel Sven Springer   5 Prozent
    Ariane Springer   5 Prozent
    Nicolaus Springer   10 Prozent (...)

2. Die Testamentsvollstreckung soll bis zum Ablauf des 20./15. Jahres nach meinem Tode andauern. Für die Freigabe von Vermögensanteilen gemäß Seite 2, Absatz 2, meines Testaments vom 13. August 1983 genügt ein mit einfacher Mehrheit gefasster Entschluss der Testamentsvollstrecker, sofern und soweit sie von Frau Friede Springer beantragt wird.

3. Die Bestellung von Peter Tamm zum Ersatztestamentsvollstrecker wird aufgehoben. An seiner Stelle berufe ich Herrn Walter Blüchert, zur Zeit Zürich. Bei den vorgesehenen Anhörungen und Vorschlagsrechten zur Bestimmung von Ersatztestamentsvollstreckern (…) entfallen die des Vorstandsvorsitzenden der Axel Springer Verlag AG.«

Inzwischen lag uns eine Kopie dieser Erbenvereinbarung vor. Von einer zwanzig- oder gar nur fünfzehnjährigen Testamentsvollstreckung stand da nichts. Tatsächlich hatte Bernhard Servatius einfach die dreißig Jahre aus dem letzten notariell beglaubigten Testament vom 13. August 1983 »übernommen« und damit seine großzügig dotierte Amtszeit mal eben beinahe verdoppelt. Auch hatte ich davon, dass Walter Blüchert, ein alter Schweizer Freund meines Großvaters, ursprünglich als Ersatztestamentsvollstrecker vorgesehen war, noch nie etwas gehört. Offenkundig reklamierten Servatius und Friede die Deutungshoheit über den letzten Willen meines Großvaters für sich und legten ihn nach Gutdünken aus. Was damals wirklich passiert war, warum mein Großvater seinen angeblich neuen letzten Willen nicht mehr in gültige Form gebracht hatte, obwohl er noch drei Wochen lebte, was Servatius', Rusts und sogar Friedes Rolle dabei war – das alles war mehr als rätselhaft.

»Hätte ich die Papiere damals schon gekannt«, sagte ich zu Oliver, »hätte ich die Vereinbarung ohne Rücksprache nie unterschrieben. Nicht mal mit meinen 19 Jahren.«

Und heute weiß ich natürlich auch, wie ein so wichtiges Treffen wie die Erbenkonferenz am 31. Oktober 1985 eigentlich hätte organisiert werden müssen, wie so was von anständigen und integren Menschen normalerweise vorbereitet wird. Es entspricht den üblichen Gepflogenheiten, wenn die Testamentsvollstrecker den Erben das offizielle, gültige, notariell beglaubigte Testament rechtzeitig übermitteln, damit die Empfänger dieses Dokument genau studieren und mit ihren Anwälten oder Beratern durchgehen können. Wenn die Bevollmächtigten der Auffassung sind, dass dieses offizielle Testament eigentlich nicht gelten sollte, lassen sie den Erben den Vorschlag für ein neues Testament schriftlich zukommen – mitsamt einer entsprechenden Begründung. Sollte die Testamentsänderung steuerliche Folgen für die einzelnen Erben haben können, gehört zu einem stinknormalen Procedere auch ein von einem vereidigten Wirtschaftsprüfer oder Steuerberater angefertigtes Gutachten. Den Erben wird hinreichend Zeit eingeräumt, die neuen Dokumente und das Gutachten mit ihren Anwälten und Beratern durchzugehen. Dann, vielleicht 14 Tage später, findet ein Gesprächstermin statt, bei dem die Sache mit allen Beteiligten durchgegangen wird.

Jeder normale Mensch, besonders jeder 19-jährige Naseweis, wie ich es einer war, würde zu so einem Termin seinen Anwalt mitbringen. Ich hätte die Unterlagen zumindest mal meiner Mutter gezeigt. Und dann hätte man ja sehen können, ob sich die Erben auf das »neue Testament« geeinigt hätten. Ich wage mal zu behaupten: Die Chancen wären eher gering gewesen. Jeder Wald- und Wiesenanwalt hätte einem davon abgeraten.

In meinem Fall, im Falle der post-mortem-Änderung des Testaments von Axel Springer, organisiert von Bernhard Servatius und dem Notar Rust, wurde nichts vorher verschickt. Als wir zum Treffen am 31. Oktober 1985 nach Schwanen-

werder eingeladen wurden, bekamen wir nicht einmal eine
Tagesordnung, obwohl eine solche selbst für jede Mitglie-
derversammlung eines Kleingartenvereins vorgelegt wird. Es
wurde nicht gesagt, bringt am besten eure Anwälte mit, es
geht um die Neuverteilung der vererbten Anteile an Europas
größtem Zeitungshaus. Es wurde kein steuerliches Gutachten vorgelegt. Nachdem wir die Erbenvereinbarung an
diesem Tag unterzeichneten, bekam ich nicht einmal eine
Abschrift dieses Dokuments mit auf meinen Nachhauseweg.
Und auch später nicht. Alles sollte sofort unterschrieben
werden, ohne die geringste Bedenkzeit. Wir Erben erhielten
auch keine »Quittung«, auf der draufgestanden hätte, was
genau gemacht wurde. Nichts, was man ein paar Tage später einem Anwalt mit der Bitte um Prüfung hätte vorlegen
können, um dann gegebenenfalls doch noch zu widerrufen.

Mit Mathias Döpfner, 2005

4

Zug um Zug

Nun stellte sich natürlich die Frage, ob sich eine solche Erbenvereinbarung in irgendeiner Form rückgängig machen lässt. Die Geschehnisse lagen weit zurück. Ohne offizielles Verfahren hätten wir nur sehr eingeschränkte Möglichkeiten gehabt, die Geheimnisse rund um den angeblichen letzten Willen meines Großvaters aufzudecken. Andererseits wollte ich mich auch nicht in ein weiteres Duell mit Friedes Anwälten stürzen, das womöglich nicht zu gewinnen war. Ich überlegte lange, was ich tun sollte. Letztlich aber siegte mein tief verwurzeltes Unbehagen: Ich wollte Bernhard Servatius und Friede einfach nicht mit der Nummer davonkommen lassen. Und auch dass da bei einem so akribischen, perfekt organisierten Mann wie meinem Großvater ein so folgenreicher Testamentsentwurf mehr oder weniger unbeachtet wochenlang auf dem Nachttisch gelegen haben soll, konnte ich nur schwer nachvollziehen. Zumindest wollte ich endlich die Wahrheit erfahren.

Ich rief Mathias Döpfner an, mit dem ich mich gut verstand, und bat ihn darum, mich von meiner Arbeit für die *Bild*-Gruppe vorerst zu beurlauben. So bin ich seit 2002 ein Mitarbeiter der Axel Springer AG im Wartestand.

Die nächsten Jahre über fühlte ich mich wie in einen Justizthriller aus Hollywood versetzt. Es gab eine Geschichte, die jahrelang eigentlich niemand so recht hinterfragt hatte, und nun nahmen wir sie uns detektivisch Punkt für Punkt noch einmal vor. Meine Anwälte und ihre Mitarbeiter recherchierten, forderten alte Akten an, kontaktierten mögliche Zeugen. Gemeinsam setzten wir aus vielen Puzzleteilen ein Bild zusammen, dass die Ereignisse rund um den Tod meines Großvaters in ein immer trüberes Licht tauchte. Wir konzentrierten uns dabei auf vier Fragen: Wie krank war mein Großvater wirklich, als er Bernhard Servatius und Friede angeblich von seinem geänderten letzten Willen erzählte? Warum gab es keine formell gültigen Dokumente dazu? Was genau hatte ich da eigentlich unterschrieben? Und ließen sich diese Vereinbarungen rechtlich anfechten?

Wir entschieden uns für eine Strategie, bei der meine Schenkung von Unternehmensanteilen an Friede nachträglich angefochten werden könnte. Die ganze Juristerei erinnert mich, wie schon einmal erwähnt, sehr an Schach: Ein Hin und Her aus festgelegten und freien Zügen, bei denen man die Gegenzüge mit einbezieht – so lange, bis es zum Remis kommt oder zum Schachmatt. In unserem Fall stützte sich unser »Bauer e2–e4« auf den Paragraphen 530 des Bürgerlichen Gesetzbuches. Ihm zufolge besteht die Möglichkeit, eine Schenkung zu widerrufen. Im entsprechenden Absatz heißt es: »Eine Schenkung kann widerrufen werden, wenn sich der Beschenkte durch eine schwere Verfehlung gegen den Schenker oder einen nahen Angehörigen des Schenkers groben Undanks schuldig macht.«

Jutta Stoll, meine Anwältin, erklärte mir, dass man mit einem solchen Widerruf zunächst einmal ein Zeichen setzen würde. Eine genaue Definition für das, was ein Gericht als »groben Undank« werten würde, gäbe es zwar nicht. Doch die aktuellen Auseinandersetzungen um meine Rolle in der Familiengesellschaft böten hinreichend Ansätze, diesen »groben Undank« erst einmal festzustellen. In einem Brief mit Datum vom 22. Juni 2002 legte meine Anwältin Friede

Springer haarklein dar, inwieweit deren Fehlverhalten mich
zum Widerruf der Schenkung berechtige, und sie erklärte:

> »Mein Mandant widerruft hiermit wegen obigen
> Verfehlungen jedwede Schenkung seiner ›Erbquote‹
> an Sie aufgrund und im Zusammenhang mit der
> ›Erbenvereinbarung‹, die am 31. Oktober 1985 vor
> dem Notar Dr. Rust beurkundet wurde. Die Prüfung
> der Frage, ob diese Schenkung überhaupt wirksam
> abgeschlossen wurde, behalten wir uns darüber hinaus
> weiter vor.«

Wie zu erwarten war, widersprach Friede mit einem Schreiben
ihres Anwaltes vom 3. Juli 2002 diesem Widerruf. e7–e5.
Nun konnten wir zur Sache kommen. Am 29. Juli 2002
fochten wir die Schenkung selbst an. Wir begründeten unsere Absicht damit, dass ich bei den Verhandlungen nach
dem Tode meines Großvaters, des »Erblassers«, und danach
über wesentliche Umstände getäuscht worden sei. Im Zent-
rum unserer Begründung standen die Abweichungen zwischen der Erbenvereinbarung und der von Bernhard Servatius abgegebenen und vom Notar Hans-Joachim Rust
notariell beglaubigten eidesstattlichen Versicherung.

Ein nicht minder wichtiges Argument war für uns, dass
mein Großvater die sich am 5. September 1985 bietende
Gelegenheit, seinen angeblichen letzten Willen beurkunden
zu lassen – weil nämlich der Notar Rust an diesem Tag für
ca. zwei Stunden bei ihm in Schwanenwerder war, um andere Dinge zu beurkunden –, hatte verstreichen lassen und
er auch den von Servatius ihm zugeleiteten Entwurf nicht
handschriftlich übertragen hatte. Vor diesem Hintergrund
zogen wir in Zweifel, dass der Inhalt der Erbenvereinbarung tatsächlich dem »ernstlichen letzten Erblasserwillen«
entsprach, dass also mein Großvater sein Testament von
1983 wirklich noch einmal hatte ändern wollen. Schließlich

hätte er dazu ja noch Gelegenheit gehabt, aber er tat es eben nicht.

Schließlich stellten wir darauf ab, dass die mir in Schwanenwerder erteilten Auskünfte zur Bestimmtheit und zu den Rechtsfolgen der Erbvereinbarung unvollständig bzw. unrichtig gewesen seien. Aus alledem zog meine Anwältin in ihrem Schreiben die Konsequenz: »Unser Mandant ficht somit die ›Erbenvereinbarung‹ vom 31. Oktober 1985 gegenüber den an ihr Beteiligten aus jedem tatsächlichen und rechtlichem Grund an.«

Jetzt sollten wir unser Verfahren bekommen. Am 9. August 2002 erhob das von Friede beauftragte Anwaltsbüro eine »Feststellungsklage« am Landgericht Berlin mit dem Ziel, die Gültigkeit der »Erbenvereinbarung« ein für alle Mal zu bestätigen. Unsere Anfechtung sei »unbegründet«. Die Argumente für die insgesamt 18 Seiten umfassende Klage deuteten darauf hin, dass die Gegenseite die Ereignisse rund um den 31. Oktober 1985 extrem flexibel darstellte.

Die Klage behauptete zum Beispiel, mir sei nicht verschwiegen worden, dass Bernhard Servatius und mein Großvater am 2. September 1985 in Zürich »nicht nur die wesentliche Frage der Erbeinsetzung, sondern auch Nebenfragen wie die Dauer der Testamentsvollstreckung und die Person der Testamentsvollstrecker« besprochen hätten. Dabei wusste ich persönlich erst seit wenigen Monaten, dass dieses Treffen in Zürich überhaupt stattgefunden hatte. Damals, in Schwanenwerder, hatte man uns davon nichts erzählt, kein Wort. Meine »Freiwilligkeit«, der Erbenvereinbarung zuzustimmen, gründete sich ja gerade auf den mir vermittelten Eindruck, mein Großvater hätte seinen letzten Willen kurz vor seinem Tode mit letzter Kraft verkündet und sei nicht mehr in der Lage gewesen, diesen noch irgendwie rechtsgültig zu fixieren, was er aber offensichtlich noch war. Ein weiteres Argument kam hinzu, das noch große Bedeutung erlangen sollte. In unserer Übereinkunft zum Ende der Testamentsvollstreckung vom 18. Dezember 1995 hätte ich der Entlastung unserer Testamentsvollstrecker schließlich ausdrücklich zugestimmt. Darin habe es geheißen: »Alle gegenseitigen Ansprüche, insbesondere der Erben gegen die Testamentsvollstrecker, sind damit ausgeglichen, egal ob solche Ansprüche bekannt oder unbekannt sind.«

Uns war klar, dass ein Verfahren dieser Tragweite nicht abschließend von einem Landgericht entschieden werden würde, und richteten uns auf eine längere Prozessdauer ein. Vielleicht würde das Verfahren zum Oberlandesgericht durchgereicht werden oder am Ende gar vor dem Bundesgerichtshof landen? Wie lange es tatsächlich dauern sollte, hätte ich mir damals, im Sommer 2002, allerdings nicht vorstellen können. Es begann damit, dass sich das Berliner Landgericht für nicht zuständig erklärte. Bei »schuldrechtlichen Verfahren« wäre der Wohnort des Beklagten ausschlaggebend, also meiner.

Zugeknöpft: Friede Springer, 1986

5

Unter dem Teppich

Unsere Recherchen intensivierten sich. Wir nahmen uns vor, keinen Stein auf dem anderen zu lassen und alles, aber auch alles herauszubekommen, was sich herausbekommen ließ. Das war natürlich nicht einfach. Auf die Akten vom Nachlassgericht Berlin-Charlottenburg warteten wir ein gutes Jahr lang. Der Notar Hans-Joachim Rust, der an den Gesprächen rund um die Erbenvereinbarung am 31. Oktober 1985 ebenso beteiligt war wie beim Erbscheinsantrag am 17. Dezember 1985, berief sich zunächst auf das »Mandatsgeheimnis des Verstorbenen«, musste uns dann aber doch den Blick in die Notarakten gestatten. Zeugen erinnerten sich gut an für uns wichtige Details, aber korrigierten sich später, als es an die Formulierung einer eidesstattlichen Versicherung ging, ins Ungefähre. Schließlich stießen wir auf eine Geschichte aus dem Jahr 1996, die damals beinahe völlig an mir vorbeigegangen war.

Dunkel erinnerte ich mich noch, dass es mal einen Streit um Friede Springers Erbschaftssteuer gegeben hatte, der auch kurz durch die Presse gegangen war (allerdings nicht durch die Blätter unseres Hauses). Friede hatte eine Klage gegen die Berliner Finanzbehörde angestrengt, und wir wollten uns die entsprechenden Akten einmal ansehen. Wir waren einigermaßen überrascht, als uns wenige Wochen später ein Schreiben ihrer Anwälte zugestellt wurde, das unser Ansinnen vehement zurückwies. Friedes Anwalt Karlheinz Quack argumentierte, dass weder Ariane noch ich Verfahrensbeteiligte gewesen seien. Von dem Rechtsstreit wären wir »materiell unberührt«. Zwar habe das Finanzgericht damals beabsichtigt, uns als Beteiligte beizuladen, aber da die Klage durch seine Mandantin zurückgenommen worden sei, ginge uns die ganze Angelegenheit nichts mehr an. »Deswegen wird der Akteneinsicht widersprochen.« Dieser Brief machte uns natürlich erst recht neugierig. Was genau hatte Friede damals bewogen, auf die Rückzahlung der Erbschaftssteuer zu klagen und, vor allem, warum hatte sie die Klage wieder zurückgezogen, bevor wir dazu gehört werden konnten?

Bis heute hat uns das Finanzgericht die Akteneinsicht verweigert, weshalb wir ihre entsprechenden Aussagen heute nicht mehr nachvollziehen können. Aber einige Informationen zu Friedes Auseinandersetzung vor dem Finanzgericht konnten wir schließlich doch zutage fördern.

* * *

1996 war die Freude von Friede Springer an öffentlichen Auftritten noch immer stark unterentwickelt. Sie hatte sich inzwischen eine gewisse Routine erarbeitet, trug bei solchen Gelegenheiten ein distanziertes, leicht gefroren wirkendes Lächeln und verlor so wenige Worte wie möglich. Am 10. April nahm sie als Verlegerwitwe an der feierlichen Einweihung der Axel-Springer-Straße teil, ein kleiner Abschnitt der vormaligen Lindenstraße, direkt am Verlagshaus, um dessen Umbenennung es einen jahrelangen, peinlichen Streit gegeben hatte. Ein knappes Dutzend verbissener Demonstranten grölte dann auch an diesem Vormittag unverdrossen »Haut dem Springer auf die Finger« und störte die ohnehin schlichte Zeremonie. Etwas wackelig stieg Friede Springer auf eine Leiter und enthüllte das neue Straßenschild. »Mein Mann hätte sich gefreut, aber so wichtig wäre es ihm nicht gewesen«, bekannte sie Reportern gegenüber in ihrer friesisch-herben Art. So richtig Spaß hatte ihr die Ehrung nicht gemacht.

Sechs Tage später stand in einem Verhandlungssaal des Berliner Finanzgerichts ein Termin an, bei dem sie erst recht lieber jede öffentliche Aufmerksamkeit vermieden hätte. Ein paar Neugierige waren in das Justizgebäude mitten im Wedding gekommen. Sie hatten in der Zeitung gelesen, dass die Verlegerwitwe vom Land Berlin 110 Millionen Mark Erbschaftssteuer zurück verlangte, und wollten sich so eine hochkarätige Gerichtsverhandlung nicht entgehen lassen. Doch enttäuscht zogen sie wieder ab. Der Vorsitzende Richter Schumann schloss gleich zu Beginn der Verhandlung die Öffentlichkeit aus, um »die Privatsphäre der Klägerin« zu wahren. Eine ungewöhnliche Entscheidung, tagen doch Finanzgerichte normalerweise nicht im Geheimen. Aber eine Entscheidung, die dafür sorgte, dass einige Merkwürdigkeiten rund um das Erbe meines Großvaters noch einige Jahre lang unter der Decke gehalten werden konnten.

In ihrem Ehevertrag aus dem Jahr 1978 hatten mein Großvater und Friede Gütertrennung sowie einen gegenseitigen Erbverzicht vereinbart. Da Axel Springer sich wenig später entschloss, Friede doch in seinem Testament zu bedenken, wäre auf sie im Erbfalle eine hohe Steuerlast zugekommen. Um das zu vermeiden, korrigierte Axel Springer den Ehevertrag kurz vor seinem Tod, am 5. September 1985, auf eine sogenannte Zugewinngemeinschaft. Was zunächst einmal unspektakulär klingt, wurde durch ein Urteil des Bundesfinanzhofes im Jahr 1989 wieder interessant. Denn dieses Urteil erlaubte es Eheleuten, die eine Gütertrennung in eine Gütergemeinschaft umgewandelt hatten, diese rückwirkend mit dem Tag der Eheschließung beginnen zu lassen. Im

Klartext: Auf während der Ehe gemeinsam angehäuftes Vermögen dürfe keine Erbschaftssteuer erhoben werden. Friedes Anwälte behaupteten, die 1985 im Ehevertrag vereinbarte Zugewinngemeinschaft sei in diesem Sinne rückwirkend geltend. Und da Friede ja schlecht auf ihr eigenes Vermögen Erbschaftssteuer entrichten könne, forderten sie einen Großteil des bereits gezahlten Geldes zurück.

Das unter dem Aktenzeichen V 211/95 geführte Verfahren sorgte bis in die höchsten Kreise der Berliner Politik für Aufsehen. Die Vorstellung, mal eben 110 Millionen Mark zurück zahlen zu müssen, wenn auch an eine so verdiente Bürgerin der Stadt, würde keinem Finanzsenator gefallen und schon gar nicht dem der notorisch klammen Stadt Berlin.

Das Finanzgericht förderte als Erstes die vielen Merkwürdigkeiten rund um das Testament meines Großvaters zutage. Der richterliche Beschluss vom 3. Mai 1996, der die Argumente der beiden Seiten gegeneinander abwägt, analysiert unsere Erbenvereinbarung vom 31. Oktober 1985, mit der der vermeintlich letzte Wille meines Großvaters umgesetzt werden sollte. 35 Prozent der Erbmasse seien durch diese Vereinbarung neu verteilt worden, errechnete das Gericht, »ohne dass an die weichenden Erben Barbara Choremi und Axel Sven Springer vor, bei oder nach der Vereinbarung ein Entgelt geflossen ist«. Nun passiere es durchaus gelegentlich, dass formaljuristisch unwirksame letztwillige Verfügungen von den Erben trotzdem in großer Einigkeit umgesetzt würden. Voraussetzung für die rechtliche Gültigkeit einer solchen Vereinbarung sei aber, »dass ein ernstlicher letzter Erblasswillen nachgewiesen wird«. Das klingt ziemlich kompliziert, meint aber, ins Nichtjuristendeutsch übersetzt, eigentlich nur, dass der letzte Wille, wenn er schon nicht durch ein ordentliches Testament geäußert wird, auf eine andere nachvollziehbare Art und Weise deutlich werden muss. Und nun folgt in dem Beschluss des Gerichts ein Satz, der bei Friede Springer und Bernhard Servatius die Alarmglocken schrillen lassen musste:

>»Dem Senat erscheint es aber zumindest zweifelhaft,
ob in dem Gespräch zwischen dem Erblasser
(also meinem Großvater) und seinem Rechtsberater
(Bernhard Servatius) in Anwesenheit der
Klägerin (Friede) in Zürich am 2. September 1985
dessen ernsthafter und letzter Wille zu einer
abweichenden Verteilung des Nachlasses zum
Ausdruck gekommen ist.«

Und weiter:

>»Denn immerhin hat er, nach Berlin zurückgekehrt,
am 5. September 1985 zwar noch vor einem Notar eine
Erklärung abgeben (geänderter Ehevertrag), nicht aber
sein Testament geändert. Auch seinen angeblichen
letzten Willen, dieses noch handschriftlich zu tun,
um die Notargebühren zu vermeiden, sieht der Senat
derzeit ohne weitere Sachaufklärung nicht als erwiesen
an.«

Den eigentümlichen Gedanken, dass mein mehr als gewissenhafter Großvater dem Notar nur deshalb kein neues Testament diktiert hatte, weil er die Gebühren sparen wollte, hatten Friedes Anwälte in die Diskussion eingebracht. Sie erstaunten das Gericht damit mindestens so sehr wie mit der Aussage ihrer Mandantin, die brav all die Besucher aufgezählt hatte, die mein Großvater in seinen letzten Lebenswochen noch empfangen konnte, all die Briefe, die er noch schrieb, all die Telefonate, die er noch führte …
Nun hätte mein Großvater ja auch noch eine andere Möglichkeit gehabt, seinen Wunsch nach Änderung seines Testaments kundzutun, schloss der Senat seine Argumen-

tationskette. Selbst wenn ihm die Kraft gefehlt habe, einen beglaubigten letzten Willen festzuhalten, hätte er lediglich schriftlich niederlegen müssen, dass er beabsichtige, sein Testament zu ändern. Ein einziger Satz, mit Kugelschreiber auf einer Serviette oder am Rande eines Zeitungsausrisses notiert, hätte genügt. So aber lägen »nur Angaben des damaligen Rechtsberaters des Verlegers über den in Anwesenheit der Klägerin geäußerten Willen bzw. den Wunsch des Verlegers vor, abweichend testieren zu wollen«. Und das sei ein bisschen wenig. »Zudem hat der Senat Schwierigkeiten, die Aufgabe zivilrechtlich (aufgrund des Testaments) sicherer Rechtspositionen durch die weichenden Miterben Barbara Choremi und Axel Sven Springer nachzuvollziehen.«

Das waren viele Fragen, deren weitere Erörterung Friede Springer 1996 verhinderte. Denn nachdem das Finanzgericht angekündigt hatte, dass es in dieser Angelegenheit Nicolaus, Barbara, Ariane und mich sowie Bernhard Servatius und Hans-Joachim Rust zu den genauen Umständen der Erbenvereinbarung vom 31. Oktober 1985 beiladen wollte, zogen Friedes Anwälte die Klage zurück. Friede verzichtete also lieber darauf, den von ihr geltend gemachten Anspruch auf 110 Millionen Mark weiter zu verfolgen, als die Rechtmäßigkeit des »neuen Testaments« überprüfen zu lassen. Ohnehin war ihr schon viel zu viel Licht ins Dunkel gekommen. Dass die Öffentlichkeit überhaupt von der Verhandlung erfahren hatte, empörte Friede zutiefst, wie man einem Artikel in der *Berliner Zeitung* vom 17. April 1996 entnehmen konnte. Darin heißt es:

> »Friede Springer hatte kurz vor Beginn der
> Verhandlung über ihr Büro eine Erklärung verbreiten
> lassen, in der sie sich vehement über die Berliner
> Finanzbehörde beschwert. Auf deren Sprecher nämlich,
> Frank Zimmermann, hatte sich ein Zeitungsbericht

über die Erbschaftssteuerauseinandersetzung gestützt.
Die für die ›Indiskretion‹ Verantwortlichen hätten
durch die unbefugte Weitergabe von Daten,
die den ›engsten persönlichen Lebensbereich‹ betreffen,
nicht nur das Steuergeheimnis verletzt, sondern auch
das Persönlichkeitsrecht der Verlegerwitwe missachtet,
hieß es. (…) Wie der Prozess auch immer endet –
ob sich die Parteien auf einen Vergleich einigen oder ob
es ein Urteil gibt –, die Öffentlichkeit wird davon
offiziell vermutlich von keiner Seite unterrichtet werden.
Denn selbst wenn ein Urteil gefällt wird, war gestern
zu erfahren, muss es nicht öffentlich verkündet werden,
sondern kann den Parteien zugestellt werden.«

6

Lexotanil und letzte Begegnungen

Was das Berliner Finanzgericht da bereits im Jahr 1996 er-
örtert hatte, interessierte uns angesichts der bevorstehenden
Verhandlung erst recht. Wir wollten uns ein Bild darüber
machen, wie mein Großvater die letzten Wochen vor seinem
Tod verbracht hatte. Ich hatte natürlich schon im Spätsom-
mer 1985 gewusst, dass es ihm nicht gut ging, seit länge-
rem nicht. Zu seiner Familie, seinen Freunden und seinen
Verlagsmitarbeitern hielt er nur noch spärlichen Kontakt.
Beinahe alles lief über Friede. Sie traf die meisten Verabredungen und sagte noch öfter ab. Wenn Friede ihn in
meinem Beisein mal daran erinnert hatte, dass er sich scho-
nen müsse, neckte er sie gern mit »Oberschwester Friede«.
Was ein, zwei Jahre zuvor noch witzig gemeint war, entsprach nun immer stärker der Realität. Immer wieder
plagten ihn grippale Infekte, und die langen Nächte, in
denen er keinen Schlaf finden konnte, wurden quälender.
In besseren Tagen hatte Granddaddy seine Schlafprobleme
auch schon gehabt. Aber er linderte sie, etwa auf Gut
Schierensee, noch manchmal dadurch, dass er sich nachts
in die Küche schlich, einen Block Vanilleeis aus dem Ge-
frierschrank nahm und in einer Pfanne auftaute. Ein Haus-
angestellter erwischte ihn mal, wie er am Herd die warme,
süße Brühe löffelte. »Wenn Sie auch Appetit haben …?«,
soll ihn mein Großvater eingeladen haben.

Als wir erfuhren, mit welchen Mitteln mein Großvater in seinen letzten Monaten den Schmerz der Schlaflosigkeit zu lindern versuchte, erschrak ich. Er schluckte wohl täglich Lexotanil, ein starkes Beruhigungsmittel, das Angstzustände beseitigt, aber wie die verwandten Medikamente Valium oder Tavor binnen kurzer Zeit in die Abhängigkeit führen kann. Und ebenso wie Tavor – ein Mittel, das durch den Großkonsumenten Uwe Barschel nach dessen Tod 1987 zu trauriger Berühmtheit gelangt war – verändert Lexotanil den Gemütszustand der Patienten. Es macht gefügig und seelisch labil. Das Martin-Luther-Krankenhaus in Berlin, in dem Axel Springer starb, verwahrte noch seine Akte, und wir hätten natürlich gern erfahren, unter welchen medikamentösen Einflüssen mein Großvater damals stand. Leider wurde uns die Einsicht in die Unterlagen verweigert. In seiner Biografie *Der Verleger Axel Springer* zitiert Claus Jacobi eine Notiz an Friede, in der mein Großvater ihr eine seiner typischen Nächte beschreibt:

»Bericht der Nacht zum Montag
Kefir mit Natron
2 Rohypnol genommen
Gebetsbuch Mutter Basileas gefunden
Schönes Buch von Peter Bachér
1.05 Zweites Glas Kefir
Bürsten – Kaltes Bad
$^1/_2$ 2 Zwei Rohypnol
Letzte Eintragung:
morgen um $^1/_2$ 6 Uhr aufwecken.«

Ich konnte kaum glauben, was ich da las. Nicht nur, dass Granddaddy sich regelmäßig mit schweren Beruhigungsmitteln betäubt haben muss. Vier Portionen Rohypnol in einer Nacht deuten auf Probleme, von denen Friede uns nie etwas erzählt hatte.

Rohypnol ist ein auch unter dem Namen Flunitrazepam bekanntes, verschreibungspflichtiges, extrem starkes Narkotikum. Die Packungsbeilage beschreibt folgende Nebenwirkungen:

> »Unerwünscht starke Sedierung,
> Konzentrationsstörungen und verlängerte
> Reaktionszeit als Überhangseffekte sowie
> Kopfschmerzen, Depressivität (…).
> Weiterhin besteht — insbesondere bei Kindern und
> älteren Patienten — die Möglichkeit des Auftretens
> ›paradoxer‹ Reaktionen wie erhöhte Aggressivität,
> akute Erregungszustände statt Beruhigung, Angst (…),
> Alpträume sowie Halluzinationen. Depressive
> Verstimmungszustände können verstärkt werden.
> Die Gefahr des Auftretens von Nebenwirkungen ist
> bei älteren Patienten größer; bei diesen ist wegen der
> muskelrelaxierenden Wirkung Vorsicht (Sturzgefahr)
> angezeigt.
> Die atemdepressive Wirkung kann bei schwerer
> Atemnot (Atemwegsobstruktionen) und bei Patienten
> mit Hirnschädigungen verstärkt in Erscheinung treten.
> Durch sorgfältige und individuelle Einstellung der
> Tagesdosen lassen sich diese Nebenwirkungen meistens
> vermeiden.
> Flunitrazepam besitzt ein primäres
> Abhängigkeitspotential. Bereits bei täglicher
> Anwendung über wenige Wochen ist die Gefahr einer
> Abhängigkeitsentwicklung gegeben. Dies gilt nicht
> nur für den missbräuchlichen Gebrauch besonders
> hoher Dosen, sondern auch für den therapeutischen
> Dosisbereich.«

Die Behandlungsdauer solle »so kurz wie möglich gehalten« werden, warnt der Text. Sicher stellt sich die Frage, ob zu den wechselhaften Stimmungen, denen Patienten bei der längeren Einnahme solcher Medikamente unterliegen, nicht

auch starke Schwankungen bezüglich des eigenen letzten
Willens gehören können. War sich mein Großvater wirklich
seiner Sache so sicher an jenem 2. September 1985 in Zürich,
als er Bernhard Servatius im Grand Hotel Dolder empfing,
wie dieser in seiner eidesstattlichen Versicherung angegeben
hatte?

Auf jeden Fall muss mein Großvater auch nach dem Treffen in Zürich noch in der Lage gewesen sein, etwas schriftlich niederzulegen. Im Unternehmensarchiv des Verlags
durchkämmten meine Anwältin und ein Kollege aus Hamburg die letzten Zeugnisse meines Großvaters. Sie fanden di-
verse Widmungen für ausgesuchte Freunde und Mitarbeiter,
die Axel Springer in einen Erinnerungsband über meinen
Vater geschrieben hatte – die letzte, an Peter Boenisch, einen
Tag vor seinem Tod.

Ebenfalls mit Datum vom 21. September versehen war
eine Geburtstagspostkarte, die er an seinen langjährigen
Weggefährten Max Schmeling geschrieben hatte: »Mein lieber Max, in großer Anhänglichkeit und Liebe denken Friede
und ich an Deinem 80. Geburtstag an Dich und Anni. Dein
alter Axel.« Während der Recherche wich der Archivleiter
meinen Anwälten nicht von der Seite. Die waren erst recht ir-
ritiert, als wiederholt das Telefon klingelte und der Archivleiter ans Telefon eilte. Ein hoher Herr aus dem Verlag war sehr,
sehr neugierig, was wir da zutage fördern würden. Irgendwann am Nachmittag übergab der Archivleiter den Hörer an
meine Anwältin. »Für Sie!«

»Hallo, hier spricht Cramer.«

Ernst Cramer, einer meiner Testamentsvollstrecker, Doyen
des Hauses Springer, wollte sich nur erkundigen, was denn
da los sei. Besonders freundlich klang er nicht.

*   *   *

Inzwischen wussten wir, dass mein Großvater am 4. September noch in Berlin an der Sitzung des Aufsichtsrates teilgenommen hatte. Als Hausherr wollte er die neuen Mitglieder des Aufsichtsrates begrüßen. Auf die Teilnehmer der Sitzung machte er keinen guten Eindruck. Mit schleppenden Schritten durchmaß er vorsichtig die ausladende Bibliothek im 18. Stock, die er früher mit seiner Persönlichkeit allein ausgefüllt hätte. Er hielt eine kurze Ansprache, dankte allen, dass sie die Aufgabe auf sich nähmen, und nippte zur Feier des Tages an einem Glas Champagner. Ernst Cramer, sein alter Freund, der wohl noch daran knabberte, dass Servatius ihm kurz vor Schluss doch noch den Aufsichtsratsvorsitz streitig machen konnte, war gar nicht erst zu dem Treffen erschienen.

Bernhard Servatius hatte eigentlich eine längere Rede vorbereitet, in der er die Verdienste des Verlegers weitschweifig würdigen wollte, beschränkte sich aber mit Blick auf den Zustand meines Großvaters auf wenige Sätze. Ein Abschiedsbild brannte sich allen Anwesenden ins Gedächtnis. Mein Großvater schlich um den Tisch, schüttelte einige Hände und legte die seinen schließlich dem sichtlich gerührten Peter Tamm auf die Schultern. »Diesem Mann hier habe ich viel zu verdanken.« Dann verschwand Axel Springer mit Friede im Nebenzimmer, um sich kurz auszuruhen. Die Zurückbleibenden sollten ihn nie mehr wiedersehen.

Als meine Anwältin Peter Tamm im November 2002 kontaktierte, ließ dieser sich zu einem Treffen überreden. Es gab einige Fragen an ihn, deren Beantwortung uns beim Prozess womöglich weiterhelfen könnten. Uns interessierte, was er eigentlich über das neue Testament wusste. Was hatte Servatius ihm nach dem Tode des Verlegers genau erzählt? Tamm empfing Jutta Stoll standesgemäß im Club seines privaten Schifffahrtsmuseums, das er damals noch bei sich zuhause untergebracht hatte. Traumhafter Elbblick, schwere

Mein Großvater in Kampen, 1970

Ledersessel, Jutta Stoll fühlte sich wie in der Kapitänskabine eines Luxusdampfers, also ungefähr so wie frühere Besucher in Tamms Vorstandsbüro. Der Kapitän, Verzeihung: Hausherr gab sich bestens aufgelegt und war bereit, einige wenige Fragen zu beantworten. Mit seiner Meinung über Bernhard Servatius hatte er schon früher nicht mehr hinter dem Berg gehalten. Michael Jürgs notierte in seiner 1995 erschienenen Biografie über meinen Großvater zum Verhältnis der beiden: »Noch ist seine Abscheu Servatius gegenüber ungebrochen. Den hält er widerwillig bewundernd für einen geradezu genialen Intriganten, staunt noch immer über sich selbst, dass er so oft auf den reingefallen ist. Würde aber zu gerne noch erleben, wie es den eines Tages erwischt.«

Für meine Anwältin rekapitulierte Tamm das turbulente Jahr 1985: die komplizierten Verhandlungen rund um den Börsengang; der kränkelnde Verleger, der seinen Starjuristen Servatius erst auf Intervention von Ernst Cramer an den entscheidenden Konferenzen teilnehmen ließ und eigentlich Ernst Cramer als Aufsichtsratsvorsitzenden bestellen wollte – was wiederum er, Peter Tamm, gemeinsam mit Günter Prinz verhindert habe, die den versierten Servatius aufgrund seines juristischen Sachverstandes in dieser Phase des Übergangs dem gelernten Journalisten vorgezogen hätten. Die Sache mit dem Testament sei ihm schon damals etwas seltsam vorgekommen, als Servatius ihm irgendwann im Oktober eine Kopie der »letzten Fassung« des Verlegerwillens in die Hand gedrückt hatte. »Zu schwach« sei Axel Springer gewesen, diesen letzten Willen noch in eine rechtsgültige Form zu bringen, habe Servatius behauptet, und er, Tamm, habe bei der Gelegenheit auch erfahren, dass er – anders als in dem ihm noch bekannten Testament – nicht einmal mehr als Ersatztestamentsvollstrecker vorgesehen worden sei. Tamm selbst hatte sich über seinen Anwalt Jahre später einmal ans Berliner Nach-

lassgericht gewandt, um die entsprechenden Urkunden ein-
sehen zu dürfen. Doch dem »Mann, dem ich so viel verdanke«, wie mein Großvater ihn geadelt hatte, wurde die
Einsicht in die Dokumente verweigert.

Mein Großvater mit Peter Tamm

7

Ein Richter macht die Mücke

Auf den ersten, flüchtigen Blick hätte der Richter glatt als später Jurastudent durchgehen können. Kai Mückenheim, mit seiner Kammer beim Hamburger Landgericht für unseren Fall zuständig, war 2002 in der Tat gerade erst 35 Jahre alt – jünger noch als ich. Ein sportlich wirkender Mann, sehr konzentriert in der Verhandlungsführung, aber auch immer bereit, die eine oder andere angespannte Situation mit einem Lächeln aufzulockern.

Eine Beweisaufnahme ordnete er zunächst nicht an. Beide Parteien durften ihre in aller Ausführlichkeit bereits schriftlich niedergelegten Positionen noch einmal vorstellen. Richter Mückenheim ließ sich nicht anmerken, welchen Argumenten er eher zuneigte. Allerdings schien ihn die juristische Herausforderung, die unsere Rechtsauffassung darstellte, fachlich durchaus zu reizen. Zum 1. Januar 2002, also sozusagen taufrisch, war eine Reform des Schuldrechts in Kraft getreten, die eine für uns sehr interessante Neuregelung enthielt. Sie brachte in Gesetzesform, was es vorher nur im Rahmen der Rechtsprechung gegeben hatte, die sogenannte »culpa in contrahendo«. Was klingt wie ein Cocktail, der einem an brasilianischen Strandbars gereicht wird, bedeutet, aus dem Lateinischen übersetzt, »Verschulden bei Vertragsabschluss«. Dem Gesetz zufolge hat ein Geschädigter möglicherweise Anspruch auf den Ausgleich eines (Vertrauens-)

Schadens, den er vor Vertragsabschluss erleidet, unabhängig davon, ob der Vertrag später überhaupt geschlossen wird. Das klingt kompliziert, wird aber deutlicher, wenn man unseren Fall als Vorlage dafür nimmt. Denn wenn Inhalte, die während der Vertragsanbahnung vorgetragen werden und ein vertrauensvolles Miteinander begründen helfen, falsch sind, kann man von »Schuld bei Vertragsanbahnung« sprechen. Es besteht dann möglicherweise Anspruch auf Schadensersatz oder Auflösung des Vertrags.

Auf diese Grundlage berief sich meine Anwältin. Denn nicht nur sei ich bei der Unterzeichnung der Erbenvereinbarung vom 31. Oktober 1985 von falschen Tatsachen ausgegangen beziehungsweise habe man mir wichtige Informationen vorenthalten. Ich hatte sogar noch ein formaljuristisch nicht korrektes Papier unterschrieben, das die genaue Übertragung der Anteile von mir und Barbara zu Friede, Nicolaus und Ariane im Unbestimmten ließ und deshalb am 17. Dezember mit einem neuen Vertrag präzisiert werden musste. Am 23. April 2003 landete der dicke Schriftsatz meiner Anwältin im Postfach von Richter Mückenheim, der sich ungewöhnlich rasch zu Wort meldete. Bereits zum 9. Mai teilte er den Prozessparteien seinen »Zwischenbeschluss« mit. Er bat Friede Springer, sich binnen zwei Wochen zu einem möglichen »Fehlverhalten bei Vertragsanbahnung« (»culpa in contrahendo«) zu äußern, und machte ziemlich deutlich, dass er unserer Rechtsauffassung zuneigen würde. Unsere Prozessgegner legten sämtliche Sprachgewalt, zu der sie fähig waren, in ihre Entgegnung, warfen mit Paragraphen nur so um sich, fabulierten, spekulierten – und überzeugten die Kammer nicht.

Am 6. August 2003 erließ die Kammer unter Vorsitz von Kai Mückenheim einen Hinweisbeschluss, der sich las wie eine vorweggenommene Siegeserklärung zu unseren Gunsten:

»Die Klägerin begehrt im vorliegenden Rechtsstreit die Feststellung, dass sie aufgrund der Vereinbarung vom 31. Oktober 1985 und vom 17. Dezember 1985 vom Beklagten Anteile am Nachlass in Höhe von 10 Prozent erworben hat. Der Erfolg der Klage hängt davon ab, ob eine derartige (…) wirksame Verfügung des Beklagten vorliegt. In notariell beurkundeter Form haben sich unter anderem die Parteien dieses Rechtsstreits am 31. Oktober 1985 dinglich über den Übergang von Erbanteilen geeinigt. Diese Einigung war allerdings nicht hinreichend bestimmt und die Verfügung über die Nachlassanteile damit nichtig. (…) Der Gegenstand einer dinglichen Rechtsübertragung muss im Zeitpunkt der Einigung so bestimmt sein, dass jeder, der die Vereinbarung kennt, ohne Heranziehung weiterer Umstände feststellen kann, auf welche Gegenstände sie sich bezieht. (…) Eine Abtretung ohne Bestimmtheit ihres Gegenstandes ist begrifflich nicht denkbar. (…) Das Gesetz kann es grundsätzlich nicht zulassen, dass ein nichtiges Rechtsgeschäft durch Zeitablauf oder Parteihandlungen nachträglich wirksam wird, ohne dass der Nichtigkeitsgrund beseitigt wird. Der Umstand, dass die Vertragsparteien auf der Grundlage der nichtigen Nachlassanteilsübertragungen andere Geschäfte getätigt haben und dass der Beklagte über lange Zeit die Nichtigkeit der Verfügung vom 31. Oktober 1985 nicht geltend gemacht hat, ändert also nichts.«

»Dingliche Rechtsübertragungen«, »nichtige Nachlassanteilsübertragungen« – meine Anwälte strahlten. Dieser Abschnitt bedeutete, dass die Erbenvereinbarung vom 31. Oktober 1985 nach momentaner Auffassung der Zivilkammer 1 des Landgerichts Hamburg nichtig sei. Könnte ich also Ansprüche auf die Rückübertragung meiner im ursprünglichen Testament zugesprochenen Anteile geltend machen, sollte aus dieser vorläufigen Rechtsansicht eine endgültige werden? Die Kammer führte ferner aus, dass die, wie dargestellt, »nichtige« Vereinbarung vom 31. Oktober durchaus hätte Gültigkeit erlangen können. Friedes Anwälte stritten sich ja in der Tat mit meinen darüber, ob die notarielle Urkunde vom 17. Dezember als eine Art »Vertragsbestätigung« oder »Ergänzung« der Erbenvereinbarung gewertet werden dürfe. Dadurch hätte sich die ungültige, »unbestimmte« Übertragung der Anteile in eine »bestimmte« verwandeln lassen. Doch eine solche Vertragsbestätigung würde den »Bestätigungswillen« der Vertragspartner voraussetzen. Eine Ergänzung, so die Kammer, setzte einen entsprechenden Geschäftswillen der daran mitwirkenden Personen voraus; ihnen müsse »bewusst sein, dass sie durch ihre Erklärungen dem vorausgegangenen Rechtsgeschäft überhaupt etwas hinzufügen, und sie müssen die betreffende Ergänzung inhaltlich wollen«. Das Vorhandensein eines derartigen Willens hielt das Gericht nach damaligem Sachstand für fraglich, und zwar »angesichts des Wortlauts der Urkunde« vom 17. Dezember 1985. Im Bescheid heißt es dazu:

»Wenn mit der Urkunde vom 17. Dezember 1985 die Verfügung vom 31. Oktober 1985 hätte bestätigt oder ergänzt werden sollen, wäre es zu erwarten gewesen, dass dieses dort deutlich zum Ausdruck gekommen wäre. Das ergibt sich aus dem Umstand, dass ein Notar eine Angelegenheit von weit überdurchschnittlicher wirtschaftlicher und persönlicher Bedeutung für die Beteiligten beurkundete. Gemäß § 17 BeurkG oblag es zudem dem Notar, den Willen der Beteiligten zu erforschen, den Sachverhalt zu klären, sie über die rechtliche Tragweite des Geschäfts zu belehren und ihre Erklärungen klar und unzweideutig in der Niederschrift wiederzugeben. Letzteres wäre, sollte es sich um eine Bestätigung oder Ergänzung handeln, nicht geschehen. Während eine erteilte Belehrung urkundlich dokumentiert zu werden pflegt, enthält die hier maßgebliche Urkunde keinen derartigen Passus.«

Bernhard Servatius und Hans-Joachim Rust hatten also offenbar nicht sauber gearbeitet.

Richter Mückenheim und seine Kollegen gingen wirklich sehr ins Detail. So schauten sie sich auch noch an, welche konkreten Beurkundungen Hans-Joachim Rust auf seine Rechnung geschrieben hatte. Tatsächlich hatte dieser für den 17. Dezember lediglich eine »Erbscheinverhandlung« gemäß der Kostenverordnung für Notare abgerechnet, nicht aber eine »Ergänzung« zu einem Vertrag oder gar einen Vertrag an sich. Friede erhielt vom Gericht Gelegenheit, sich zu diesen für uns sensationellen Rechtsauffassungen binnen vier Wochen zu äußern. Anschließend blieben uns ebenfalls vier Wochen zu einer abschließenden Stellungnahme. Den eigentlich anberaumten Termin für eine mündliche Verhandlung am 21. August 2003 hob das Gericht auf. Ein neuer Termin wurde zunächst nicht bestimmt.

Aber das Blatt sollte sich plötzlich wenden, von einem Tag auf den anderen. Der in der zuständigen Zivilkammer 1 maßgeblich mit unserem Fall befasste Richter Kai Mückenheim verließ mitten im Verfahren die Kammer. Er wurde an das Bundesjustizministerium abgeordnet, nach Berlin, in die Heimatstadt meiner Prozessgegner. Wir haben uns natürlich nicht nur bei ihm selbst erkundigt, *was* denn da gelaufen ist, vor allem *wann* da was gelaufen ist. Aber er durfte sich zu einem Verfahren, an dem er als Richter selbst beteiligt war, auch nachträglich nicht äußern. Ein Herr vom Landgericht Hamburg war dann so freundlich, uns schriftlich im Auftrag der Landgerichtspräsidentin auf unsere Fragen zu antworten: »Am Landgericht ist es üblich, dass Richter nicht ihre gesamte Berufslaufbahn in einer Kammer verbringen, sondern immer wieder die Kammer wechseln. Das gilt auch für unterjährige Wechsel etwa aufgrund von Abordnungen an das Bundesministerium der Justiz... Die Besetzung der Kammern wird durch das Präsidium des Landgerichts gemäß § 21e GVG beschlossen. Die Mitglieder des Präsidiums entscheiden dabei autonom und unabhängig im Rahmen ihres pflichtgemäßen Ermessens.«

Wann die Präsidiumsmitglieder die Versetzung von Kai Mückenheim entschieden hatten und wer das beantragt hatte – das ließ der Herr vom Landgericht unbeantwortet. Leider könne man nicht in die entsprechende Verfahrensakte hineinschauen. »Die Akte befindet sich nach Auskunft unseres Archivs derzeit beim Kammergericht in Berlin.« Und bereits ein Jahr nach seiner plötzlichen Abordnung nach Berlin kehrte Richter Kai Mückenheim ans Amtsgericht St. Georg in Hamburg zurück.

* * *

Erst hatten wir also kein Glück. Nun kam auch noch Pech dazu. Nach dem Ausscheiden von Richter Mückenheim gelangte die Kammer zu gänzlich anderen Einsichten. Am 30. September 2004 verkündete sie ein Urteil, das die Erbenvereinbarung doch noch für rechtens erklärte, wenn auch mit einer beinahe artistisch anmutenden Begründung. Das Gericht benötigte dafür 53 Seiten, die wir gleich mehrere Male lesen mussten, um ihre Windungen im Einzelnen nachvollziehen zu können. Ich versuche es mal in Kurzform:

Eigentlich sei die Erbenvereinbarung vom 31. Oktober 1985 wegen Unbestimmtheit der Erbanteile ungültig gewesen. Weil eben nicht drin steht, wer was genau an wen übertragen hatte. Die Urkunde vom 17. Dezember 1985 rettete die Angelegenheit ebenfalls nicht, denn auch sie »führte nicht zu einer wirksamen dinglichen Einigung«. So weit, so gut. Nun hatte also ein deutsches Gericht tatsächlich anerkannt, dass die ganze Testamentsaktion im Jahre 1985 rechtlich nicht zulässig gewesen ist. Allerdings – und das ist ein großes »allerdings« – sei das insofern zu vernachlässi-

gen, als »die nichtige Abtretung der Nachlassanteile mit der
Einigung vom 18. Dezember 1995 bestätigt worden« sei.
Dass man etwas »Nichtiges« bestätigen kann, wusste ich
vor meinem Ausflug in die wundersame Welt der deutschen
Juristerei auch noch nicht, aber hier stand es schwarz auf
weiß. Das Landgericht begründete die nachträgliche Gültigkeit der Erbenvereinbarung also mit dem Dokument,
das die Testamentsvollstreckung zehn Jahre später beendet
hatte. Unter Punkt II, Absatz 6 hätte ich gemeinsam mit
den anderen Erben schließlich einer »Entlastung« der Testamentsvollstrecker zugestimmt und hätten wir »damit auch
untereinander bestätigt, dass es hinsichtlich der Aufteilung
der Nachlassanteile beim bisherigen Zustand verbleiben
soll«.

Das war mir nun wirklich neu. Ich hatte diese Vereinbarung immer so verstanden, dass sie die unselige Testamentsvollstreckung, vor allem durch Professor Dr. Bernhard
Servatius, endlich beenden sollte. Schließlich stand ja auch
nicht »Vereinbarung zwischen den Erben« über dem Dokument, sondern »Vereinbarung zwischen den Testamentsvollstreckern und den Erben nach Axel Springer«. Wie hätte
durch so ein Papier die Verteilung von Anteilen untereinander wirksam geregelt sein können?

Dann gab es da noch einen weiteren Punkt, der mich
zutiefst irritierte. Durch mein Ansinnen, die Schenkung zu
widerrufen, hätte ich gegen »Treu und Glauben« verstoßen.
Das ist ein ziemlich dehnbarer Begriff, der – so erklärte es
mir ein befreundeter Anwalt – gern dann angewandt wird,
wenn man sonst keine passenden Gesetze findet, die ein
Urteil begründen helfen. Mein Verstoß gegen »Treu und
Glauben« bestehe darin, dass ich als Mitgesellschafter der
Familienholding schließlich all die Jahre sämtliche Papiere,
Abrechnungen und dergleichen abgezeichnet und so Friede
im Gefühl bestärkt hätte, dass ich die Regelungen der Er-

benvereinbarung akzeptieren würde. Diesem Verhalten widerspräche mein Versuch, die Schenkung an sie zu widerrufen, damit hätte ich ihr Vertrauen missbraucht. Das Gericht ging nicht weiter darauf ein, dass mich erst neue Erkenntnisse über das Zustandekommen der Erbenvereinbarung überhaupt zu diesem Schritt bewogen hatten. Und dass jetzt plötzlich ich das Vertrauen »missbraucht« haben sollte und nicht etwa die großen Verheimlicher, hielt ich für eine höchst eigenwillige Auslegung der Fakten.

In der Urteilsbegründung fand sich noch ein Absatz, der mit meinem Gerechtigkeitssinn nicht zu vereinbaren war. Durch ein Urteil zu meinen Gunsten würde Friede »in unerträglichem Maße belastet«, hieß es. Und weiter:

> »Könnte der Beklagte sein Begehren durchsetzen, müssten ohne die Hilfe der Testamentsvollstrecker die Nachlassaufteilung geändert und die Abrechnungen für die Zeit von nunmehr 19 Jahren umgestellt werden, wobei Letzteres für sich genommen bereits unter Verhältnismäßigkeitsgesichtspunkten, also einem weiteren Gebot von Treu und Glauben, ein damit nicht zu vereinbarendes unerträgliches Ergebnis wäre.«

Das war nun wirklich eine seltsame Argumentation. Im Prinzip hieß das: Okay, die Erbenvereinbarung ist eigentlich nichtig, aber nach all den Jahren wäre es doch viel zu aufwändig, diesen Fehler noch einmal zu korrigieren, die ganzen fälligen Rückübertragungen auszurechnen, die entsprechenden Steuern nachzuzahlen und so weiter. »Unzumutbar« wäre dies. Oder anders: Dem Gericht war das alles einfach zu mühsam! Dabei legte die Familienholding doch Jahr für Jahr einen äußerst präzisen Abschluss vor, der eine rückwirkende Anteilsübertragung technisch problemlos ermöglichen würde. Oder ging es auch um die »Zumutungen«, die bei einem anders lautenden Urteil für Friede Springer mit dem öffentlichen Wirbel verbunden gewesen wären? In dubio pro regina. Im Zweifel für die Königin.

Das Urteil löste nicht nur bei meinen Anwälten Kopfschütteln aus. In unserem Berufungsantrag vom 21. Dezember 2004 arbeiteten wir die aus unserer Sicht wichtigsten Mängel der Urteilsbegründung heraus. Wenn das Landgericht bestätigte, dass am 31. Oktober und am 17. Dezember 1985 in Schwanenwerder keine Anteile von mir und meiner Tante Barbara auf die anderen Erben und also auch nicht auf Friede »rechtswirksam übertragen« worden waren, konnten mit dem Papier zum Ende der Testamentsvollstreckung vom 18. Dezember 1995 diese älteren, nichtigen Vereinbarungen doch wohl nicht nachträglich bestätigt werden. Wir bezogen uns da auf die Argumentation im Hinweisbeschluss von Richter Kai Mückenheim und seinen Kollegen und wandten seine Auslegungen der Erbenvereinbarung und des Erbscheinantrags auf das Dokument von 1995 an. Auch hier war weder von »Ergänzung« noch von »Bestätigung« die Rede, durch die die Erbenvereinbarung rückwirkende Geltung hätte erlangen können. Was den Passus, dass »sämtliche gegenseitigen Ansprüche der Parteien, insbesondere solche der Erben und Vermächtnisnehmer gegenüber den Testamentsvollstreckern ausgeglichen« seien, anbelangt, so konnten wir nur wieder bekräftigen, dass ich 1995 ja noch nicht das wusste, was ich seit 2001 über die Umstände des »neuen Testaments« erfahren hatte, dass ich also damals noch im Zustande der »arglistigen Täuschung« lebte. Schließlich beanstandeten wir, dass sich das Landgericht nicht ausreichend mit der Frage der Sittenwidrigkeit und arglistigen Täuschung auseinandergesetzt hatte. Denn das war für mich die entscheidende Frage: ob Bernhard Servatius und Hans-Joachim Rust mich arglistig getäuscht beziehungsweise sittenwidrig gehandelt hatten. Diese Frage wollte ich endlich klären lassen.

8

Bei Friede auf der Couch

Die nächste Instanz also. Wieder Schriftsätze, Termine, mühselige Rekonstruktionen vergangener Ereignisse, Treffen mit Anwälten. Wieder Monate der Ungewissheit, wahrscheinlich eher Jahre, nicht nur für mich, sondern auch für Friede. Obwohl das Landgericht ihre Position fürs Erste bestätigt hatte, konnte sie nicht sicher sein, dass auch das Oberlandesgericht unsere Argumente verwerfen würde. Im Falle einer Niederlage wäre ihre Stellung innerhalb der Gesellschaft und im Verlag erheblich geschwächt worden.

Dazu drohte ja noch immer die schwelende Auseinandersetzung um Arianes und meine Rolle als Gesellschafter, bei der wir auf den letztgültigen Schiedsspruch warteten. Gerade erst hatten wir vor Gericht einen mühsamen Streit darüber ausgefochten, ob unser Freund und Vertrauter Oliver Heine mein Nachfolger im Springer-Aufsichtsrat werden dürfe. Friede wollte nicht. Einerseits bestritt sie uns noch immer das Recht, überhaupt jemanden dafür auszuwählen. Andererseits hatte sich Oliver in einem *Stern*-Artikel über unseren Erbschaftsstreit ziemlich deutlich geäußert. Ihn erinnere das Vorgehen von Bernhard Servatius und Co. im Jahr 1985 an »halbseidene Drückergeschäfte«, wurde er zitiert, was darauf schließen ließ, dass er im Aufsichtsrat wahrscheinlich kein allzu pflegeleichtes Mitglied werden würde. Das Schiedsgericht entschied allerdings, dass die von

Friede dominierte Familienholding auf der Hauptversammlung am 20. April 2005 sehr wohl für unseren Kandidaten stimmen müsse.

Der Verlag hatte sich inzwischen unter der neuen Führung stabilisiert. Mathias Döpfner hatte Friedes Hoffnungen nach Kontinuität und konservativ-liberalem Glamour erfüllt, eigentlich als erster Vorstand unter ihrer (Mit-)Verantwortung. Sie selbst hatte spürbar an Selbstbewusstsein gewonnen. In einer gerade erschienenen Biografie, einfühlsam verfasst von der FAZ-Autorin Inge Kloepfer, demonstrierte sie der Medienwelt ihre Deutungsmacht der jüngeren Verlagsgeschichte. Das Buch zierte die Bestsellerlisten von *Spiegel* und *Stern*. Vielleicht wäre es ja jetzt an der Zeit, alle Streitigkeiten zu begraben und sich ganz auf den weiteren Erfolg des Unternehmens zu konzentrieren, statt sich in weiteren Prozessen zu verzetteln. Ende März 2005 rief sie mich an.

»Hallo, Aggi, wie geht es dir?«

»Hallo Friede, bestens. Und dir?«

Sie kam sofort auf den Punkt. Der Anruf schien ihr nicht leicht gefallen zu sein.

»Aggi, wir sollten uns mal in Ruhe unterhalten. Nur die Anwälte verdienen Geld daran, das ist doch nicht gut so. Wollen wir uns nicht einmal zusammensetzen?«

Am 4. April stieg ich morgens in den ICE von Hamburg nach Berlin. Um 10.45 Uhr saß ich in ihrem Büro, dem ehemaligen meines Großvaters. Ein besonderer Ort für uns beide. Sie hatte die Räumlichkeiten soweit wie möglich unverändert gelassen und begrüßte mich ausgesprochen warmherzig. Jedes Möbelstück hier, jedes Bild an der Wand war mit Erinnerungen verbunden. Bald waren wir bei den alten Geschichten. Granddaddy hier. Granddaddy da. »Weißt du noch?« Wir lachten sogar miteinander. »Eigentlich schade«, sagte sie, »dass so viel zwischen uns getreten ist.«

Sie machte einen Vorschlag. »Meinst du nicht, dass wir uns irgendwo einigen können? Wir sollten uns in der Mitte treffen.« Ich sagte nicht nein und nicht ja. Ein konkreter Vergleichsvorschlag war das noch nicht, aber eine Idee, über die man nachdenken konnte. Als ich zurückfuhr, fühlte ich mich durchaus auch ein wenig erleichtert. Nicht, dass ich davon überzeugt war, wir könnten uns tatsächlich einigen. Aber unser Gespräch wirkte auf mich, als hätte Friede zum ersten Mal erkannt, dass man mich damals, im Oktober 1985, bei der Erbenvereinbarung ziemlich überrumpelt hatte. Und wir verabredeten, sehr bald wieder miteinander zu reden.

Zwölf Tage später war ich erneut in Berlin, diesmal bei ihr zuhause. Wir wollten uns noch einmal in Ruhe und vor allem ohne Berater und Anwälte treffen. Für eine so wohlhabende Frau lebt Friede beinahe bescheiden. Ein schönes, altes Haus im Villenvorort Dahlem, gemütlich, aber längst nicht so stilsicher eingerichtet wie die Immobilien, die mein Großvater zu Lebzeiten bewohnte. Einzelne Möbelstücke aus Schwanenwerder hatte sie mitgenommen. Aber hier, in der neuen Umgebung, wirkten einige irgendwie deplatziert wie ein edles Erinnerungsstück an den reichen Onkel, von dem man sich nicht trennen mag, egal wie es zum Rest der Einrichtung passt. Mir war das sehr sympathisch, auch dass sie sich vom Verlag statt in der protzigen S-Klasse lieber in der E-Klasse chauffieren ließ und privat ohnehin lieber in ihrem alten Golf unterwegs war. Wir saßen zusammen auf der Couch und tranken Tee. Bei Friede schmeckte der Tee übrigens immer besonders gut, das war schon bei meinem Großvater der Fall gewesen. Die Stimmung war freundlich, aber nicht mehr so ausgelassen wie beim ersten Mal.

Als sie mir dann ein konkreteres Angebot machte, musste ich feststellen, dass das weit von der Mitte entfernt lag. Im Prinzip bot Friede mir damals nicht viel mehr zusätzliche

Anteile an, als sie ein Jahr später zu extrem günstigen Konditionen aus ihrem Bestand an ihren Vertrauten Mathias Döpfner verkaufen würde. Auch wollte sie unsere Minderheitenrechte in der Gesellschaft beschneiden. Es könne doch nicht sein, dass wir Zehnprozenter ihre 90 Prozent dominieren. Offenkundig hatte sich Friede inzwischen mit ihren Anwälten zusammengesetzt. Einigermaßen ernüchtert verabschiedete ich mich von ihr. Mir ging es nicht um Geld. Es schien mir, als spekuliere Friede darauf, meinen Anteil erst sanft zu erhöhen, um mich dann bald darauf mit einem guten Angebot ganz aus der Gesellschaft herauskaufen zu können. Ich dachte aber gar nicht daran, mich mit einem vergoldeten Abschied aus dem Unternehmen meines Großvaters zurückzuziehen.

Wir trafen uns noch ein drittes Mal am 28. April, diesmal wieder in ihrem Büro. Wir saßen 85 Minuten zusammen, in deutlich geschäftsmäßigerer Atmosphäre. Von Treffen zu Treffen hatte sich ihr Angebot verschlechtert. Vielleicht hatten ihre Anwälte sie nach erster Prüfung freundlich zurückgepfiffen, vielleicht hatte sie Angst bekommen vor der eigenen Courage, ich weiß es nicht. »Wir übergeben die Sache unseren Anwälten«, schlug einer von uns vor. Wir wussten beide: In diesem Moment war es vorbei.

9

Handschriftliche Vermerke

Weitermachen. Nicht aufgeben. Keine Resignation. Es gab ja auch gute Gründe für einen langen Atem. Ich wollte einfach nicht zulassen, dass meine Testamentsvollstrecker den letzten Willen meines Großvaters ungestraft so auslegen durften, wie es ihnen gefiel. Was gab es da nicht alles für große und kleine Wunderlichkeiten! Die Sache mit dem Stempel zum Beispiel: Meine Anwältin hatte nach langem Kampf dann doch noch mal einen Blick auf die Original-Testamente meines Groß- vaters werfen dürfen. Dabei staunte sie nicht schlecht, als sie in den Nachlassakten einen amtlichen Stempel mit hand- schriftlichen Vermerk entdeckte. »Erst am 28.10. verschi- cken«. Wie bitte? Axel Springer war am 22. September 1985 gestorben. Es ist üblich, dass die Nachfahren das Testament innerhalb der nächsten zwei, drei Wochen erhalten. Wer hatte in diesem Fall so ausdrücklich darauf bestanden, dass wir das Papier erst so spät zu Gesicht bekommen dürfen. Und vor allem: warum?

Tatsächlich hatte ich vor der ominösen Zusammenkunft am 31. Oktober 1985 keinen Blick in die Testamente werfen können. Die lagen da ja auch erst in den Umschlägen auf dem Tisch. Ariane und Nicolaus hatten die Dokumente sicher ebenfalls nicht gekannt, für Barbara kann ich es nicht be- schwören. Die Testamente seien uns rechtzeitig zugestellt worden, hieß es später ausdrücklich vor Gericht – ich komme

noch einmal darauf zurück, an dieser Stelle nur so viel: Mich
hätte das Testament gar nicht erreichen können, wenn es
denn erst am 28. Oktober abgeschickt worden wäre. Es ging
an meine Münchner Adresse. Dabei wusste jeder aus meiner
Familie und erst recht Bernhard Servatius, dass ich bereits seit
Jahren im Lyceum Alpinum in Zuoz lebte. »Erst am 28.10.
verschicken«. Die unleserliche Unterschrift zum Vermerk gehörte einem Berliner Rechtspfleger. Meine Anwältin erreichte
den inzwischen pensionierten Herrn Brun am Telefon. »Eine
ungewöhnliche Sache«, sagte er, deshalb könne er sich auch
noch nach so vielen Jahren daran erinnern.

In einer später schriftlich niedergelegten Erklärung fasste
der Rechtspfleger vom Amtsgericht Berlin-Schöneberg die
Ereignisse aus dem Oktober 1985 zusammen. Er habe die
Übersendung der ihm anvertrauten Testamente schon unter
»eilt«vorbereitet, als ihn ein Anruf aus dem Axel Springer
Verlag erreichte. (»Oder von Dr. Rust persönlich.«) Jedenfalls wurde er gebeten, die Testamente nicht vor dem 28. Oktober an die Beteiligten zu versenden. Die Beteiligten, so der
Anrufer in einem zweiten Telefonat, seien »mit dieser Regelung einverstanden« gewesen.

> »Als Grund wurde mir angegeben, dass der
> Axel Springer Verlag Ende des Monats (das genaue
> Datum wurde mir angegeben, ich kann mich aber jetzt
> nicht mehr daran erinnern, ob es Dienstag, 29.10.,
> oder eher Mittwoch, 30.10., oder der 31.10 war)
> eine Pressekonferenz abhalten wolle, in welcher über
> die Testamente berichtet würde. Man wolle verhindern,
> dass Familienmitglieder mit den ihnen bekannten
> Informationen vorher einzeln an die Presse treten. (…)
> Es widerstrebt mir zwar normalerweise,
> derartigen ›Anweisungen‹ von außen nachzukommen;
> im vorliegenden Fall leuchtete mir die Vorgehensweise
> aber ein, und ich kam der Bitte nach.

Es ist nicht ausgeschlossen, dass Dr. Rust mich um
die Verzögerung der Übersendung der Testamente um
wenige Tage gebeten hatte. Es ist aber auch gut
möglich, dass es jemand vom Axel Springer Verlag
selbst gewesen ist.«

Man stelle sich vor, ich hätte bereits Mitte Oktober das Testament vom 13. August 1983 zur gründlichen Lektüre erhalten. Ich hätte mit meiner Mutter in Ruhe darüber gesprochen, mir wohl auch Gedanken über die 25 Prozent der
Anteile an der Familienholding gemacht. Ich hätte mit Sicherheit einen Anwalt konsultiert, um zu besprechen, was da
jetzt eigentlich genau auf mich zukäme. Auf keinen Fall
hätte ich ohne Rücksprache die Erbenvereinbarung gleich
an Ort und Stelle unterschrieben. Vielleicht wäre ich sogar,
nach gründlicher Erörterung mit einem Anwalt und mit
meiner Mutter und vielleicht noch der einen oder anderen
Nachfrage an Bernhard und Friede, zu dem Schluss gekommen, dass ihre Geschichte stimmt, dann hätte ich mich unter
Umständen auch im Sinne einer bewussten Entscheidung
auf das »neue Testament« eingelassen. Aber diese Chance
zur wohlüberlegten Vorbereitung hat man mir nicht gegeben. Warum nicht?

»Ach, mein Hase«

Ein Anruf – und nichts ist mehr so wie zuvor.

Mindestens einmal, oft zweimal die Woche telefonierte ich mit meiner Mutter, die weiterhin in München lebte. »Wie geht es dir?«, fragte sie dann. »Hast du was von Ariane gehört? Sieht man schon was?« (Meine Schwester war gerade schwanger.) »Und du, Mami? Alles gut?« Normalerweise war meine Mutter Rosemarie immer die erste am Telefon, wenn es klingelte, und so wunderte ich mich, als Anfang Dezember 1999 plötzlich ihr Lebensgefährte Wolfgang den Hörer abnahm. Ganz merkwürdig sprach er, wie ein Ertappter. »Du, Aggi, die Rosemarie ist jetzt grad nicht da. Aber sie ruft dich gleich zurück!« Und legte auf. Seltsam. Natürlich war meine Mutter nicht immer da, wenn ich sie anrief. Aber so ein Rückruf hatte doch Zeit, da musste Wolfgang doch nicht gleich so gehetzt klingen.

Kurz darauf klingelte es und eine mir unbekannte Nummer erschien im Display. Acht Stellen, Münchener Ortsnetz. »Hallo, mein Hase!« »Mami? Von wo aus rufst du denn an?« »Wieso fragst du?« Ich las ihr die Nummer vor, nichtsahnend, und sie war einen Moment lang ganz still. »Hase, es ist so …« Meine Mutter hatte Krebs, Brustkrebs. »Nur ein kleiner Eingriff.« Sie lag im Krankenhaus und redete, als sei es das Normalste auf der Welt. Mir sackten die Beine weg. »Mami, ich komme sofort zu dir!« »Nein, nein, das muss wirklich nicht sein. Es ist ja alles nicht so schlimm. Und bitte sag' Ariane nichts davon!« Auf keinen Fall sollte meine schwangere Schwester etwas von der Erkrankung erfahren. Nicht dass sie sich unnötig aufregt. Geht ja alles, wird schon. Es wurde. Und wurde nicht. Meine Schwester brachte im Sommer ihre wundervolle gesunde Tochter Lotti zur Welt, meiner Mutter ging es wieder besser. Der Krebs schien besiegt zu sein.

Aber Ende 2005 schnellten ihre Tumorwerte plötzlich wieder hoch. Eine Untersuchung nach der anderen folgte, irgendwo musste der neue Herd doch sein, doch man fand nichts. Die Werte wurden immer schlechter. Einige Tage nach ihrem Geburtstag am 7. Juli 2007 brach meine Mutter auf der Maximilianstraße zusammen, beinah unerträgliche Schmerzen hinter den Augen ließen sie zusammenzucken. Sie kam ins Bogenhausener Krankenhaus, wurde von einer Untersuchung zur nächsten gebracht. Lumbalpunktion, Blutwerte, Augen, Wirbelsäule, Kopf – wir hatten den Eindruck, jeder Kubikzentimeter ihres Körpers würde gecheckt werden. Leider ohne Erfolg, die Ärzte konnten den Grund für die erhöhten Tumormarker nicht finden. Der Zustand wurde immer schlechter, die Schmerzen immer größer.

Für ein paar Tage kehrte sie noch einmal nach Hause zurück. Wir eilten sofort zu ihr. Ariane war schon da, als ich aus Hamburg kam, wartete im Esszimmer. Meine Mutter lag im Schlafzimmer. Ich traute mich nicht hinein. Ariane sah mich auffordernd an: »Mach' mal, Aggi! Geh rein zu Mami, sie wird sich freuen.«

Meine Mutter war meine engste Vertraute. Sie war keine dieser »Ja«-Mamis, die immer alles gut finden, was ihre Kinder machen, nur weil es ihre Kinder sind. Aber sie war immer für mich da. Wir konnten über alles reden, ganz wunderbar war das, und nun stand ich vor ihrer Tür und wusste nicht, ob der Mensch, der da drinnen liegt, mich überhaupt noch erkennen würde. Ich trat ein. Meine Mutter lag da im Dämmerlicht der halb heruntergelassenen Rollläden, als würde sie schlafen, ganz betäubt von den starken Schmerzmitteln, ohne die es nicht mehr ging. Ich setzte mich zu ihr. Sie hob langsam und vorsichtig den Kopf, diese immer noch wunderschöne Frau, sah mich an und lächelte: »Ach, mein Hase.« Sie legte ihren Arm ein wenig zur Seite, damit ich ihre Hand halten konnte. Dann schlief sie ein. »Ach, mein Hase.« Das waren die letzten Worte, die ich sie sagen hörte.

Parade der Zeugen

Den großen Showdown, zwei Monate später, hat meine Mutter nicht mehr erlebt. Bestimmt hätte sie mich am Tag vorher noch einmal angerufen: »Mein Hase, ich wünsche dir viel Glück!« Und gewiss hätte sie noch ein »Ärgere dich nicht, wenn es nicht klappt!« hinzugefügt. Meine Mutter war ein Mensch, der lieber mit einem Lächeln durchs Leben ging, auch wenn ihr das Leben das Lächeln letztlich raubte. Vor dem Hamburger Oberlandesgericht sollte diesmal alles auf den Tisch kommen. 22 Jahre nach dem Erbentreffen auf Schwanenwerder, sechs Jahre nachdem sich meine latenten Zweifel am Zustandekommen des »neuen Testaments« verfestigt hatten, wurden erstmals Zeugen zur Beweisaufnahme einbestellt. Das Gericht rief Bernhard Servatius, damals 75, den getreuen Notar Hans-Joachim Rust, 77, Peter Vietzen, den Steuerberater sowohl von Friede als auch von der Familienholding, sowie den inzwischen 94-jährigen Ernst Cramer in den Zeugenstand. Auch meine Schwester Ariane und ich wurden geladen.

Das Interesse an diesem 19. November 2007 war gewaltig. »Springer vs. Springer«, titelte der *Cicero*, »Friede Springer droht die Entmachtung« spekulierte die Online-Ausgabe des *Manager Magazins*. Als Friede und ich uns im Flur begegneten, tat sie einen unsicheren Schritt in meine Richtung. Früher begrüßten wir uns immer mit Luftkuss links, Luft-

kuss rechts. Irgendwann hatte ich auf Handschlag umge-
stellt. Zu viele Prozesse, zu viel Streit. Sie reckte mir vorsichtig den Hals entgegen, ich streckte meine rechte Hand aus.
»Hallo Aggi!« »Hallo Friede!« Was sollte man schon sagen?
Schön, dich zu sehen? Das passte hier wohl schlecht.

Über die (bereits erwähnte) Friede-Springer-Biografie hätte
ich nicht mit ihr sprechen können. Die hatte ich erst gelesen,
als ich mich entschlossen hatte, dieses Buch zu schreiben.
Und das ist auch gut so, denn darin wird die Geschichte
rund um den angeblichen letzten Willen meines Großvaters
auf so absurde Weise geschildert, dass es mir vor Ärger den
Atem verschlagen hätte. Zum nie von ihm abgeschriebenen
»neuen« Testament meines Großvaters heißt es darin: »Die
notarielle Beurkundung wollte er sich, wie so manches Mal
davor, aus Kostengründen sparen.« Aus Kostengründen, klar.
Und weiter: »Am 30. und 31. Oktober war das Testament eröffnet und vom Nachlassgericht den Erben verlesen worden.
Dafür hatte sich die ganze Familie Springer auf Schwanenwerder zusammengefunden und dort die Woche verbracht.«
Schließlich: »Barbara Choremi hatte einen Anwalt an ihrer
Seite.« Nachlassgericht??? Die Woche verbracht??? Ein Anwalt an Barbaras Seite??? Auf Schwanenwerder war am
31. Oktober 1985 kein Nachlassgericht gewesen, ein Anwalt
für Barbara sowieso nicht, und die ganze seltsame Veranstaltung dauerte gerade mal einige Stunden. Geschichtsklitterung
pur.

Bernhard Servatius war ebenfalls nicht weit. Er strahlte
mich an, als würden wir uns hier zum Familienfest treffen
oder bei einer Preisverleihung. Eigentlich machte er das
gleiche Gesicht wie vor einem halben Jahr bei seiner Ge-
burtstagsfeier zum Fünfundsiebzigsten im Hamburger Edel-
Restaurant »Die Bank«. Ich hatte in der Lokalausgabe der
Bild alles darüber gelesen: 120 Gäste, Smoking, Abendkleid.
Es gab Gänseleberugelhupf. Ein Swing-Orchester spielte.

Um Mitternacht, als der nächste Geburtstag anstand (Albert »Kaffee-König« Darboven wurde 71), tauchte die »exotische Überraschung« auf, die Servatius sich für seinen Freund ausgedacht hatte: eine Bauchtänzerin. Nicht schlecht für einen ehemaligen Vizepräsidenten des Zentralkomitees der deutschen Katholiken. Man feierte »bis drei Uhr morgens«.

Seine hohe Stirn glänzte erwartungsfroh. Einfach alles schien an ihm abzutropfen, auch jetzt noch, auch hier im Gericht. Er herzte Friede, sie herzte zurück. Ein Herz und eine Seele. »Sie war sich sicher, dass er nicht nur das Wohl des Springer'schen Nachlasses im Kopf hatte, sondern vor allem auch sein eigenes«, hatte Friedes Biografin Inge Kloepfer formuliert. Eine »Hinrichtung«, nannte dies das *Manager Magazin*. Vor zwei Jahren erst war das Buch erschienen. Jetzt schweißte der unbequeme Enkel die Testamentsvollstrecker wieder zusammen.

Bernhard Servatius trat als Erster in den Zeugenstand. Vielleicht war es ja gar nicht so, dass alles von ihm abprallte. Vielleicht war er auch einfach nur froh, wieder einmal vor Publikum sprechen zu dürfen, egal zu welchem Anlass. Da saß er nun auf einem Stuhl, perfekt angezogen, wie aus dem Ei gepellt. Lediglich die kleinen, italienischen Slipper passten nicht so ganz zu seiner gepflegten Erscheinung. Seine Füße berührten kaum den Boden.

In wohlgesetzten Worten erzählte er dem Gericht seine Version des »neuen Testaments«. Anfang August 1985 habe ihm Axel Springer am Telefon erklärt, dass er mit ihm noch einmal über seine »letztwilligen Verfügungen« sprechen wolle. »Nach Abgabe von 49 Prozent der Aktien ergab sich wohl ein Anlass zur Neuordnung.« Servatius bot dem Verleger an, seinen Urlaub zu unterbrechen, aber der meinte, das habe noch Zeit. Ob er die Verabredung für den 2. September mit Springer oder mit dessen Ehefrau getroffen habe, daran konnte Servatius sich nicht mehr mit Bestimmtheit erinnern. Dass er extra nach Zürich einbestellt wurde, obwohl der Verleger doch einen Tag später nach Berlin geflogen sei, habe ihn nicht gewundert. Es sei Axel Springer wohl eilig gewesen. Das Gespräch fand im Züricher Grand Hotel Dolder statt.

Mein Großvater empfing seinen Chefjuristen im Bett, gesundheitlich angeschlagen, aber guter Dinge. »Er eröffnete mir, dass er die Absicht habe, Frau Springer zur Alleinerbin zu bestimmen. Sie sei für ihn die Einzige, von der er sich zur Zeit, er betonte: zur Zeit, vorstellen könnte, dass sie sein Lebenswerk bzw. sein Unternehmen in seinem Sinne fortsetzen würde.« Dass ursprünglich Friede als Alleinerbin vorgesehen gewesen sei, hatte Servatius uns damals in Schwanenwerder auch schon erzählt. Im Lichte meiner neuen Erkenntnisse kam mir das ganze Procedere jetzt aber noch viel widersprüchlicher vor. Mein Großvater hatte Servatius also kontaktiert, um ihm vertrauensvoll seinen letzten Willen zu diktieren. Allerdings schien er, als er Servatius nach Zürich rief, diesen Aussagen zufolge zunächst eine ganz andere Regelung im Sinn gehabt zu haben als die, die später dabei herauskam. Jedenfalls hatte Granddaddy Servatius selbst nach dessen Aussage ursprünglich nicht einbestellt, um ihm eine 70-10-10-5-5-Verteilung vorzuschlagen. Nur mal so als Gedanke zwischendrin.

Natürlich habe Friede, die einzige Zeugin des Züricher Gesprächs, dem 100-Prozent-Ansinnen meines Großvaters sofort widersprochen. Servatius erklärte, auch er habe gewarnt, bei einer Alleinerbin Friede wären »Auseinandersetzungen mit den Abkömmlingen« vorprogrammiert. Axel Springer »kannte meine Einstellung, dass es für die Identität der Firma nicht unwichtig wäre, die Kinder mit einzubinden. Dazu müssten sie ein Erbe tragen.« Wenn ich das jetzt richtig rekapituliere, dann hat mein Großvater – angeblich,

wie gesagt – damals sein Testament in Servatius' und Friedes
Anwesenheit also gewissermaßen live neu »entwickelt«.

Ich finde es noch heute ziemlich merkwürdig, dass vor
Gericht sowohl Bernhard Servatius als auch Ernst Cramer
vom im Sommer 1985 mehrfach geäußerten Wunsch des
Verlegers berichteten, er wolle sein Testament neu fassen,
um seinen Sohn Nicolaus doch noch zu bedenken, der Verleger zu diesem Zwecke seinen Hausjuristen nach Zürich
holt – und ihm dann erklärt, dass Friede Alleinerbin werden
soll. Also eben gerade nichts für Nicolaus. Spätestens hier
verlässt mich der Glaube daran, bei dem uns vorgelegten
»letzten Willen« handelte es sich um ein lange vorher über-
legtes neues Vermächtnis meines Großvaters und nicht nur
um eine Momentaufnahme, die er dann doch nicht schriftlich niederlegen wollte, als ihm Servatius' Entwurf vorlag.

Aber weiter mit Servatius' Darstellung: Man sei dann erst
einmal die »Abkömmlinge« gemeinsam durchgegangen.
Namen für Namen. Bei Nicolaus hatte Axel Springer, Servatius' Erinnerung zufolge, »den Eindruck, dass er sich gut
entwickele. Bei Aggi sei er nicht sicher, wohin der Weg gehe.
Er hoffe, wisse aber nicht, ob er das Zeug dazu hat.«

Irgendwie hätten sie dann am Bett meines Großvaters die
Aufteilung der Anteile ausgetüftelt, orientiert an den »Stäm-
men« – also je zehn Prozent an die leiblichen Kinder und
noch einmal zehn Prozent verteilt auf die beiden Enkel – und
schließlich noch die Dauer der Testamentsvollstreckung besprochen. »Er war der Meinung, dass nach dem Urteil, das
er von seiner Frau gewonnen habe, er sich sicher sei, dass die
Testamentsvollstreckung nicht dreißig Jahre dauern müsse.
(…) Es war dann von zwanzig bis fünfzehn Jahren die
Rede.« Gern hätte Servatius an diesem Tag in Zürich noch
weitere Punkte besprochen. Aber: »Herr Springer schlug
daraufhin die Bettdecke zurück und sagte: Sehen Sie, was Sie
angerichtet haben. Er war stark durchgeschwitzt.«

Servatius berichtete von der Aufsichtsratssitzung zwei Tage später in Berlin, der Axel Springer einen kurzen Besuch abgestattet hatte, und referierte das letzte Telefonat, das er anschließend mit meinem Großvater führte. »Ich habe ihn darauf aufmerksam gemacht, dass in dem Testament noch ein offener Punkt sei, und zwar die Dauer der Testamentsvollstreckung mit der Alternative fünfzehn oder zwanzig Jahre. (…) Ich gab ihm die Empfehlung, dass er es bei fünfzehn Jahren belassen sollte.«

Mir wurde erst später klar, dass sich Bernhard Servatius bei seiner Darstellung auf ausgesprochen dünnem Eis bewegte. Nicht nur bezüglich dieses Verfahrens. Denn wenn ein Anwalt davon erfährt, dass sein Mandant ein neues Testament »errichten« möchte, wie das so schön heißt, ist er dazu verpflichtet, die rechtsgültige »Errichtung« zeitnah zu ermöglichen. Im Prinzip hatte Servatius, seiner Darstellung folgend, das auch getan. Er flog noch am Abend des Gesprächs aus Zürich nach Berlin zurück, diktierte den Testamentsentwurf Frau Rüschmann, der zuverlässigen Sekretärin meines Großvaters, und ließ das Dokument am Nachmittag des 3. September von einem Kurier nach Schwanenwerder bringen, damit mein Großvater »es dort vorfinden und er dieses handschriftlich übertragen kann«. Es gibt Juristen, die sagen, Servatius hätte sich noch vehementer dahinterklemmen und davon überzeugen müssen, dass das Testament auch tatsächlich in einen formgültigen Zustand gebracht worden sei. Der einzig akzeptable Grund, der ihn davon hätte abhalten können, wäre eine mögliche mangelnde »Testierfähigkeit« meines Großvaters gewesen. Denn wenn ein Notar oder Anwalt den Eindruck gewinnt, sein Mandant sei, aus welchen Gründen auch immer, nicht ganz Herr seiner Sinne, darf er natürlich keinen letzten Willen aufnehmen oder beglaubigen. Dass Servatius sich auf diesem glatten Grund auch mit 75 Jahren noch immer meister-

haft bewegte, machen seine Worte vor der Sitzungsunter-
brechung deutlich: »Eine Nachfrage von mir wegen des
Testamentsentwurfs ist nicht erfolgt. (...) Ich wartete auf
seine gesundheitliche Wiederherstellung.«

Eine halbe Stunde Pause. Ich fragte mich, ob es wirklich
eine so gute Idee gewesen war, vor zwei Jahren das Rauchen
aufzugeben. Meine Anwälte, Jutta Stoll und Oliver Heine,
studierten ihre Notizen. Richter Gerold Möller sah bereits
etwas ermüdet aus. Servatius hatte sich eng an die Formu-
lierungen seiner eidesstattlichen Versicherung aus dem Jahr
1985 gehalten. Mit Sprachregelungen kannte er sich schließlich aus.

Nach der Pause lief er erst recht zu großer Form auf. Ge-
stoppte 20, gefühlte 50 Minuten ließ ihn der Richter von
den Vorbereitungen zur großen Trauerfeier um den Verleger
erzählen. Servatius holte ganz weit aus. Noch am Todes-
abend sei er von Friede über den Trauerfall verständigt worden. »Ich habe es dann übernommen, mit dem Bundeskanzler und dem Bundespräsidenten zu sprechen.« Und mit
jenem und diesem, alles wichtige Leute, und er, Bernhard
Servatius, ganz nah dran. Am Morgen des 23. September
habe er seinen Kondolenzbesuch bei der Witwe absolviert.
»Als ich ging, gab Frau Springer mir einen Umschlag und
sagte mir, dass sie diesen im Schlafzimmer gefunden habe. In
diesem Umschlag befand sich mein Entwurf des Testamentes. Auf meine Nachfrage, was daraus geworden sei, erklärte
Frau Springer, das wisse sie nicht, sie habe nicht danach ge-
sucht, ihr stünde der Sinn jetzt danach nicht, sie habe ihre
Gedanken woanders. Für mich wirkte Frau Springer sehr
zerbrechlich, sehr betroffen. Für mich verbot sich, weiter in
diesem Augenblick darüber zu reden.«

Servatius schilderte die kommenden Wochen als Kette
verpasster Gelegenheiten, die fälligen Nachlassregelungen
mit der trauernden Witwe zu besprechen. Um alles musste er

sich selber kümmern. Anlässlich der großen Trauerfeier am
27. September traf er Friede wieder. (»Auch nicht der richtige Rahmen für solche Gespräche.«) In der Woche danach,
am 4. Oktober, gab es ein längeres Telefonat zwischen den
beiden. Aber auch diesmal wurde nach Aussage von Servatius nicht über das Testament gesprochen, sondern über die
bevorstehende Gedenkveranstaltung zu Ehren Axel Springers in Israel. Eine erste persönliche, relativ ungestörte Begegnung habe es erst am 14. Oktober gegeben. »Bei diesem
Gespräch hat mir Frau Springer auch das erste Mal erklärt,
dass sie bis dahin ein handschriftliches Testament nicht auf-
gefunden hatte. Ein substantielles Gespräch hat sich hieraus
nicht ergeben.« Eine Woche später sprach Servatius Friede
erneut darauf an. Schließlich waren die Testamente vom
Amtsgericht inzwischen zur Eröffnung freigegeben. Und auch
Peter Tamm, dem Servatius seinen Entwurf von Großvaters
angeblichen letzten Willen gezeigt hatte, drängte, man müsse
jetzt endlich sagen, wie es weiterginge im Verlag. »Am Ende
dieses Gespräches hatte ich Frau Springer angedeutet, dass
wir wegen des Testamentes reden müssten. Frau Springer
machte deutlich, dass dies aber im Augenblick nicht ihr
Thema sei.« Also suchte Servatius von sich aus das Gespräch mit ihrem Anwalt, Karlheinz Quack. Mit ihm wollte
er bereden, welche steuerlichen Verpflichtungen sich durch
den angeblich veränderten letzten Willen meines Großvaters
ergeben könnten. Keine, habe ihm der Anwalt bedeutet, also
bestand »für mich keine Veranlassung, etwas noch einmal
zu überprüfen«. Servatius' Zeugen Quack konnte man dazu
leider nicht mehr befragen, da er inzwischen verstorben war.

Mit dem Vorstand verabredete Servatius schließlich ein
Interview zur Zukunft der Axel Springer AG, das möglichst
bald in allen Zeitungen des Verlags erscheinen sollte. Alle
wichtigen Fragen, den Kontakt mit dem Erben, die Sprachregelung, die Übersendung der Testamente, »wie überhaupt

alles bis unmittelbar vor dem Erbentreffen«, hätten Friede
Springer und Ernst Cramer ihm überlassen: »Nun mach es
mal.« »Erst am 29. Oktober bin ich von mir aus auf Einzel-
heiten eingegangen.« An diesem Tag habe er den Entwurf
der Erbenvereinbarung aufgesetzt und dem Notar Hans-
Joachim Rust übergeben. Und was das Steuerliche anbelangt: »Von Herrn Quack und von Herrn May« – den Fi-
nanz- und Steuerfachleuten des Verlags und der Holding –
»war bis zu diesem Zeitpunkt zu keinem Zeitpunkt einmal
gesagt worden, dass das Risiko einer Schenkungssteuer-
pflicht bestehe. Später sind derartige Bedenken auch nie von
Herrn Vietzen geäußert worden.« Den guten Peter Vietzen,
seines Zeichens externer Steuerberater der Holding, hatte
allerdings auch niemand dazu befragt.

Wir waren reif für die nächste Unterbrechung, die beinahe eine Stunde, bis 14.38 Uhr, dauerte. Nun fehlte nur
noch Servatius' Version des Erbentreffens vom 31. Oktober
1985 auf Schwanenwerder. Seine bisherige Aussage war ge-
eignet, die Vorwürfe zu zerstreuen, mich damals mit einer
Art »Coup« regelrecht überfahren zu haben. Nach seiner
Darstellung dürfte sich die Erbenvereinbarung beinahe
spontan im Miteinander der Familie ergeben haben, wozu er
lediglich juristische Unterstützung leistete. Nach der Pause
wies Servatius zunächst jeden Verdacht von sich, er stecke
direkt oder indirekt hinter dem ominösen Vermerk, die Testamente seien nicht vor dem 28. Oktober 1985 zu verschicken. »Ich habe keinen irgendwie gearteten Kontakt zu dem
Rechtspfleger des Nachlassverfahrens gehabt und auch
nichts in dieser Richtung veranlasst.« Er sei jedenfalls davon
ausgegangen, dass uns allen die Testamente rechtzeitig vor-
gelegen hätten.

Ich dachte, ich höre nicht richtig. Servatius hätte doch
wissen müssen, dass mich die Testamente nie rechtzeitig
hatten erreichen können. Und außerdem erscheint es kaum

vorstellbar, dass der Servatius-Getreue Hans-Joachim Rust
von sich aus zum Hörer gegriffen und dem Rechtspfleger
Brun vom Amtsgericht diese ungewöhnliche, mit den Interessen des Hauses Springers begründete, dringliche Bitte
vorgetragen hat. Oder sonst jemand aus dem Verlag. Sollte
sich ein Berliner Notar da wirklich die Interessen der Axel
Springer AG so zu eigen gemacht haben, dass er ohne jede
Rücksprache agierte? Das Gericht gab sich allerdings mit
den Auskünften zufrieden, wollte nach mehreren Stunden
Servatius wohl auch endlich zum Kern der Sache kommen.

Dieser beschrieb denn auch noch einmal in aller Ausführlichkeit, wie er uns in Schwanenwerder von dem geänderten
letzten Willen meines Großvaters unterrichtet hat. »Ich
sagte den Beteiligten, dass sie frei seien, es so umzusetzen,
wie der Erblasser beabsichtige, oder es auch zu lassen. Ich
sagte ihnen, dass ihnen niemand einen Vorwurf machen
könne, wenn sie es lassen würden.« Ich kann mich an solche Aussagen allerdings nicht erinnern. Wie genau sind die
Nachfahren denn von den Absichten Axel Springers unterrichtet worden? »Meinen Entwurf mit der Absicht von
Herrn Springer, sein Testament zu ändern, hatte ich nicht
nur vorliegen, sondern ich habe diesen Entwurf auch vor-
gelesen. Ich habe den Entwurf vor mir liegen gehabt und
aus ihm zitiert.« Aus ihm »zitiert« – das erklärt vielleicht
das ein oder andere Detail, das Servatius eben nicht verlesen hatte.

Dem Richter war inzwischen aufgefallen, dass es bezüglich der Dauer der Testamentsvollstreckung einige Unklar-
heiten gegeben haben muss. Bernhard Servatius hatte auch
darauf eine Antwort:

> »Wenn in einer Erklärung von mir vom 17.12.1985
> die Rede davon ist, dass Herr Springer letztlich eine
> Dauer der Testamentsvollstreckung von fünfzehn

Jahren wollte, so beruht diese Kenntnis von mir
aus einem Gespräch mit Frau Springer, in dem diese
mir diese Absicht mitgeteilt hatte. Das Gespräch war
nach dem 31.10.1985. Wann Frau Springer das
Gespräch mit ihrem Mann geführt hat, kann ich nicht
sagen.« (…) Frau Springer hatte mir sogar gesagt,
dass Herr Springer damit geliebäugelt hatte,
die Testamentsvollstreckung auf zehn Jahre zu
begrenzen.«

Hm. Wir waren mal bei fünfzehn oder zwanzig Jahren, jetzt
eigentlich bei zehn – und landeten am Ende auf wundersame
Weise bei dreißig Jahren. Irgendwie kam mir mein ehemaliger Testamentsvollstrecker immer mehr vor wie ein Testa-
mentsausleger.

Einen Tag später. Im Zeugenstand erschien Hans-Joachim
Rust, ein älterer Herr mit der Aura eines Archivars. Er hatte
seine Aufzeichnungen mitgebracht, die er mit einem gewissen Stolz vor sich auf dem Tisch anordnete. So lange her.
Und noch alles da. Widersprüchlichkeiten inklusive. Die
Kopien der sämtlichen vorliegenden Testamente hätte er
gleich nach der Freigabe durch das Amtsgericht an Bernhard
Servatius geschickt, und zwar am 8. Oktober. Mit dem
geheimnisvollen Hinweis, »nicht vor dem 28.10.«, habe er
nichts zu tun. Er sei bei der Besprechung am 31. Oktober
davon ausgegangen, dass alle Beteiligten die alten Testamente
kennen würden. Dem Gericht war das keine weitere Nachfrage wert.

Rust fuhr fort. Die Erbenvereinbarung, die er beurkunden
sollte, habe ihm Servatius erst am 30. Oktober übergeben,
»abends«. Servatius hatte noch behauptet, es sei einen Tag
früher gewesen. Ein klarer Widerspruch. Aber selbst wenn
es bereits der 29. Oktober gewesen wäre, die ganze Urkunde
wurde auf jeden Fall mit heißer Nadel gestrickt. Kein Wun-
der, dass sämtliche Gerichte, die mit ihrer Bewertung befasst

wurden, sie bislang als »nichtig« eingestuft hatten. Schön
für Rust, dass seine notariellen Dienste damals trotzdem so
großzügig mit 125 000 Mark honoriert worden sind.

Es gab dann einen zweiten, überarbeiteten Entwurf der
Erbenvereinbarung, die ihm am Mittag des 31. Oktober zugestellt worden sei – nachdem die Runde zugestimmt hatte.
Jetzt war es an ihm, dem Notar, die Beurkundung durch-
zuführen. Rust erzählte dem Gericht, wie er unsere Familie
bei seinem Eintreffen am frühen Nachmittag erlebt hat: »Es
war eine noch von Trauer über den Tod bestimmte Atmosphäre, aber eine echte familiäre Atmosphäre mit Freude,
dass es einen Weg gab, dem Willen Axel Springers zu entspre-
chen, ohne dass in der Öffentlichkeit diskutiert wurde.« Seine
Aufgabe bestand darin, die rechtliche Form dieser Erbenvereinbarung genau zu erklären. Eine echte Herausforderung, da es um einen Sachverhalt ging, der »nicht nur Laien
unklar war, sondern durchaus auch für Juristen«. Zivilrechtlich handelte es sich bei der Vereinbarung um eine »Erbteils-
abtretung«, führte Rust aus. »Ich habe die Urkunde nicht nur
verlesen, sondern das im Einzelnen erklärt.« Insgesamt bestätigte das offenbar unproblematische Zustandekommen
dieser Lösung seine Lebenserfahrung als Notar. Testaments-
änderungen müsse man recht bald nach dem Trauerfall
festzurren. »Wenn die Erben unter dem Eindruck des Todes
stehen, gibt es keine Schwierigkeiten.« Doch hatte er die
Rechnung ohne den juristischen Dilettantismus von Servatius und ihm gemacht. »Als ich zuhause mir die Urkunden
ansah und nun vorbereiten wollte, 1. die Erbscheinsver-
handlung und 2. die Mitteilung der Abtretung der Erbteils-
anteile beim Nachlassgericht, fiel mir auf, Donnerwetter, du
hast nicht hineingenommen, welchen Anteil wer von wem
bekommt.«

Donnerwetter, in der Tat. Natürlich wäre es nett gewesen,
wären wir auch von diesem Fehler unterrichtet worden.

Aber bei unserer nächsten Zusammenkunft am 17. Dezember 1985, die erstmals »Erbenkonferenz« genannt wurde, stellte man uns das nicht als Fehler dar. Rust sagte aus: »Ich habe gesagt, dass dem Nachlassgericht mitgeteilt werden muss, wer welche Anteile von wem erhält und dass bei Grundstücken dies bekannt gemacht wird und auch bei den Gesellschaften. Ich habe gesagt, dass das fehlt in der Urkunde, die wir bisher erstellt haben, dass diese ergänzt werden muss, damit die Eintragungen beim Nachlassgericht und bei den Registergerichten vorgenommen werden können.« Den Entwurf für den Erbscheinantrag hatten weder Servatius noch Rust uns vorab zugestellt, sodass wir am 17. Dezember wieder einmal reichlich unvorbereitet Unterschriften unter ein wichtiges und folgenreiches Dokument leisten sollten. »Alle waren sehr gutwillig.«

Ein passendes Schlusswort. Die Befragung von Rust wurde am nächsten Tag fortgesetzt. Dabei ging es um den Termin des Notars bei meinem Großvater am 5. September 1985. »Axel Springer lag im Bett und war fiebrig. Er hat sich sehr gefreut, mich zu sehen.« Damals wusste der Notar bereits, dass es da eventuell ein neues Testament geben würde, welches er bei dieser Gelegenheit gleich hätte mit beglaubigen können. Doch von sich aus habe er das Thema nicht angesprochen, schließlich war er für einige Änderungen im Ehevertrag zwischen Axel und Friede Springer einbestellt worden. Während Rust dem Gericht die Faszination von Gütertrennungsvereinbarungen beziehungsweise Zugewinngemeinschaften nahebrachte, las ich noch einmal die eidesstattliche Versicherung durch, die er am 8. Oktober 1985 abgegeben hatte. In dieser beschrieb der glühende Bewunderer meines Großvaters seine letzte Begegnung mit ihm: »Er macht den Eindruck eines Menschen, der nach einem erfüllten Leben auf seinen Tod vorbereitet ist, ihn zwar nicht erwartet, aber auch nicht sonderlich fürchtet.«

Es war damals sogar noch Zeit für einige grundsätzliche Erörterungen gewesen:

> »Ich verwies auf den sonnigen Tag, wie schön die
> Welt sei, und auf den Unsinn der Behauptung,
> diese herrliche Welt, diese schönen Blumen,
> seien das Ergebnis eines Urknalls und einer
> zweckmäßigen Evolution. Herr Springer stimmte
> dem mit Wärme zu und erklärte, sein Sohn Raimund,
> der ihm in verschiedener Beziehung mehr als seine
> anderen Kinder und Enkel gleiche, pflege bei der
> Betrachtung der Schöpfung Gottes ironisch zu sagen:
> ›Das ist alles Chemie, das ist alles Chemie.‹
> Den Äußerungen über Raimund war zu entnehmen,
> dass Herr Springer sich mit ihm ausgesöhnt hatte.«

Aber auch bei seinem damaligen Besuch am Krankenbett hatte Rust den Entwurf für ein neues Testament, der irgendwo zwischen den Büchern neben dem Bett gelegen haben musste, nicht angesprochen. Mein Großvater und Friede seien von selbst drauf gekommen. »Beim Abschied sprachen die Eheleute darüber, dass anschließend ein Testament handschriftlich errichtet werden sollte, entsprechend einem vorliegenden Testamentsentwurf.«

Den »sonnigen Tag« ließ Rust heute, vor Gericht, weg. Aber er konnte, ähnlich wie sein vertrauter Auftraggeber Servatius, der Versuchung nicht widerstehen, sich ganz groß herauszustellen: »Axel Springer und ich hatten oft religiöse Gespräche. Axel Springer sprach oft über den Papst. Ich überlegte, wie ich eine Audienz erreichen könnte. Ich verfügte über gute Beziehungen. Für mich ergab sich aus dem Gespräch, dass Herr Springer sich nicht für sterbenskrank hielt.« Vielleicht waren es die »guten Beziehungen«. Jedenfalls hatte Rust nach dem Gespräch plötzlich so eine Ahnung: »Auf der Rückfahrt im Auto habe ich für mich (…) den Eindruck gewonnen, dass ich Herrn Springer wohl das

letzte Mal gesehen habe.« Seine pragmatische Schlussfolge-
rung: »Ich dachte, dass es deshalb keinen Sinn macht zu
überlegen, wie man eine Papstaudienz zustande bringt.«

Nach Hans-Joachim Rust (»Um 14.37 Uhr als Zeuge mit
Dank entlassen.«) eröffnete meine Schwester Ariane den
Anwesenden noch ein paar Einblicke in unser Familien-
leben: »Mein Großvater war in diesem Sinne kein Großvater, kein Kuschel-Großvater. Mein Großvater war ein
großer Mann. Ich musste lange Onkel Axel zu ihm sagen.«
Im Wesentlichen bestätigte sie den Verlauf des 31. Oktober
so, wie auch ich ihn erlebt hatte:

> »Professor Servatius erzählte uns dann über
> die letzte Zeit des Großvaters. Es war für uns eine
> Testamentseröffnung. Er erzählte, dass der Großvater
> sein letztes Testament noch ändern wollte. Er erzählte,
> dass dieses aus gesundheitlichen Gründen nicht mehr
> die richtige Form erhalten habe. Das Ganze dauerte
> halt einen Moment. Er hat uns vorgetragen.
> Ein richtiges Gespräch gab es nicht. Ich weiß noch,
> dass meine Tante gesagt hat, wenn das so ist, so
> akzeptiere ich das. Sie war die Älteste. Das war einfach
> so. Ich habe es auch akzeptiert. Ich war froh,
> dass ich überhaupt etwas bekam. Mit der Krankheit
> hätten wir gerne etwas mehr gewusst. Es wurde nicht
> so lange darüber gesprochen.«

Ich merkte, dass meine Schwester aufgeregt war, vor dem
Gericht auszusagen, sie empfand die Situation als unangenehm. Erst später erfuhr ich, dass Friede, ohne mir davon zu
erzählen, Ariane kurz vor Abschluss des Verfahrens telefo-
nisch angeboten hatte, ihre Anteile abzukaufen. Damit wäre
unser Aufsichtsratssitz weg gewesen. Aber Ariane blieb
standhaft.

12

Das Urteil

Die Urteilsverkündung wurde für Dienstag, den 22. Januar 2008, angesetzt. Oberlandesgericht, Raum 137, Punkt 12 Uhr. Während meines unfreiwilligen Amateurjurastudiums in den vergangenen Jahren hatte ich gelernt, dass man zu solchen Terminen gar nicht selbst erscheint. Die Anwälte übrigens auch nicht. Es gibt eben immer einen Gewinner und einen Verlierer, und der Verlierer möchte sein Gesicht dem Gewinner nicht auch noch als kleines Extra dazu schenken, so hat mir das mal ein Anwalt erklärt. Ich wäre schon gern hingegangen, erst recht nach den Anrufen und Kurznachrichten, die ich in den Tagen vor der Verkündung erhielt. In der Medienstadt Berlin war unser Prozess »Talk of the Town«, erzählte mir ein Freund aus den oberen Verlagsetagen. »Die Friede wird ja bald mehr mit dir zu tun haben, erzählt man sich«, raunte eine andere Quelle. Journalisten im Besonderen und Medienleute im Allgemeinen geben sich ja immer sehr gut informiert. Am liebsten hochgeheime News, »unter drei« irgendwo aufgeschnappt. Nichts ist so schön wie das heiße Gerücht, und wenn es nicht stimmt, dann kommt eben bald das nächste. Es geht um die Aura der Allwissenheit, und natürlich »wussten« (»das weiß doch schon die halbe Stadt«) einen Tag vor der Urteilsverkündung schon »alle«, dass Friede den Prozess verloren hat. Wäre ja auch zu schön gewesen. Ein ganzer Verlag müsste unter Umständen neu geordnet werden. Mensch, mit dem Aggi konnte ich doch schon immer gut ...

Die Nachricht, die ich am Mittag des 22. Januar aus dem Munde eines sehr bekannten Journalisten erhielt, war dann doch nicht so schön. »Aggi, es tut mir leid ...« Ich hielt das Handy noch kurz am Ohr, als mein Anrufer schon aufgelegt hatte. Aus meinem Fenster schaute ich auf eine Schule. Da war gerade Pause. Die Bäume an der Straße waren kahl, sahen an diesem Wintertag aus wie tot. Ich fühlte mich auf einmal sehr müde.

Ich wollte schon die Nummer meiner Anwältin wählen, um ihr die bittere Nachricht zu übermitteln, ließ es aber noch einen Moment lang sein. Die waren wirklich damit durchgekommen, dröhnte es in meinem Kopf. All die Widersprüche hatten das Gericht offensichtlich nicht überzeugt. Friede, die man so vieles hätte fragen können, wurde während der Beweisaufnahme nicht einmal befragt.

»Springer besiegt Springer«, meldete *Spiegel Online* um 14.11 Uhr. Drei Stunden danach schrieb *stern.de*: »Es herrscht Friede im Verlag.«

Das Urteil, das ich drei Tage später in Händen hielt, las sich wie eine 59 Seiten lange Ohrfeige. Die artistischen Verrenkungen, die das Landgericht eine Instanz vorher noch veranstaltet hatte, um aus einer »nichtigen« Vereinbarung einen irgendwie dann doch gültigen Vertrag zu machen, schenkten sich Richter Möller und seine Beisitzer. Eigentlich hätte Bernhard Servatius die Begründung auch gleich selbst schreiben können. Die Erbenvereinbarung vom 31. Oktober 1985 war rechtsgültig, verkündete der Senat. Die fehlende Konkretisierung der Anteilsvereinbarung müsse man sich eben dazu denken. Dass uns allen beim Erbentreffen eine höchst unvollständige Version von Axel Springers letzter Willensfindung aufgetischt wurde – geschenkt! Es bedürfe auch keiner Aufklärung, ob Hans-Joachim Rust oder wer

auch immer den Rechtspfleger beim Nachlassgericht veranlasst hat, die Testamente erst am 28. Oktober 1985 zu
versenden. Am 31. Oktober hätten sie ja vor uns auf dem
Tisch gelegen, das müsse genügen. Die von den Zeugen
Servatius, Rust, Cramer und von der Klägerin glaubhaft
gemachte Absicht Axel Springers, ein »neues Testament« im
Sinne der Erbenvereinbarung zu verfassen, sei nachvoll-
ziehbar. Auf Seite 33 las ich:

> »Es kann vielerlei Gründe gegeben haben, weshalb der
> Erblasser ein formwirksames Testament bis zu seinem
> Tode nicht mehr errichtet hat. Dabei ist insbesondere
> zu berücksichtigen, dass der Erblasser zwar krank
> gewesen ist, nicht aber mit seinem baldigen Versterben
> gerechnet hat, weshalb er – anders als bei dem
> Bewusstsein, nicht mehr lange zu leben – für eine
> beabsichtigte Testamentsänderung keine besondere Eile
> gehabt hat, obwohl er hierzu fest entschlossen war.«

Na ja, er hätte vielleicht mit seinem Notar Herrn Rust …?
Auch da fand das Gericht eine interessante Deutung. War
Granddaddy am Ende doch wesentlich sparsamer, als wir
alle immer dachten? Schließlich »wäre eine notarielle Beurkundung einer letztwilligen Verfügung wegen des erheb-
lichen Gegenstandswertes auch mit hohen Kosten verbunden gewesen, während der Erblasser wusste, dass er kosten-
los diese letztwillige Verfügung privatschriftlich wirksam
errichten konnte, was er in der Vergangenheit bereits getan
hat«.

Im Übrigen hätte ich ja durch zahllose Handlungen als
Gesellschafter und Erbe jahrelang zum Geist dieser Vereinbarung gestanden. Geradezu zauberhaft naiv argumentierte
das Gericht, als es darum ging, ob etwa Bernhard Servatius
oder Hans-Joachim Rust ein vitales Interesse daran gehabt
hätten, dass die Erbenvereinbarung genau so ausfallen sollte,

wie sie ausgefallen war. »Der Senat vermag nicht zu erkennen, aus welchen Gründen die Zeugen die Unwahrheit gesagt haben sollten, sie haben kein eigenes wirtschaftliches
Interesse am Nachlass des Erblassers oder daran, dass die
Klägerin anstatt mit einer Quote von 50 Prozent mit einer
solchen von 70 Prozent am Nachlass beteiligt worden ist.«
Begründete es etwa kein wirtschaftliches Interesse, wenn ein
mit einer Anfangsvergütung von jährlich zwei Millionen
Mark versüßtes Amt auf dreißig Jahre ausgelegt wird anstatt auf fünfzehn oder zwanzig? Und war es für Bernhard
Servatius 1985 vielleicht doch nicht vorteilhaft, mit einer
Mehrheitsgesellschafterin Friede Springer arbeiten zu können, von der er damals zu Recht annehmen konnte, dass sie
mit der Führung eines Unternehmens überfordert wäre und
insofern ewig auf ihn angewiesen sei? War das nicht eine
bessere Lösung als ein Patt in der Familienholding? Eine Er-
bengemeinschaft, in der es keine klare Mehrheit gibt, hätte
sich in der Tat als schwieriger für ihn darstellen können, er
hätte sich nicht nur mit Friede, sondern auch mit Barbara
und mir auseinandersetzen müssen – und wie zum Beispiel
ich mich noch entwickeln würde, war damals ja unklar. War
das kein »eigenes Interesse«?

Schließlich erklärte der Senat, man hätte natürlich noch
den einen oder anderen Zeugen befragen können, aber das
wäre eine »unzulässige Ausforschung« gewesen.

Ach ja, ein Punkt noch: Eine Revision wurde nicht zugelassen.

Einen Monat nach dem Urteil wurde der Vorsitzende
Richter Gerold Möller zum Vizepräsidenten des Hamburger
Oberlandesgerichts gewählt.

Nun blieb mir nur noch der Bundesgerichtshof. Da das
OLG eine Revision nicht zugelassen hatte, musste ich eine
Nichtzulassungsbeschwerde in Karlsruhe, dem Sitz des
obersten deutschen Zivilgerichts, einreichen.

Zuerst wurde die Urteilsbegründung vom OLG aufmerksamst studiert. Jeder Absatz wurde seziert. Meine Anwälte waren sich einig: Darin sind Fehler enthalten. Solche frohen Botschaften hatte ich aber schon vorher gehört und dennoch in der ersten wie in der zweiten Instanz verloren. Ich wollte eine zweite Meinung einholen, was nichts mit mangelndem Vertrauen meinen Anwälten gegenüber zu tun hatte. Eher wollte ich mich vor einer weiteren Enttäuschung schützen, also den Schritt zum BGH nur dann gehen, wenn eine weitere ebenso unabhängige wie rechtskundige Person wirkliche Erfolgschancen sah. Aber nur dann.

Im Laufe der vergangenen Jahre hatte ich durch die vielen Prozesse die Bekanntschaft einiger Juristen gemacht. Und da einer den anderen kennt, hatte ich die großartige Möglichkeit, einen ehemaligen Richter des BGH mit »meinem« Fall vertraut zu machen. Der Richter a.D. beschäftigte sich intensiv mit all den Unterlagen. Sein Fazit: »Es ist so sicher wie das Amen in der Kirche, dass der Nichtzulassungsbeschwerde vom BGH stattgegeben wird.« Die Urteilsbegründung des OLG enthalte einfach zu viele Fehler und Unzulänglichkeiten, um Bestand haben zu können.

Ich reichte also den Schriftsatz ein, am 25. Juli 2008. Monate vergingen. Dann die Antwort des BGH: Die Nichtzulassungsbeschwerde wurde abgewiesen. Unglaublich. Das war ein Paukenschlag, als mich meine Anwältin anrief. Ich konnte einfach nicht fassen, kann es bis heute nicht, dass die Gegenseite mit ihrer Rechtsauffassung durchgekommen ist.

13

Ganz oben

Am 4. November 2011 wurde in Berlin das langjährige, von allen geachtete Vorstandsmitglied Rudolf Knepper bei einem Stehempfang im Verlag feierlich verabschiedet. Wenn man die ganzen Wirren und Wandlungen bedenkt, denen der Axel Springer Verlag unterworfen gewesen ist, sind die 17 Jahre, die sich Knepper im Vorstand hielt, mehr als bemerkenswert. Aber der stets freundliche Betriebswirt und Ingenieur gehört zu der Sorte Menschen, die auf eine selbstverständliche Art immer dazugehören, weil man sie einfach nicht missen mag. Im Journalistenclub hoch über den Dächern der Hauptstadt versammelte sich beinahe alles, was im Verlag Rang und Namen hat oder hatte. Ich wunderte mich ein wenig, dass auch ich zum erlauchten Kreis eingeladen wurde, aber Rudolf Knepper betonte bei der Begrüßung, dass er sich ganz besonders über mein Kommen freue. Es ging familiär zu, beinahe heiter. Knepper erzählte noch einmal, wie er 1968 als junger Student vor diesem Verlagshaus gegen die vermeintliche Machtfülle meines Großvaters protestiert hatte – und 1973 trotzdem in seine Dienste trat. »Dabei habe ich zwar einige Freunde verloren«, bekannte er lächelnd. »Aber ich habe es nie bereut.« Der Applaus war ihm sicher.

Während ich ihm zuhörte, fiel mein Blick auf Bernhard Servatius. Ich hatte ihn bereits am Morgen auf dem Weg von Hamburg nach Berlin in der Bahn getroffen. Er grüßte freundlich, lächelte mich an und erzählte mir als Erstes, er höre ja von meinem zehnjährigen Sohn »nur Gutes«. Ich habe so einen Menschen wie ihn kein zweites Mal auf dieser Welt erlebt. Natürlich hatte sich Bernhard Servatius vor Beginn der ersten Rede wie selbstverständlich in die erste Reihe vorgeschlichen. Er lachte sogar noch, als Mathias Döpfner einen kleinen Witz auf seine Kosten riss. Beinahe am lautesten von allen. Kein Problem für ihn, absolute Schmerzfreiheit ist eine seiner hervorstechendsten Eigenschaften.

Etwas über 130 Gäste waren erschienen. Ein einziger Tisch stand im Raum, ein paar Stühle drum herum. Einige Aufsichtsratsmitglieder um Friede Springer hatten dort Platz genommen. Alle anderen standen. Peter Tamm, inzwischen 84 Jahre alt, stützte sich auf seinen Gehstock. Als Friede ihn zu sich winkte, schüttelte er nur den Kopf. Ein Admiral sitzt nicht, wenn die Mannschaft stehen muss.

Wenn ich in Berlin bin, besuche ich meist noch das Grab meines Großvaters. So auch an diesem Novembertag, im Anschluss an die feierliche Verabschiedung von Rudolf Knepper. Es ist ein schlichtes Grab, ganz im Kontrast zu dem pompösen Staatsakt vor seiner Beerdigung. Das Herbstlaub leuchtete in allen Farben, als ich vor seine letzte Ruhestätte trat. Auf dem Friedhof am Nicolassee hörte man nur das Rascheln der gefallenen Blätter. Ich hatte das Gefühl, dass lange niemand mehr hier war.

* * *

Wenn sehr vertraute Personen einen 19-jährigen, jungen Mann auffordern, er solle etwas im Sinne eines geliebten, gerade verstorbenen Verwandten tun, dann tut er das. Ich habe es getan. Und das war ein Fehler. Nicht etwa weil ich etwas abgegeben habe, sondern weil mir damals eine nicht vollständige Geschichte erzählt wurde. Auch wenn die Gerichte sich nicht durchringen konnten, meinen Argumenten zu folgen: Ich fühlte und fühle mich getäuscht.

Ich musste und wollte versuchen, Gerechtigkeit zu erhalten, und bereue auch heute nicht, diesen Weg gegangen zu sein.

Ich möchte nichts beschönigen. Diese knapp zehn Jahre andauernde Auseinandersetzung war unerfreulich. Gefühle wurden verletzt – auf beiden Seiten. Die Gerichte haben entschieden, die Anwälte brauchen wir hier nicht mehr. Möglicherweise ist nun wieder Raum, um aufeinander zuzugehen. Das sind wir der Axel Springer AG schuldig – vor allem aber meinem Großvater.

Das Grab meines Großvaters im November 2011

Quellen

Viele der Quellen, auf die ich mich stütze, sind öffentlich zugängliche Zeitungs- und Zeitschriftenartikel. Die privaten Briefe und Dokumente, die ich anführe, befinden sich in meinem Archiv. Ferner zitiere ich aus ein paar wenigen Büchern, die ich hier der Übersicht halber voranstelle.

Jacobi, Claus: *Fremde, Freunde, Feinde. Eine private Zeitgeschichte*, Berlin 1991

–: *Der Verleger Axel Springer. Eine Biographie aus der Nähe*, München 2005

Jürgs, Michael: *Der Verleger. Der Fall Axel Springer*, München 1995, Taschenbuchausgabe 2001 (wird nach 2001 zitiert)

Kloepfer, Inge: *Friede Springer. Die Biografie*, Berlin 2006

Naeher, Gerhard: *Axel Springer. Mensch, Macht, Mythos*. Erlangen, Bonn, Wien 1991

Schreiber, Hermann: »Andere Gesetze«. In: Mathias Döpfner (Hg): *Neue Blicke auf den Verleger*, Berlin 2005

Schwarz, Hans-Peter: *Axel Springer. Die Biografie*, Berlin 2008

Wagner, Franz Josef: *Brief an Deutschland*, München 2010

Teil I

I.2

»Freiwillig aus dem Leben geschieden« → »Axel Springer Jr. ist tot«, *Welt*, 4.1.1980

I.3

»Bevor ich mich das nächste Mal vermähle ...« → Jacobi 2005, S. 193

»Axel soll er heißen. Ich bin sehr froh.« → Schwarz 2008, S. 76

»Der Kleine läuft mir immer hinterher ..., mein Pumpelchen, mein Stumpelchen« → Jacobi 2005, S. 282

dank der Atteste »verständnisvoller Ärzte« → Schwarz 2008, S. 76 ff.

»Meine Schulen und Internate wechselten schneller als meine Mütter« → Jacobi 1991, S. 213

»Sein Befinden war durchaus abhängig vom Stand der Beziehungen zu seinem Vater ...« → Schreiber 2005, S. 105

I.4

»Wenn du deine erste Million hast, gibst du's mir wieder!« → Wagner 2010, S. 46

»Über uns die Milchstraße. Leider bist du eingeschlafen, dein Axel.« → Wagner 2010, S. 47

»Er war der Springer zum Anfassen im Verlag der 12 000« → Jacobi 1991, S. 214

Die »Höflinge« → Jürgs 2001, S. 158

»Ich lerne auf Verleger« → »Ins Ungewisse«, *Spiegel*, 7.1.1980

Im Grunde traute Axel Springer »nur einem einzigen zu, den komplizieren Konzern zu regieren: sich selbst« → Schwarz 2008, S. 420

Windpocken können Depressionen verstärken, las ich in einem Nachruf. → »Ich hab keine Lust mehr«, *Stern*, 10.1.1980

I.5

»Es kann sein, dass du einmal mein Nachfolger sein wirst« → Jacobi 1991, S. 274

»Auschwitz – das waren wir.« → Naeher 1991, S. 453

I.6

»Diese Liebe konnte er sogar zeigen« → Jürgs 2001, S. 383

I.7

»Villenhaushalt sucht Kindermädchen« → Kloepfer 2006, S. 22

I.8

»Kühl, aber freundlich, aufrichtig und sparsam« → Jacobi 2005, S. 271

Sie »sollte Missgunst erleben und aufgebrachte Familienmitglieder« → Kloepfer 2006

»Über sich selbst und ihre Situation wollte sie nicht grübeln« → Kloepfer 2006, S. 63

I.9

»Polizei glaubt nicht an Entführung« → »Polizei glaubt nicht an Entführung«, *FAZ*, 25.1.1985

»Auch im Internat spricht man von Ausreißabenteuer« → »Auch im Internat spricht man von Ausreißabenteuer«, *Hamburger Morgenpost*, 25.1.1985

»Sein Großvater besteht heute noch darauf« → *Schweizer Illustrierte*, Archiv A.S.S.

»Eine Reihe von Merkwürdigkeiten lässt die Kriminalstory eher wie einen Primaner-Streich erscheinen« → »Seltsam, seltsam«, *Spiegel*, 28.1.1985

»Komisch war, welche Banknoten die Entführer vom Verlagshaus Springer forderten« → ebd.

»Drei Tage lang war der Enkel des Hamburger Großverlegers« → »Der Krimi des jungen Springer«, *Stern*, 31.1.1985

»Oft bestaunen die Dörfler schwere Limousinen aus der Bundesrepublik« → ebd.

»›Bei einem Kiosk wollte ich telefonieren‹« → ebd.

»Inzwischen waren deutsche und Schweizer Anwälte den Ermittlern in Chur zu Leibe gerückt.« → ebd.

»Was sich anfangs wie eine Räuberpistole des Sven Axel las« → »Die Tat der Millionärssöhne«, *Stern*, 21.2.1985

I.10

»Zur Aufklärung des ›Entführungsfalles‹ gab die in München lebende Mutter von Axel Sven Springer, Rosemarie Springer, folgende Erklärung ab« → Archiv A.S.S.

»Aggis tolle Erzählungen« → »Aggis tolle Erzählungen«, *Münchener Abendzeitung*, 1.2.1985

I.11

»Wie sehr bedrohten die Entführer Sven Springer?« → »Wegen der Entführung Axel Sven Springers vor Gericht«, FAZ, 19.9.1985

»Warum machte das Opfer keinen Fluchtversuch?« → »Antworten kommen im Flüsterton«, *Zeit*, 20.9.1985

»Er war ein großer Deutscher« → im Sonderdruck zur Trauerfeier, Archiv A.S.S.

Teil II

II.1

»Bernhard Servatius ist einer der einflussreichsten Deutschen« → »Der Medienstratege hinter den Kulissen«, *Welt*, 13.4.2002

»Seine Meisterschaft ist tatsächlich der Auftritt, der alles offen lässt.« → »Der hermetische Gentleman«, *Welt am Sonntag*, 14.4.2002

»Darf ein Verteidiger lügen?« → »Darf ein Verteidiger lügen?«, *Stern*, 17.10.1965

»Ich möchte eine Erklärung abgeben zu einer Rechtsfrage« → Gerhard Strate: »Der einundzwanzigste Tag des Mariotti-Prozesses – zum Gedenken an Generalstaatsanwalt Ernst Buchholz«, www.strate.net/de/publikationen/der_einundzwanzigste_tag_des_mariotti-prozesses.html

»Mein Nächster ist nun allein Ernst Cramer« → Schwarz 2008, S. 647

II.5

»Aber keine Aktie mehr!« → Schwarz 2008, S. 648; Naeher 1991, S. 550 f.

eine »faszinierende, atemberaubende Mischung aus Pokerei und Hochstapelei« → *Medien*, 1/1988

»wohl in erster Linie bestrebt, letzten Endes auf Seiten der Sieger zu stehen« → *Industriemagazin*, November 1987

»Auch *ein* Koch kann den Brei verderben ...« → »Verdammt zur Harmonie«, *Zeit*, 27.3.1987

»Entweder du oder ich« → *Industriemagazin*, November 1987

»Die Schwäche des Hauses ist die Schwäche des Aufsichtsrats« → »Unten kürzen, oben pulvern«, *Spiegel*, 21.2.1994

II.6

»Da gibt es einen Weg, wenn die sogenannte ›Deutsche Demokratische Republik‹ eine wirkliche deutsch geführte demokratische Republik ist« → Zitat aus dem TV-Film »Einige Tage im Leben des Axel Springer«, ARD, 22.6.1970

»Ich will Ihnen sagen, was die Deutschen im Laufe der nächsten zehn Jahre tun sollten« → Jürgs 2001, S.169

II.7

»Ich bin hier nur Gast« → »Stolz gehört nicht in mein Vokabular«, *Welt am Sonntag*, 20.12.1998
»Es gab eine Einsamkeit, die an die Schmerzgrenze ging« → ebd.
»Friede Springer fühlte sich als Ball in einem Spiel, das keine Regeln hatte« → Kloepfer 2006, S. 167

II.8

»Sie haben gut lachen« → »Die wahren Erben«, *Manager Magazin*, 1.10.1991
»Besondere Kennzeichen: Verbindliches Lächeln« → ebd.
»Auch bei der Abfassung des Springer-Testaments wusste der Anwalt seinen Einfluss zur Geltung zu bringen« → ebd.

II.9

»Den Verlag führe ich wie einen Flottenverband« → »Prof. zur See«, *Hamburger Abendblatt*, 6.8.2002
»Diesem Mann verdanke ich viel« → Jacobi 2005, S. 343
»Lieber Bernhard, wie immer man die Vorgänge der letzten Monate bewerten mag« → interne Notiz, 7.5.1991 Archiv A.S.S.
»If you pay peanuts you get monkeys« → »Manche Schlagzeilen bereue ich«, *Stern*, 8.9.1994
»Wenn wir schon aufräumen müssen, dann fangen wir oben an und nicht bei der Putzfrau« → »Gründlich unterschätzt«, *Spiegel*, 19.8.1991
»Schlangengrube Springer« → »Schlangengrube Springer«, *Manager Magazin*, Januar 1993
»Heilungschancen so gut wie keine« → ebd.
»Journalistische Kompetenz wird hier nur hochstilisiert« → »Schalk im Nacken«, *Manager Magazin*, Januar 1994
»Der Geist, der von Axel Springer geprägt wurde, hält bis heute jeder Entfremdung stand« → ebd.
sie wären gerade »durch eine Pressemitteilung darüber informiert worden« → »Tollhaus Springer«, *Manager Magazin*, März 1994
»Springers starker Mann Bernhard Servatius hat alle gegen sich aufgebracht« → ebd.

II.10

»Wir, die Kinder und Enkel von Axel Springer« → »Mit wachsendem Entsetzen«, *Zeit*, 4.3.1994
»Die Ohnmacht der Erben war auch ihr nicht fremd« → Kloepfer 2006, S. 217
»Der Federhalter füllte Zeile um Zeile mit blauer Tinte« → ebd.
»Wieder zitterten Friede Springer die Knie« → ebd., S. 222

II.11

eine »für das Zusammenwachsen, für die Heilung mancher Verletzungen ganz wichtige Station« → »Das schwarze Imperium«, *Spiegel*, 30/1994
»Im komfortablen Hamburger Hotel ›Alsterkrug‹« → »Wie im Taubenschlag«, *Focus*, 25.7.1994
die Umgangsformen (»eigenwilliger Führungsstil«) des Workaholics → »Mauer des Schweigens«, *Spiegel*, 45/1997

II.12

»Manche sind ja richtige Primadonnen« → »Sanfter Stratege«, *Spiegel*, 51/1997
Gus Fischer, übrigens mit einem »extrafesten« Händedruck ausgestattet → »Axel Springer Verlag: Große Visionen, kleine Pläne«, *Manager Magazin*, 22.5.1998
»Upward delegation« lästerte Fischer → »Springer neu erfinden«, *Zeit*, 4.6.1998
»Er kam ausgeruht, aber unvorbereitet« → »Ich will das Maximum«, *Stern*, 30.12.1998
»Längst können sie nicht mehr nachvollziehen, was Aufsichtsrat und Vorstand vorexerzieren« → *Wirtschaftswoche*
Denn der kassierte 2001 dem *Manager Magazin* zufolge erstaunliche 23 Millionen Mark → »Top-Verdiener: Die Oberklasse«, *Manager Magazin*, 19.7.2001
»Ich fühle mich nicht als Unternehmer« → »Springer neu erfinden«, *Zeit*, 24/1998
Dabei »ist sie viel nervöser als sie es sein müsste« → Kloepfer 2006, S. 241

Teil III

III.1

»Im Aufsichtsrat des Axel Springer Verlags gibt es eine Neuordnung« → »Ein Freund im Aufsichtsrat«, *Spiegel*, 28.5.2001

III.5

»Mein Mann hätte sich gefreut, aber so wichtig wäre es ihm nicht gewesen« → »Eine Straße erinnert an Springer«, *Berliner Zeitung*, 11.4.1996
»Friede Springer hatte kurz vor Beginn der Verhandlungen« → »Verlegerwitwe will 110 Millionen Mark, *Berliner Zeitung*, 17.4.1996

III.6

»Bericht der Nacht zum Montag« → Jacobi 2005, S. 337
»Noch ist seine Abscheu Servatius gegenüber ungebrochen« → Jürgs 2001, S.141

III.11

»Springer vs. Springer« → »Springer vs. Springer«, *Cicero*, 18.12.2007

»Friede Springer droht die Entmachtung« → »Friede Springer droht die Entmachtung«, *Manager Magazin Online*, 22.11.2007; www.manager-magazin.de/unternehmen/it/0,2828,517817,00.html

»Die notarielle Beurkundung wollte er sich, wie so manches Mal davor, aus Kostengründen sparen« → Kloepfer 2006, S. 135 ff.

120 Gäste, Smoking, Abendkleid → »Stilvolle Feier zum 75.«, *Bild Hamburg*, 16.4.2007

»Sie war sich sicher, dass er nicht nur das Wohl des Springer'schen Nachlasses im Kopf hatte« → Kloepfer 2006, S. 199

III.12

»Springer besiegt Springer« → »Springer besiegt Springer«, *Spiegel Online*, 22.1.2008; www.spiegel.de/wirtschaft/0,1518,530202,00.html

»Es herrscht Friede im Verlag« → »Es herrscht Friede im Verlag«, *Stern Online*, 22.1.2008; www.stern.de/wirtschaft/news/unternehmen/springer-gegen-springer-es-herrscht-friede-im-verlag-608577.html

Bildnachweis

Personenregister

(die hervorgehobenen Seitenzahlen verweisen auf Fotos)